版编目（CIP）数据

灵魂 / 余长根著. － 修订本. －上海：东

2020.7

78-7-5473-1663-4

… Ⅱ. ①余… Ⅲ. ①管理学－哲学－研究

02

图书馆CIP数据核字（2020）第120198号

灵魂（修订本）

者　余长根
辑　肖春茂
计　陈绿竞

行　东方出版中心
址　上海市仙霞路345号
码　200336
话　021－62417400
者　杭州日报报业集团盛元印务有限公司

本　890mm×1240mm　1/32
张　11.375
数　284千字
次　2020年7月第1版
次　2020年7月第1次印刷
价　49.80元

余长根 著

管理
的灵动

（修订本）

图书

管理的
方出版中心
ISBN

I.①
IV.①C93

中国版

管理的

著
责任编
装帧设

出版发
地
邮政编
电
印　刷

开
印
字
版
印
定

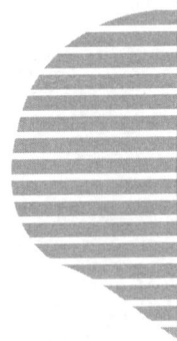

中国出版集团　东方出版

前　言　寻找新灵魂

　　我们应该扪心自问："我在追求什么，我的目的又是什么？"
人都是有灵魂的，那么，是什么样的灵魂？真理的，谬误的？唯
物的，唯心的？辩证的，机械的？创造的，保守的？前进的，倒
退的？新兴的，腐败的？还是极'左'的，极右的？革命的，反
动的？……问这些并非多此一举，因为社会实践就是人们灵魂外
化的大世界，尤其是各行各级各类管理者有声有色、有滋有味地
充分表演自己灵魂的大舞台。正如索福克勒斯所说："在任何一
个人统率群众之前，无法认识他的思想和内心，权力将揭示一个
人的本质。"①

　　在人类历史上，灵魂常常随着自然、社会的变迁而产生动
荡、混沌。20 世纪 30 年代的资本主义世界经济大危机，造成了
一个新教伦理和自由主义"灵魂的混乱"，殊不知那一次大灾大
难，不是别的，正是新生社会主义理论和制度的优越性及其影
响，挽救了资本主义的命运和前途，如果不是"凯恩斯革命"（对

---

① 贝尼斯：《为什么领袖不能领导（三）》，载《现代外国哲学社会科学文摘》
　　1992 年第 6 期，第 41 页。

传统经济理论与政策提出全面挑战和批判，建立了一个以国家干预为中心，以医治资本主义经济危机与失业为目标的完整的理论体系)① 和"罗斯福新政"[他说过："全国性的思考、全国性的计划和全国性的行动是防止未来几代人再在全国性危机中挣扎的三大基本要素。"他的得力助手、参议员瓦格纳说："我认为，直到我们有了国家计划经济，我们才能使工业有秩序；而这（指新政法规）是走向国家计划经济的第一步。""新政"虽然并没有触及私有制市场经济的本质和建立真正的社会主义的总体计划经济，但"人们想到政府就会想到新政，它的大多数主要改革已经凝结在它应用的地方了"。正如一位著名学者指出，新政"已经越来越显示出它是现代美国的基础"。]②，西方发达国家肯定不会是现在这个样子。在社会主义国家的历史上，虽然有过不少失误、失调、失败，但长期以来一直没有发生过灵魂问题，到 1956 年苏共二十大后，开始出现了世界性的灵魂嬗变；1966 年开始的中国 10 年"文化大革命"，是一场所谓"触及人们灵魂的大革命"，而随着"文革"结束，"拨乱反正""全面改革"，又是一场"转变观念""调换脑筋"的"大革命"；1989 年后，东欧剧变，苏联解体，日本著名哲学家梅原猛说："以苏联为首的社会主义阵营的崩溃，是一件非常重大的历史事件。我们都或多或少地受过马克思思想的影响，也就是说，都受过诸如社会主义社会是胜过资本主义社会的理想社会之类的教育"，"这个被认为理想的社会主义阵营的崩溃，使认为立足于马克思思想的社会主义社会是人类的理想社会的思想发生了动摇。当然，如果能把这种理论很好地重新改组，也许会出现另外的情况"③；而美国原总统尼克松在其出版的《1999，不战而胜》一书中则警告人们不要以为"社会主义失败了"，"共产主义在理论上的吸引力之大足以击败资本主义"。

---

① ［英］凯恩斯：《就业、利息与货币通论》，石家庄，河北科学技术出版社 2001 年版。
② 胡国成：《塑造美国现代经济制度之路》，北京：中国经济出版社 1995 年版，第 346 页。
③ ［日］稻盛和夫、梅原猛：《回归哲学——探求资本主义的新精神》，上海：学林出版社 1996 年版，第 17、18 页。

世界像一团活火，在燃烧！人类正处在新旧对峙和转折的混沌之中！

现在社会充满纷繁复杂、变幻莫测的矛盾现象。对抗，竞争，协作，均衡，利弊共生，兴衰交替，荣辱起伏，悲欢离合……胜败乃兵家常事，沧桑为人间正道。"万事如意"从未存在过，也永远不会有。

当今世界的发展变化，5 年超过以往 50 年。日本原首相大平正芳在 1978 年的谈话《复合力量的时代》中认为，"经济时代已经结束"，"世界经济好像打翻了的玩具箱，一片混乱"①。著名美籍华人陈香梅女士于 1992 年 5 月在一封致上海艺术节的贺信中指出，世界形势处于"动乱与斗争"之中。法国前总统德斯坦的智囊人物波尼亚托夫斯基在《变幻莫测的未来世界》中说，他年轻时就提出了"这个世界会如何演变呢？有什么指导性的法则呢？世界的归宿又是什么呢？"这些令人焦虑的问题，当时没有多少答案，而"当前世界的特点就是混乱。混乱不是幽闭于人的头脑之中、深藏于肺腑之言，而是逐渐地……侵越各国国界，扩散到每个角落"。人们发现，我们所熟悉的世界正在匆匆离去，同时，一个崭新的世界正在姗姗而来。我们辞别了神秘的过去，经历着困难丛生的今天，奔向那陌生的未来。然而，"不管等待我们的世界是如何之新，总归要我们去引导它、掌握它"。② 著名的美国管理学家彼得·德鲁克于 1988 年出版了《新现实》，预言了众所周知的事实苏东剧变，并叹道："我们现在正处于政治上的未知领域里，没有什么熟悉的界标可指引我们。"③ 以上这些议论未必都全面精确，但确实道出了世界风云的真实状况和趋势。

自然和社会的面貌和结构是怎样的？什么是有序状态？什么是混沌现象？管理的本质和规律何在？人类的前途和命运究竟走向何处？到底怎么才能实现公平效率统一的境界？……在这一系列总体性问题上，各派学术

---

① ［日］大平正芳、田中洋之助对谈：《复合力量的时代》，北京：商务印书馆 1980 年版，第 4 页。

② ［法］波尼亚托夫斯基：《变幻莫测的未来世界》，北京：世界知识出版社 1981 年版，第 1、2、3 页。

③ ［美］德鲁克：《新现实》，上海：三联书店 1991 年版，第 3 页。

观点五光十色、莫衷一是，正如毛泽东在《新民主主义论》中所说："在阶级存在的条件下，有多少阶级就有多少主义，甚至一个阶级的各集团中还各有各的主义。"①

由于存在原则分歧，必然带来管理指导理念及其政策举措上的东鳞西爪、南辕北辙。但不论哪一种观点，有一条是共同的：人类面临十字路口，中国处于关键阶段！历史沿革绝不会完全重复，但社会形态很可能跃进或是倒退，就像一个人的年龄永远无法回复，但他的身心状况却是经常交替着春夏秋冬、喜怒哀乐一样。在外面周围充斥报章和书刊的"潮流"，是人们非常熟悉的名词概念——"彻头彻尾""彻里彻外""凡是既定""彻底否定""全球危机""人类价值""信息社会""知识经济""后工业社会""后资本主义""全球一体化"，甚至"世界文化""世界政府""世界大同""一个没有教派之争，没有党派、社会形态的对立，没有民族主义、种族主义之患，没有贫富差距的美好未来"，使人相信这就是"并不十分遥远的解除人类灾难的前景"，似乎我们只要一"转变观念"就即将遨游太空了！……这一切"大宇大宙"的视野，真是有"大慈大悲"的雄心啊！

其实我们现在又遭遇了马克思、恩格斯在《德意志意识形态》中批判18世纪以来的"历史观必然会碰到这样一种现象：占统治地位的将是愈来愈抽象的思想，即愈来愈具有普遍性形式的思想……就是赋予自己的思想以普遍性的形式，把它们描绘成唯一合理的、有普遍意义的思想"，"这样一来，就把一切唯物主义的因素从历史上消除了，于是就可以放心地解开缰绳，让自己的思辨之马自由奔驰了"。②

人们在那复杂多变、曲折崎岖的攀登上，艰难拼搏，上下求索，寻求变革，寻求优化，寻求理想，寻求公正和幸福，为人类争做新贡献，夺取新胜利！

---

① 《毛泽东选集》第 2 卷，北京：人民出版社 1991 年版，第 687 页。
② 《马克思恩格斯全集》第 3 卷，北京：人民出版社 1960 年版，第 53、54、56 页。

作为人类社会的一切组织，协调活动的枢纽和发展事业的支柱，世界各国、各界、各层都面临着管理的危机，都迎接着管理的挑战，都在追求卓越的管理。管理，这个既古老的行当，又年轻的科学，肩负万钧，任重道远。

目 录

引　言　管理哲学先声夺人

"'管理'正在重新寻找它的灵魂"①，这个灵魂是什么？就是现代管理哲学！

管理哲学是应用哲学的重要分支学科，而且在我国应用哲学异军突起中打先锋，起了带头和推动作用。

一、在现代化中应运而生

随着我国社会主义现代化建设和改革事业的兴起与发展，管理工作得到了空前的重视和有力的开展。但是，由于世界形势的新变化、新特点，在我国社会主义现代化事业取得瞩目成就和经验的同时，也面临着愈益混沌和严峻的挑战。

国际上，在第二次世界大战结束之后，世界社会主义和资本主义都取得了迅猛的发展。但是，因为资本主义国家吸取了两次世界大战和两次经济危机的教训，从理论（如凯恩斯主义）和实

---

① 黄孟藩、马孜学主编：《外国经济管理的最新趋势》，北京：新华出版社 1988
　 年版，第 96 页。

践（如罗斯福新政）上不得不吸纳社会主义国家先进管理的某些经验和方法，从危难中挽救了资本主义的生命。而且提出"第三条道路"（如布莱尔、克林顿），调整了管理决策，缓和了社会矛盾，出现了相对和平发展时期；而随着世界资、社力量对比的巨大变化，资本主义的本性决定了它对社会主义国家必然采取冷战竞争，并在武力威慑的同时，重点转向和平演变的战略。社会主义国家开辟历史新纪元的实践，经济和科技、政治和军事、物质和精神诸方面都获得空前的胜利发展，同时在前无古人的探索试验中难免犯了不少错误，又受到国际资产阶级软硬兼施、腐蚀侵袭，一些违反社会主义总体原则的"机会主义行为"（哈肯语），在"改革"的名义下不断蚕食和瓦解社会主义制度和力量。20 世纪 80 年代末 90 年代初苏东剧变，旧的冷战竞争让位于新的和平演变，一个国际霸权和多极国际社会并存于全球，经济、管理、智力的竞争、较量，成了新时期的主要形式，中国等社会主义国家面临世界资本和技术输出的良机与挑战，而且，"现在国际形势不可测的因素多得很，矛盾越来越突出。过去两霸争夺世界，现在比那个时候要复杂得多、乱得多。怎样收拾，谁也没有个好主张……但在国际问题上无所作为不可能，还是要有所作为"。[①] 面对这种复杂混沌形势进行管理决策，"在这里经验的方法就不中用了，在这里只有理论思维才能有所帮助"。"一个民族想要站在科学的最高峰，就一刻也不能没有理论思维。"[②]

从管理本身来看，现代社会的本体、科技和管理——不论是宏观还是微观，是资本主义还是社会主义，都是大系统、大科学、大技术、大生产、大工程。人类社会发展到资本主义时代，特别是"自从帝国主义这个怪物出世之后，世界的事情就联成一气了，要想割开也不可能了"[③]。甚

---

① 《邓小平文选》第 3 卷，北京：人民出版社 1993 年版，第 363 页。
② 《马克思恩格斯选集》第 3 卷，北京：人民出版社 1972 年版，第 465、467 页。
③ 《毛泽东选集》第 1 卷，北京：人民出版社 1991 年版，第 161 页。

至"一切国家的生产和消费都已成为世界性的了"①。但是，资本全球化绝不等于经济整体化，更不是世界一体化。在结束一两个超级大国左右全球的局面后，世界经济和文化发展的日益整体化，仍然将是一个各种社会制度、意识形态、现实势力多元、多极、多向的相互矛盾的综合大系统。经济、政治、军事、文化的相互差别性与依赖性、特殊性与互补性，激烈对抗与缓和、武力热战与冷战、外交冲突与周旋、贸易往来与竞争、科技合作与制约、文化交流与渗透、思潮评析与较量等，复杂多变的混沌形势，使人们的思维方式和行为方式必改单一线模式，朝着非线性的总体过程转化。但是，正如霍金森在《领导哲学》中所说，管理本身固有的"既可从善又可为恶的可能性"，这种二元、二重特点的复杂性和局限性，不可能给出清晰准确的信息，而只有"哲学是一种补偿力量"。② 这就是说，需要哲学对管理进行思潮分析、价值分析和逻辑分析，以便揭示管理的本质。

从 20 世纪 60 年代以来，由于管理和规律、环境和条件的变化，管理界出现了"战略热""系统热""文化热"，管理的重点从基层转向高层，从微观转向宏观，从技巧转向理性，把人文因素提到首位，甚至进一步提出了"战略加文化等于卓越"的新管理公式。这种大系统、大管理、大理论，要求掌权者"应拥有企业家的思维、前途感、时间感，善于在需要时提出现实生活的基本问题，确定解决问题时可以依靠的力量。这不仅需要出色的想象力，而且需要继续感，以便照谢利的说法，能够从过去看到现在，从现在看到将来"。"掌权者不应简单地指出患处（如'全部问题在于经济'），而应当进行分析，提出明确而有根据的解决问题的选择。"③ 这正如著名科学家钱学森所说："谁在哲学思想、领导艺术和科学决策上占

---

① 《马克思恩格斯选集》第 1 卷，北京：人民出版社 1972 年版，第 254 页。
② ［加］霍金森：《领导哲学》，昆明：云南人民出版社 1987 年版，第 15、16 页。
③ 贝尼斯：《为什么领袖不能领导（三）》，载《现代外国哲学社会科学文摘》1992 年第 6 期。

优势，谁就占领了战略制高点，就会赢得竞争的胜利。"①

二、经营管理的总体原则

管理大师松下幸之助认为："在事业经营中，有些因素是重要的：技术、行销、资金和人事必须彼此依赖，公司才能顺利运营。不过，经营的最重要因素有时会被忽略：没有一个适当的经营哲学，人事、技术和资金便不能发挥其最大潜能。""健全的事业发展，只有在事业有正确的经营哲学时，才是可能的。""我相信经营一个公司唯有在一个基本哲学的方针受到遵循时，才能成功。""换句话说，公司的经营可以说注入了灵魂。""如果一个国家有了关于该国前进方向之经营哲学，则所有的个人、社会和团体，也必将有一个对前途较清楚的洞察力。""然而，没有一个经营哲学，则国民的活动将显得失去依据且无组织，从而造成与他国的不稳定关系。不稳定的外交政策最后将导致一个全国性无目标的混乱局面。如此说来，为了确保一国的稳定进步，再也没有比国家经营哲学更重要了。"②

科学的管理哲学，有一个提出、形成、发展的探索过程。在西方，很早以来，就有"工厂哲学""企业哲学""市场哲学""组织哲学""控制哲学""效率哲学""社会哲学""政治哲学"等名词。例如 1835 年出版的尤尔的《工厂哲学》，就是一部工厂精神典型表现的著作，马克思在《资本论》中说，尤尔的整个著作是一部维护无限制工作日的辩护书。

"科学管理之父"泰勒和他的同事，是对管理思想进行综合整理的第一代人物。他说："科学管理的实质——伟大的心理革命。"他在《科学管理原理》一书中，最先提出"科学管理的理论或者说科学管理哲学"，"科

---

① 钱学森：《为科技兴国而奋力工作》，载《人民日报》1988 年 9 月 23 日第 3 版。
② 殷商主编：《经营事业成功之奥秘》，台北：台湾新生报社 1979 年版，第 8、9、10、11 页。

学管理包括着某种主要的普遍原则，是一种能以各种方法运用的哲学观"。虽然他所指的"管理哲学"实际上不过是"科学管理"的代名词，并没有正面阐明管理哲学本身的理论原则，但他还是强调在他的科学管理中，概念和哲学的成分大于技术的成分，并警告人们："不应对管理的实质或基本哲理产生误解。"①

按照管理史家雷恩的说法，第一个对"管理哲学"拥有发明权的，是一个名叫奥利弗·谢尔登（1894—1951）的英国人。1923 年，谢尔登出版了一本叫《管理哲学》的书，他说："本书不是从事于阐述某一特殊的管理，而是试图阐明统治整个管理实践的目的、发展路线和原则。"②"我们应该创立一种管理哲学，一套原则，一套科学地确定出来并被人们普遍接受的原则，由于它们是实现最终目标的基础，所以应用它们来指导日常的职业实践。"谢尔登自觉明白地试图阐明"统治整个管理实践"的"最终的基础"之总体原则："我之所以撰写本书是由于认为，管理对工业的指导作用主要在于一些科学原则和伦理原则，而这些原则的具体应用只起次要的作用。"③后来经过多侧面、多角度的研究和一般理论的概括，直到 1958—1960 年间，管理理论的发展才到了一个重要的转折点：市场的扩大、工艺技术的进步、人才的广泛使用以及更大更复杂的组织形式、多边的国际国内环境条件等等，这些都要求一种更简洁地处理人力和物质资源问题的方式，以便能概括总体、总揽全局，系统抓好管理工作。雷恩认为："一门管理的哲学对一种管理职业是有吸引力的。哲学应该用来使知识条理化，提供价值和前提，并对'我们怎样能知道？'这个问题提供一种认识论或一个解答。"R. C. 戴维斯指出："管理领域中重要的而且可能将继续存在的问题是推进管理哲学的发展。一种哲学是思想的一种体系。

---

① ［美］雷恩：《管理思想的演变》，北京：中国社会科学出版社 1986 年版，第 152、154 页。
② ［美］小乔治：《管理思想史》，北京：商务印书馆 1985 年版，第 154 页。
③ ［美］雷恩：《管理思想的演变》，北京：中国社会科学出版社 1986 年版，第 210 页。

它所依据的是某些有条理的、符合逻辑的对目标、原则、政策以及解决某些问题的一般方法的表述。"①

中华民族素以丰富的文化典籍而著称于世。《论语》《孟子》《老子》《庄子》《韩非子》《管子》《春秋》《战国策》《史记》《汉书》《资治通鉴》《永乐大典》等书籍，《封神榜》《西游记》《水浒传》《红楼梦》《三国演义》等文艺作品，以及著名思想家、政治家、军事家、管理家的著作中，都有十分全面而精湛的管理思想和见解。特别是管理同哲学历来密不可分，著称于世的孔子儒家哲学思想影响广大深远，其"仁""克己复礼"等，历来就是"为政"的统治哲学，还有老子的"无为而治"，孟子的"天时""地利""人和"是决定事情成败的三个重要条件，《孙子兵法》把道、天、地、将、法"五事"作为战略的基本出发点……不都是政治、经济、国家、社会的管理哲学吗？

哈佛企业管理丛书《企业管理百科全书》上册有一个管理哲学的定义："所谓'管理哲学'系指事业最高主管为人处世之基本信仰、观念及价值偏好。""从广义抽象层来说，它是激发企业家'信仰''观念''原则''价值'的动力；就狭义实务层来说，它是选择行为典型成本，促进效益评估的决策体系。在管理行为上，哲学的基础，决定行为的趋向……管理哲学与企业经营的因果关系，就像火车头与火车厢一样，前者在企业经营中所占的比例虽不多，却是推动这列火车前进的动力。后者虽然是整个的中心，却要一般动力来推动或牵引。"② 这是一个主要从价值观角度下的比较完整的定义，从中可见管理哲学的对象之含义，并明确管理哲学对生产经营业务的统率和推动作用。那些忽儿紧跟"精神力量可以代替、超过物质力量"的唯心主义，忽儿又陷入"彻底否定政治挂帅，金钱代

① ［美］雷恩：《管理思想的演变》，北京：中国社会科学出版社 1986 年版，第 451、452 页。
② 哈佛企业管理丛书编纂委员会：《企业管理百科全书》上册，北京：中国对外翻译出版公司 1985 年影印版，第 87、89 页。

替、超越精神力量"的形而上学的所谓"精英""权威"们，是否该好生自省、重新学习了呢?

人类社会的管理实践脱离不了哲学思想的支配，现代社会的管理实践更需要管理哲学的指导。欧洲管理论坛基金会主任斯蒂芬·加端利博士说，西方社会"一个共同的（企业）管理哲学正在形成，它将不仅适用于欧洲国家，也可供中国借鉴"①。

三、新时期管理的根本灵魂

自从 19 世纪马克思和恩格斯创立马克思主义以来，它的哲学、政治经济学、科学社会主义三个组成部分，都对管理问题十分重视，有过大量的基本论述。他们指出：哲学是"自己的时代、自己的人民的产物，人民最精致、最珍贵和看不见的精髓都集中在哲学思想里"。任何真正的哲学，都是"时代精神的精华"，"文明的活的灵魂"②，哲学从内容到形式，"都要和自己时代的现实世界接触并相互作用……哲学已成为世界的哲学，而世界也成为哲学的世界"；而唯物主义的更多意义，就在于"把这个世界观彻底地（至少在主要方面）运用到所研究的一切知识领域去了"。③ 尤其是《黑格尔法哲学批判》《关于费尔巴哈的提纲》《共产党宣言》《政治经济学批判》《资本论》《论权威》《反杜林论》《社会主义从空想到科学的发展》《自然辩证法》《费尔巴哈与德国古典哲学的终结》等著作，为现代唯物辩证的管理哲学奠定了科学基础。

列宁在十月革命之后就提出了"组织对俄国的管理"，"有决定意义的事情，就是在产品的生产和分配上建立最严格的全民计算和监督。……如果不做到这一点，便绝对谈不到实现社会主义的第二个同样重大的物质条

---

① 张龙治等：《企业管理哲学》，沈阳：辽宁人民出版社 1988 年版，第 12 页。
②《马克思恩格斯选集》第 1 卷，北京：人民出版社 1956 年版，第 120、121 页。
③ 同上书，第 122 页。

件，即在全国范围内提高劳动生产率"。① 列宁和斯大林都用唯物辩证法研究了社会主义条件下经济和社会的矛盾，指导社会主义革命与建设的斗争。尤其是《苏维埃政权的当前任务》《伟大的创举》《无产阶级专政时代的经济和政治》《从破坏历来的旧制度到创造新制度》《再论工会、目前局势及托洛茨基和布哈林的错误》《论统一经济计划》《论粮食税》《新时代、新形式的旧错误》《论我国革命》以及《论列宁主义基础》《新的环境和新的经济建设任务》《在全苏斯达汉诺夫工作者第一次会议上的讲话》《联共十八大总结报告》《苏联社会主义经济问题》等著作，为社会主义管理哲学作出了实际的贡献。中国共产党和中国的政治家、管理家、经济学家、管理学家，对管理哲学也作出了自己独特的贡献。中共中央《关于建国以来党的若干历史问题的决议》指出：毛泽东是伟大的马克思主义者，是伟大的无产阶级革命家、战略家和理论家。以毛泽东为主要代表的中国共产党人，根据马克思列宁主义的基本原理，把中国革命实践中的一系列独创性的经验作了理论概括，形成了马列主义普遍真理同中国革命具体实践相结合的毛泽东思想。毛泽东哲学思想广泛用于军事、政治、经济、文化事业之中，创造了辉煌的业绩。毛泽东式的领导的突出优点和显著特点，就是善于从哲学高度实事求是、辩证决策，并且使哲学从哲学家的书本里和课堂上解放出来，变成群众手里的尖锐武器。毛泽东的《反对本本主义》《中国革命战争的战略问题》《实践论》《矛盾论》《新民主主义论》《关于领导方法的若干问题》《为人民服务》《论联合政府》《论十大关系》《关于正确处理人民内部矛盾的问题》《学习马克思主义的认识论和辩证法》以及关于领导干部、领导作风、领导方法等的著述，就是对马克思主义管理哲学独创性贡献的集中表现。

在社会主义现代化建设新时期，党中央明确提出："马克思列宁主义、毛泽东思想，是我们党的指导思想。毛泽东思想继承和发展了马克思列宁

---

① 《列宁选集》第 3 卷，北京：人民出版社 1972 年版，第 496、499 页。

主义","我们要恢复毛泽东思想，坚持毛泽东思想，以至还要发展毛泽东思想"，"我们要高举旗帜，就是要学习和运用这个思想体系"①；坚持实行无产阶级、劳动群众和进步人类的革命、科学实践为检验是否真理（包括一切人物、理论、政策）的根本标准；坚持和发展、贯彻和落实四项基本原则为"根本前提""共同基础""总的原则"，以社会主义经济建设为工作重心，以社会主义改革开放为工作动力；领导干部"要学习马克思主义理论……加强我们工作中的原则性、系统性、预见性和创造性"②；中央强调领导干部要讲学习、讲政治、讲正气，根据马克思主义基本原则和基本方法，不断结合变化着的实际，探索解决新问题、总结新经验、开拓新局面。陈云特别指出："在党内，在干部中，在青年中，提倡学哲学，有根本意义。"③

我国在改革开放中，开始研究和介绍欧美、我国港台地区、日本以及苏联、东欧的管理科学著作和管理哲学思想。从 20 世纪 80 年代中期开始，我国哲学理论界和管理学术界也开始进行应用哲学、管理哲学的研究，陆续召开了一些学术研讨会，并发表了一些论文，出版了一些书籍。如：1986年 12 月安徽人民出版社出版了崔绪治、徐厚德著的《现代管理哲学概论》，1987 年 3 月南开大学出版社出版了刘云柏著的《管理哲学导论》，1987年 10 月红旗出版社出版了肖明、张保生、陈新夏、李培松著的《管理哲学纲要》，1988 年 5 月中国社会科学出版社出版了齐振海主编的《管理哲学》，1988 年 9 月辽宁人民出版社出版了张龙治、李国才、潘天敏著的《企业管理哲学》，1993 年 11 月复旦大学出版社出版了余长根著的《管理的灵魂》，1997 年 8 月广东高等教育出版社出版了黎红雷著的《儒家管理哲学》等。

我国管理哲学研究者大多是哲学工作者，少数是经济学或管理学工作

① 《邓小平文选》第 2 卷，北京：人民出版社 1994 年版，第 39、42、297 页。
② 《邓小平文选》第 3 卷，北京：人民出版社 1993 年版，第 134、146、147 页，第 2 卷第 164 页。
③ 陈云：《身负重任和学习哲学》，载《求是》1990 年第 8 期。

者。随着改革开放而起的管理学翻译、编印不少，但结合中国国情的独立创造性著作确实不多。尤其是管理哲学，更是初次尝试。正因为如此，放在我们面前的管理哲学著作，大致说来有三种情况：其一是，哲学原理和框架加管理实例；其二是，管理学原则和体系加哲学名词；其三是，应用哲学层次的美学式管理哲学，即把哲学分为两个层次，第一层次是最一般的世界观和方法论——辩证唯物主义哲学，第二层次是某一领域的哲学理论和方法——艺术领域的美学、自然领域的自然哲学、社会历史领域的社会历史哲学、管理领域的管理哲学……

本书力图立足于世界历史总体，探索新科学、新世纪、新管理、新理性，从"寻找新灵魂"到"展望新天地"，对管理前提论、管理本体论、管理生命论、管理哲学论、管理本质论、管理系统论、管理循环论、管理混沌论、管理时空论、管理智谋论、管理真理论、管理价值论等一系列理论和实践问题，力求作出严谨、流畅、通俗、新颖的阐述，是一本哲学实际化、实际哲学化的探索研讨专著，对有志于思考和变革现实世界的干部、青年、教学研究人员、企业经营人员以及高中生、大学生、研究生来说，是一本扩展视野、启发智能的有益参考书。全国应用哲学研究会理事徐厚德教授在读了本书后，来信说，"觉得颇具特色和新意，是一部在管理领域具有开创性的研究成果，内容极其丰富……"

本人从事管理科学和管理哲学教学与研究二十余年，许多干部学员学习之后深有体会。一位党校干部学员指出：新民主主义革命时期，中心任务是武装夺取政权，最重要的是学习和运用军事辩证法；社会主义现代化建设新时期，中心任务是社会主义经济建设，那么，最根本的当然是要研究和掌握管理辩证法。

四、管理哲学任重而道远

管理是人类社会行使总体职能的实践活动，是思维与存在、文科与理科、理论与技术交融一体的系统。而哲学则是自然科学和社会科学的概括与总结。管理哲学是管理学和哲学的交叉与综合，是一门理论性和实践性都很强的新兴边缘科学。恩格斯在论到电化学时早就指出：在分子科学和原子科学的"接触点"上，物理学家和化学家都承认自己没有能力，然而正是"应当在这点上期待最大的成果"①。科学家有一个著名的原理：科学的突破往往发生在社会需要和科学内在逻辑的交叉点上。社会主义现代化建设和改革的实践，需要大力加强科学管理的改革和建设；而哲学的进一步发展必须深入具体实践领域，同各项专门科学相结合。正是在这种大趋势的交叉点和接触点上，一门崭新的学科——马克思主义管理哲学应运而生，不断成长。管理科学是关于社会管理各部门、各专业管理的理论和技术的实证科学，如经济管理、教育管理、军事管理、行政管理以及运筹学、领导学、管理数学、管理心理学、管理教育学、管理人才学等。管理哲学是以管理科学为专业知识基础，并对管理科学的具体材料进行概括和升华的结果；反过来，管理哲学又直接指导和影响管理科学的观点与方法。在社会主义现代化事业迫切需要引进和借鉴古今中外管理理论和管理经验的时候，由于管理本身具有二元、二重特性，怎么使管理的共同性、普遍性和差别性、特殊性相结合，怎样使普遍原则同我国社会主义现代化具体特点结合起来，就成了研究的重要领域。也就是说，怎样在我国社会主义管理主体的自我完善和发展的过程中，正确地进行改革开放，正确地贯彻"古为今用"和"洋为中用"的方针？管理哲学怎样对管理过程进行唯物辩证的思潮分析、价值分析和逻辑分析？管理哲学本身怎样在这些结合点上生存发展、走向成熟？……

环顾世界，管理哲学还处在孕育或襁褓之中，管理学界和哲学学界对它尚未形成大致统一的概念、范畴和体系。管理哲学要成为一门成熟的常规科学、后科学以至超科学，还需管理界和理论界同仁们作长期的探索和

①　恩格斯：《自然辩证法》，北京：人民出版社1959年版，第247页。

研讨。

　　从世纪灵魂的嬗变，到管理灵魂的重视，我们可以得到一条强烈的信息：人类历史发展到今天，在社会组织管理领导中"为什么要有哲学？""为什么要对管理领导问题进行哲学探讨？"著名加拿大管理哲学家、英国剑桥大学客座教授克里斯托弗·霍金森认为，我们现在正处在一个高度组织化了的社会之中，组织管理领导问题显得异常重要。人们在实际生活之中往往只注重提高组织的效率，把效率和效用作为组织的元价值，使组织的人文作用失去了价值意义。而哲学是一种补偿的力量，哲学应该对管理进行价值和逻辑分析。面对"这个世界明显地有时是善良的，而同时却也是邪恶的"，"本书的回答超出实践之外。这种回答只有借助于高度觉悟和深刻反省才能获得。本书力图把实践的世界（the world of Praxis）和正义的世界（the world of Right）结合起来"。为此目的，我们不要那种布道术，而宁愿用制图法——这是一种有助于我们在这样一个世界中航行的工具。那么，"在二十世纪的最后一段时期，作为一个管理者、一个行动中的人意味着什么？而且，能够意味着什么？应该意味着什么？总之，一种领导哲学"。①

---

① 霍金森：《领导哲学》中的"译者的话"及"前言"，昆明：云南人民出版社1987年版。

第一章　管理前提论

　　管理是人类社会实践活动，它同一切事物一样，都具有一定的前提条件：前因后果，前事后师，前车之鉴，前赴后继……否则，就会成为无源之水、无本之木，就会前功尽弃、全盘皆输。著名社会学家费孝通说："我无法从零开始重新采取一套完全新的文化和社会方式来进行我的生活。因为我们还是生活在传统传下来的文化和社会之中，这个矛盾也许是我这一代人最深刻的经验。""事物的现代性特征离不开传统，一切现代性都可以在传统中找到根源。中国社会的现代化转化也必须要到她的传统中去寻找根基……很好地吸取传统中的精华，是我们发展、完善社会理论的基础。"①而管理实践最致命的假定前提是错，因此，我们要唯物辩证地正确认识和处理管理问题，就不能不首先从研讨管理的前提问题出发。

---

① 2000 年 5 月 20 日，上海大学"社会变迁与现代化"国家学术讨论会上，该校社会发展研究中心主任费孝通先生的书面发言：《要对时代变化作出积极有效的反映》，上海：《文汇报》2000 年 6 月 3 日第 12 版。

一、管理前提概论

为了搞清管理前提的概论，我们得从一般事物前提的含义说起，然后再来深入研讨管理前提的含义、特征和功能。

事物前提含义

事物的前提，就是指事物已经既定的、现成的、先决的条件和因素，是事物发生、发展的背景和基点。《大学》云："物有本末，事有终始。知所先后，则近道矣。"《老子》说："道……天地之始……万物之母。""道生一，一生二，二生三，三生万物。"有一才有二，有二才有三，有三才有万物，而道则是万物的总前提。阳光、空气和水，是生命的必备前提条件；没有人财物，也就无法办成任何事情……这些都是很明显的事物前提。

任何事物都必然具有一定的前提，不存在没有前提的事物；如本章开头已述，没有前提，就等于没有祖宗，没有父母，就成了无本之木、无源之水了。不过，有的事物前提是明摆着的，而有的就不是那么赤裸罢了。例如，钢铁冶炼以铁砂为原料前提，子女以父母为祖宗前提等，这是明显不过的了；而某些社会现象（战争、人权、事件……）的实质没有揭示或有意掩盖，出土文物的历史渊源尚未发现，犯罪现象猖獗而来龙去脉未被侦破等，就是前提不清的表现。众所周知的一些普通常规事情，表面看来一目了然，其实都是有预定前提的。

管理前提特征

管理前提，是专指管理活动之既定、已知、先决的客观、主观方面一切物质和精神条件及因素的总和，对管理活动的发生、发展的性质、方向、规模、速度等起着决定性的作用。

管理前提是一般事物前提在管理领域的特殊表现。毫无疑问，管理活动当然是以事物前提为总前提的，但管理前提除具有事物前提的一般含义外，还有自己的显著特点：

（1）具有紧密的价值性。由于管理实践的具体性，总是一定历史环境、一定社会组织、一定管理系统的人们的活动，所以它不可能，更不必要以全部既定世界、人类已知事物都构成为泛泛的前提，而主要是在人类已知事物范围中，变化延续或主动选择对于管理过程具有紧密价值性的先决条件。如在事物前提中旧社会对新社会的产生和发展是必然的历史前提；而在管理前提中对社会上的人、财、物及其信息、资源，管理活动只考察、选取、招集自己直接必需或后备有用的东西。

（2）具有强烈的实践性。管理前提不是以赤裸裸的现成事物自发直接作为前提，而是要通过人们的劳作和改造以后，才能成其为管理过程的前提。如开采矿产、运输货物、加工原料、改变工艺、建造基础、开放项目、培训人才等，这样，有关的人、财、物及其信息才能成为进入新管理过程的先决条件，否则，仍然无用。

（3）具有鲜明的目的性。管理实践不同于一般事物，是人类的自觉能动活动，具有强烈的利益倾向和人文目标，这在管理过程开始之前就已经既定了，也就是说，管理所要达到的绩效、权益的期望、目标及其理论和政治方针，早在管理过程开始之前就既定了，否则，大政方针不清楚，即使具备了客观物质前提，新的管理过程的具体运作还是无法开始施行。

管理前提功能

管理前提的内容及其功能，我们可以从两方面来讲：

（1）管理既定环境。这是管理活动的客观基础，它规定和制约具体管理活动的性质和规模。对于具体管理主体和管理过程而言，早已存在的有关自然资源、历史传统、社会制度、经济实力、文化氛围、科技水平、管理特色等要素综合构成了管理的既定环境和先决条件（包括历史和现实、国际和国内、宏观和微观）。

"人们自己创造着自己的历史，但他们是在制约着他们的一定环境中，是在既有的现实关系的基础上进行创造的"①。"每个个人和每一代当作现成的东西承受下来的生产力、资金和社会交往形式的总和，是哲学家们想象为'实体'和'人的本质'的东西的现实基础……"②"我们是在十分确定的前提和条件下进行创造的。其中经济的前提和条件归根到底是决定性的。但是政治等等的前提和条件，甚至那些存在于人们头脑中的传统，也起着一定的作用"③。

"历史的每一阶段都遇到有一定的物质结果、一定数量的生产力总和、人和自然以及人与人之间在历史上形成的关系，都遇到有前一代传给后一代的大量生产力、资金和环境，尽管一方面这些生产力、资金和环境为新的一代所改变，但另一方面，它们也预先规定新的一代的生活条件，使它得到一定的发展和具有特殊的性质……各代所面临的生活条件还决定着这样一些情况：历史上周期性地重演着的革命震荡是否强大到足以摧毁现存一切的基础；如果还没有具备这些实行全面变革的物质因素，就是说，一方面还没有一定的生产力，另一方面还没有形成不仅反抗旧社会的某种个别方面，而且反抗旧的'生活生产'本身、反抗旧社会所依据的'总和活动'的革命群众，那么，正如共产主义的历史所证明的，尽管这种变革的思想已经表述过千百次，但这一点对于实际发展没有任何意义。"④

（2）管理既定方针。管理是人类社会的统治现象，管理阶层是社会一定阶级、集团、派别价值观的代表者和维护者。"统治阶级的思想在每一时代都是占统治地位的思想。这就是说，一个阶级是社会上占统治地位的物质力量，同时也是社会上占统治地位的精神力量。支配着物质生产资料

① 《马克思恩格斯选集》第 4 卷，北京：人民出版社 1972 年版，第 506 页。
② 《马克思恩格斯全集》第 3 卷，北京：人民出版社 1960 年版，第 43 页。
③ 《马克思恩格斯选集》第 4 卷，北京：人民出版社 1972 年版，第 477、478 页。
④ 《马克思恩格斯全集》第 3 卷，北京：人民出版社 1960 年版，第 43、44 页。

的阶级，同时也支配着精神生产的资料，因此，那些没有生产资料的人的思想，一般地是受统治阶级支配的。占统治地位的思想不过是占统治地位的物质关系在观念上的表现，不过是表现为思想的占统治地位的物质关系；因而，这就是那些使某一个阶级成为统治阶级的各种关系的表现，因而这也就是这个阶级的统治的思想。"而"一定时代的革命思想的存在是以革命阶级的存在为前提的"。① 阶级是阶级思想存在的前提，革命阶级的存在是革命思想存在的前提，统治阶级的存在是统治思想存在的前提。统治阶级的代表者和维护者的管理层，必然为着一定的经济和社会权益之目的，总是在具体管理过程启动以前就早已规定好了大政方针及其理论原则。

新时代的总特征

那么，人类社会历史发展到 20—21 世纪之交的转折关头，究竟有些什么特点值得我们注意呢？

总的来说，我们所处的历史关头有：四大问题，三股思潮，两种制度。

四大问题，即"多元社会"波浪冲击，背反补偿无安全岛，平等效率进退维谷，现存理论面临挑战，这是管理者在世界历史总体上所遇到的普遍而尖锐的问题，将在本章后文中详述。

三股思潮，即科学社会主义和"左"倾教条主义、右倾自由主义以及"左"右折中主义，这是国际国内政治和管理理论上的三股主要势力的根本思潮。它直接关系着管理的指导理念、方针政策、体系机制的设计、运行及后果。

两种制度，即资本主义制度和社会主义制度，实际上还有其他形形色色的社会制度存在，但今天的世界上大小 200 多个国家和地区，大多数是

①《马克思恩格斯全集》第 3 卷，北京：人民出版社 1960 年版，第 52、53 页。

资本主义制度（包括相当大部分发展中国家、一部分发达国家，个别的是帝国主义、霸权主义国家），少数是社会主义制度。经过两次世界大战、两次经济危机（20世纪20年代末30年代初、90年代中后期），资本主义从理论和实践上都吸取了社会主义制度的优越性，挽救了自己极其险恶的命运，正处于相对和平发展时期。社会主义经过两次世界大战、两次政治危机（20世纪50年代至60年代初、80年代末90年代初），从科学理论原则变为强大的国际社会制度现实，从严重挫折教训中探索新形势新问题新发展。但从历史总体上看，既不是"马克思仍然是我们的同时代人"（自由资本主义）的时代，也不可能完全是"资本主义全球一体化"的时代，仍然是由资本主义向社会主义过渡转折的革命时代，只不过这种过渡转折的长期性、曲折性、艰巨性、复杂性，在革命低潮时期表现得更明显更突出罢了。

二、管理世界迷宫

爱因斯坦有句名言：上帝不会掷骰子。可是，复杂多变的客观事物的运动，又偏偏是那样地捉弄人。世界是有序和混沌的统一体。呈现在我们面前的现代社会，就是一幅眼花缭乱的复杂图景。

多元社会冲击波

台湾的杨国枢教授出版的《开放的多元社会》①一书中，根据西方资本主义"自由世界"，提出实现现代化社会的模式。他说："我所谈的多元社会，是指在职业、社团、文化、思想及价值五方面，都能具有自发性与多元性。具有这些特点的程度越大，这个社会就越多元化，也就越开放化。"作者承认，在这种"民主国家""自由世界"中，别的什么思潮、模

---

① 杨国枢：《开放的多元社会》，台北：东大图书股份有限公司1985年版。

式都可以"自发化与多元化"，唯独共产主义"不包括在我们的讨论范围之内"，而要"用法律对付它"。他的理论不同于古典自由主义，而是所谓"社会自由主义"。他认为多元性造成的社会后果也是多重的。书中列举了种种"民主"和"自由"的好处，也不否认存在几大"缺点"和"矛盾"。"最大的缺点"就是"很多人有不安全感""很多人有不确定感"，社会竞争使得大家紧张，既孤独，又胆战，而且因为各种各样的思潮、主义纷至沓来，可能性的选择很多，使人迷惘，往往产生一些"变形人""变色龙"；这样，既要求"进步"，又要求"安全"，使整个社会陷入"一个巨大的矛盾中"，"每一件事情都有两面不同的意见"，很难取得"共识"。

我国大陆经过多年改革开放，已经演变成一个小康自在但复杂多变的商业社会。至于说世界其他地方，那本是"开放的多元化社会"库：美国可以自由竞选也不时发生枪击事件，土耳其有腰缠万贯的乞丐，南美洲有贩毒与缉毒的较量……最耀眼的是，曾因《被太阳烧毁》一片在 1994 年获得奥斯卡最佳外语片奖的米哈伊尔科夫对当时俄罗斯经济、政治和社会问题的态度："我们没有一个全国统一的理念。人们必须要弄清自己设法建立的东西是什么。社会主义？民主？资本主义？如果连薪水都拿不到，作一个民主人士还有什么意义？"[1]

德鲁克在《新现实》中，也曾分析评述了脱离政府权力中心的"社会新多元化"，即目标和任务单一的组织多元化，它们都王婆卖瓜，自卖自夸，公说公有理，婆说婆重要，形成压力集团的群众运动，它自己的政治目标享有绝对优先权，而公共政治、公众事务很少成为主要利益，并越来越使发达国家的政治生活陷于瘫痪和暴政统治之下，而且政策的制定日益为特殊利益集团所操纵，越来越多地在幕后进行，或者越来越多地通过威胁或贿赂来决定。[2]

---

① 英国《星期日泰晤士报》1999 年 1 月 24 日。
② ［美］德鲁克：《新现实》，上海：三联书店 1991 年版，第 78 页。

德鲁克说，至今没有一个人知道消除这种利益单一的多元化政治疾病的良药，也许有几种缓解方法，但要完全治愈，只有在找到和壮大新的政治统合力量以后才能实现。

世上没有安全岛

康德哲学中的二律背反，说一个命题有两种对立的解答都是真实的，实际上不过是客观矛盾在观念上的不完整的反映。然而，这种二律背反，在现代社会中表现得淋漓尽致，还伴随着因果报应或交叉效应，还有许多物极必反，事与愿违，转轨变形，自动异化，出现一系列人们无法预料和控制的现象。德鲁克说，我们今天所面临的许多最严峻的问题，实际上是由人类过去取得的成就造成的。解放思想导致混杂颓废，提高效率、加快节奏导致社会人群心理病症迅速蔓延……几乎凡事都是双胞胎——利弊共生、良莠并存。

科技的伟大成就，引起了划时代的变化，也成了地球上不论好坏的一切现象出现的主要原因。人造世界变得不仅是巨大的和压倒一切的，而且甚至是可怕的，它的网络覆盖全球……它吸引着人类，同时又充满着威胁和未知数。人类身处自然界，日益适应自然界和开发自然界；但是，人类滥用了这种能力，使之远远超越了明智的程度，以至于由于开发过速而造成自然界的毁坏和失衡。据 1999 年的不完全统计，我国城市垃圾历年堆存量已达 60 多亿吨，在 666 座城市中有 1/3（200 多座）城市陷于垃圾包围之中。世界自然保护基金会于 1998 年发表的一份报告指出，自 1970 年以来，人类生产活动使自然资源的消耗和环境污染的加剧，仅就森林、淡水河、海洋生态系统受破坏程度来分析，结果表明在 1970—1995 年间全球已失去了近 1/3 的自然财富。这种"征服自然"的后果，到底是在开创新的里程碑呢，还是在挖掘自己的墓穴呢？原子能、核武器、计算机、大油轮、超音速飞机、宇宙飞船……极大地扩展了人类的视野，深化了人们的认识，并成几何级数地提高效率；但同时也使人类面临史无前例的危险，遭殃的概率相应地极大提高，甚至可以使人类从地球上消失！例如，人类基因排列研究基本完成，将对人体生命和人类生活产生划时代影响，但不少专家并不乐观，因为将随之而来的有基因歧视（公司用人、儿童教育等）等一系列社会伦理、法律问题；电脑的普及和互联网的发展，无疑极大地提高了人类各项工作的效率和效益，但相伴而来的却是讨厌的黑客、危险的事故和"互联网中毒症"的困扰……

军备竞赛被作为政策工具而发挥作用。全世界 100 万个科学家中，有一半的人在致力于"防卫"事务，特别是研制核武器、化学武器、生物武器、生态武器等新式武器。1980 年掌握的核弹头具有 2 500 吨 TNT 的爆炸力，世界军械库存放的核武器，其总能量相当于 150 亿吨 TNT，足以几次毁灭地球上的全部城市，这也意味着包括孩子在内的世界上每个居民，正坐在 3 吨多待爆的烈性炸药上面；而这年世界的军事预算已超过 5 000 亿美元，相当于每分钟 100 万美元，如果保持这个水平，世界上每个人一生中将要为军备竞赛支付 3～4 年的收入，而发达国家的军事开支比对发展中国家的援助要多出 20 倍。现在军备竞赛已成为"起反作用"的巨大因素：经济上即使不带来破坏，也是一种沉重的负担；作为政治工具已经很不可靠，常常成了人民群众示威游行的口实；尤其重要的也是没有想到的，甚至在军事上也变得自欺欺人，软弱无力——核战争、核军备的二律背反达到了登峰造极的地步；实际上是"对等威慑"和"相互确保摧毁"；40 年的冷战本身，打破了任何霸权主义的垄断；更重要的是，不再有核心战略概念，不存在任何对进攻或绝对防御的优势和战术；核军备、核威胁竞赛的结果，不得不使拥有者接受这样的事实；取消军备竞赛，经济需要压倒军事扩张，出现了人类历史上真正的转机。

曾经"西方历史就是世界历史"的时代早已结束，而且恰恰是由于西方的技术、社会组织、工业经济、科学和教育对世界的统治，自己搬起石头了自己的脚。1857 年印度反抗失败，大英帝国对印度实行西方化，却使印度变成了英联邦中最大的独立国之一；1867 年日本明治维新，保证了日本"非殖民化"的前程，以西方化击败西方，直到战败后的经济复兴，又成为同美欧抗衡的最大力量。对于附庸国来说，外国的军事援助越慷慨，反而对军援的不满就越大；受援国取得成功越大，力量越强，它的目标偏离捐赠国的目标也就越远，实际上军援（除个别者外）走向了反面——只是成功地创造了一个敌人。

经济发展的辩证法，并不更加悲观，也不更加乐观。计划经济捧得最高的苏联，跌得粉身碎骨；市场经济吹得最响的美国，成了有史以来世界上最大的债务国，这真是上帝的恶作剧。如果留下什么教训的话，那就是相互依赖、对等补偿：除非整个世界都走向繁荣，否则某一部分就无持续繁荣可言；进一步讲，在现代各种战争中，战败国不复元，战胜国也就无从兴旺。

平等效率难抉择

平等与效率的关系，是现代社会迷宫中的又一突出难题。政治学、伦理学、经济学、管理学的专家们长期绞尽脑汁，至今仍未得到满意的答案。《平等与效率——重大的抉择》的作者阿瑟·奥肯指出："在这条路的许多岔口上，社会面临着选择：或是以效率为代价的稍多一点的平等，或是以平等为代价的稍多一点的效率。照经济学家的习惯用语来说，出现了平等与效率的抉择。"

在资本主义"民主社会"中，一方面宣扬和追求平等主义的社会政治制度，另一方面又刺激经济发展过程中的两极分化。从某种程度上说，这一制度成功地创造了一个高效率的经济，但是，对效率的追求，不可避免地生产出各种各样的不平等。美国人口普查的数据显示，美国已经成为贫富差距极为严重的西方国家。2016 年，1％的最富有人群拥有全国 38.6％的财富，而普通民众的财富总量和收入水平在过去 25 年总体呈下降趋势；四分之一全职工作者和四分之三兼职工作者没有带薪病假，44％的成年人无力支付或需要变卖财产和借债才能支付急救医疗费用；超过 50 万美国人没有固定居所。2017 年，美国有约 4 200 万贫困人口，约占总人口的 13.4%；超过 500 万全年从事全职工作的美国人年收入低于贫困线。

随着资本全球化进程的加速，贫富分化成了国际性难题。反贫穷公益机构乐施会（Oxfam）的一份报告显示，2018 年，全球最穷的一半人口每日的生活费不到 5.5 美元（约合 40 元），而全球的亿万富豪的资产却增加了 9 000 亿美元，换算过来的话，平均每天为 25 亿美元。报告还显示，自从金融危机后，亿万富豪几乎翻了一番。在 2017 年到 2018 年间，每天都会有一位亿万富翁诞生。从增量的角度看，全球最富有的人 2018 年的资产增长达到 12%，而 38 亿最贫穷的人，日生活费却下降了 11%。

社会主义国家同样存在平等与效率的矛盾。社会主义的公有制经济，事实证明它是公正解决平等与效率问题的前提条件。中国和其他社会主义国家，社会生产力的发展速度和国民生产总值的增长率，都大大超过资本主义国家。但是，前提条件不等于全部情况，而且本身还有弊端和缺陷，还需要继续完善、健全和发展。

著名美国哲学家约翰·罗尔斯在 1971 年出版的代表作《正义论》中，详细地提出并论证了两个正义原则，至于混合正义原则与功利原则，仍然存在着一种没有申明正义理想的暧昧性，以及因难以测量和计算福利而带来的含糊性。而经济学家阿瑟·奥肯则于 1975 年发表的专题论文中说："我认为，这是最大的社会经济抉择。而且它在社会政策的各个方面困扰着我们。我们无法在保留市场效率这块蛋糕的同时又平等地分享它。"这个问题非常敏感和棘手，常常使决策者陷入左右为难、进退维谷、骑虎难下、无法两全的困境。

向现存理论挑战

现实的挑战总是超越现存的理论，从 1975 年至 1988 年的十余年中，没有哪一种现存的经济理论预言过和可以解释主要的经济事件。更有甚者，这种现实对理论的挑战还不是经济模式遇到的唯一麻烦。理论对理论的挑战，对经济理论的基础和方法提出微妙的、潜伏着同样严重性的挑战，正在地平线上悄悄升起。从 20 世纪 60 年代起，特别是七八十年代，现代数学、物理学领域，迅速发展并几乎涉及自然科学和社会科学所有学科的混沌理论，以不稳定、不规则、不清晰的非线性、复杂性运动现象为研究对象，其宣称的"蝴蝶效应"可表述为：北京一只蝴蝶扇动翅膀，引发的气流推进到纽约，下个月就可能变成飓风。初始条件的微小差异与变化，导致在量和质上完全不同的巨大后果，例如股市投机的"黑色星期一"等，就是典型的混沌现象，而且是很难预测的。1982 年诺贝尔经济学奖获得者，芝加哥经济学家乔治·斯蒂格勒，经过几年的艰苦研究，已证明美国政府多年试图控制、指导和调节经济所采取的措施，没有一项起过作用，它们或者无效，或者产生和预计相反的结果。麻省理工学院的佘罗教授在《零合的社会》中说，在赛局中，有赢必有输，胜负必相抵；他暗喻美国的社会就是这样，倘若有人获得经济利益，必有其他的人蒙受相当的损失。最理想的政策是双管齐下、相互制约，并蓄兼受、两全其美。例如，只要对消费者利益的追求并不严重损害生产率和竞争力，消费者利益就是目的；反之，如果对生产率和竞争力的追求只要求消费者作出少量的牺牲，则生产率和竞争力也是目的。但是，德鲁克说："我们至今甚至还没有看到这种理论的开端。"

思潮混战最集中的表现，是在对马列主义和社会主义的认识和态度上。德国社会民主党理论家亨利希·库诺，在 20 世纪 20 年代写的《马克思的历史、社会和国家学说》一书的前言中描绘了当年的境况："以马克思主义为基础的德国社会民主党，今天分裂为一系列相互敌对的党派。它们在引证马克思主义的学说时，都是从五花八门的社会哲学的基本观点出发。不仅如此，在他们自己的队伍内部，连许多大相径庭的理论都一概标榜为马克思主义。马克思的学说，以及由其产生的政治斗争已完全变得莫衷一是。"[①]

---

① ［德］库诺：《马克思的历史、社会和国家学说》，北京：商务印书馆 1988 年版，第 1 页。

1990 年 8 月，中国学者陈先达等在《被肢解的马克思》一书中说，一百多年的理论斗争史证明，用马克思的话来歪曲马克思，制造种种神话，用各种伎俩来肢解马克思，使马克思不成为马克思主义创立者的马克思。自 20 世纪 20 年代卢卡奇的《历史与阶级意识》开始，经过第二次世界大战，涌现了各种旗号的马克思主义。有的哲学家认为，至少存在 15 种以上的马克思主义；据高放所著的《社会主义的过去、现在和未来》，全球 150 多个国家中，有近 60 个国家的执政党宣称自己的目标是建立社会主义制度，至于在野的社会主义政党和社会主义学术团体则成千上万，遍布各国；仅 10 多年间，各国出版的阐述社会主义的书籍就有 5 000 多种。可是，究竟什么是社会主义呢？无论国内国际，都是众说纷纭，莫衷一是。尤其是从 20 世纪 50 年代起的社会主义国家进行改革以来，社会主义的思潮、运动和制度，究竟哪是空想和科学，哪是偏差和正确，哪是传统和发展，简直是公说公有道，婆说婆在理。科学社会主义、福利社会主义、国家社会主义、资本社会主义、私有社会主义、霸权社会主义、自治社会主义……使人们特别是青年一代不知所措、无所适从。马克思主义以唯物史观、剩余价值论为理论基础的、以无产阶级专政条件下公有制经济为物质基础的科学社会主义，被淹没在浑水之中……

世界如此庞杂多变，就是最机敏的魔术家也难以驾驭。但正如尼科里斯、普利高津在《探索复杂性》一书中所指出的："这使我们对于物质世界有了一个多元论的观点，在这个世界里，各种现象作为影响体系的条件一个挨一个共处其中，而这种条件本身又是变化的。"世界上的事情是复杂的，中国的问题也是复杂的，一切的人们，尤其是管理者们的脑子也要复杂一点。

总体全局基本路线

管理是人类社会的统治现象，管理阶级由一定社会阶级、集团、派别、政党、政府、军团、企业、院校等社会势力的权益代表者和维护者所组成，所以，在管理行动之前，都早已规定了既定的理论原则和政治方针。例如，构成法国宪法指导原则的《人权宣言》和新兴资产阶级执政的《美国独立宣言》的核心都是维护资产阶级私有权，美国传统的社会哲学是自由民主的"刚毅的个人主义"（胡佛）；而"共产主义和所有过去的运动不同的地方在于：它推翻了一切旧的生产和交往的关系的基础，并且破天荒第一次自觉地把一切自发生产的前提看作是先前世世代代的创造，消除这些前提的自发性，使它们受联合起来的个人的支配。因此，建立共产主义实质上具有经济的性质，这就是为这种联合创造各种物质条件，把现存的条件变成联合的条件"①。

在三股思潮斗争中，有人借口纠正极"左"而鼓吹：现在改革开放就是要从所谓"封建社会主义"下，"解冻""突破"马列主义和社会主义的"条条框框"，"续五四运动之后"，"补资本主义的课"，"和国际社会接轨"，如果别人不同意他们的看法，那就是极"左"僵化、封闭、保守、落后。

他们中的一些博士、专家、教授还振振有词地制作成一套套的"理论体系"，其实是根本错误的。正如《共产党宣言》早就批判指出：资产阶级中的一部分人想要消除社会的弊病，以便保障资产阶级社会的生存。社会主义的资产者愿意要现代社会的生存条件，但不要由这些条件必然生产的斗争和危险。他们愿意要现存的社会，但是不要那些使这个社会革命和解体的因素。他们愿意要资产阶级，但是不要无产阶级。在他们看来，资产阶级所统治的社会自然是最美好的世界。他们制成半套或整套"安慰人心的观念体系"，要求无产阶级实现它，走进新的耶路撒冷。他们力图使工人阶级厌弃一切革命运动，硬说能给工人阶级带来好处的并不是这样或那样的政治变革，而仅仅是物质生活条件即经济关系的改变。他们这些改良"丝毫不会改变资本和雇佣劳动的关系，至多只能减少资产阶级的统治费用和简化它的国家行政事务"。他们高喊："自由贸易！是为了工人阶级的利益。保护关税！是为了个人阶级的利益。单身牢房！是为了

---

① 《马克思恩格斯全集》第 3 卷，北京：人民出版社 1960 年版，第 79 页。

工人阶级的利益。"一句话，"资产者之为资产者，是为了工人阶级的利益"。"其实它不过是要求无产阶级停留在现今的社会里，但是要抛弃他们关于这个社会的可恶的观念"。这是真正空想的"保守的或资产阶级的社会主义"！

"中央认为，我们要在中国实现四个现代化，必须在思想政治上坚持四项基本原则。这是实现四个现代化的根本前提。这四项是：第一，必须坚持社会主义道路；第二，必须坚持无产阶级专政；第三，必须坚持共产党的领导；第四，必须坚持马列主义、毛泽东思想"①。什么叫作"根本前提"？前提就是先决条件，通俗地讲就是老祖宗，没有祖宗，爹娘就没有子女，这也可以说是根本前提。四项基本原则是党章、宪法的总纲，是我们的立国之本、强国之路。"包括独立自主、民主法制、对外开放、对内搞活等内外政策……所有这些政策的基础，就是四项基本原则。"如"'一国两制'除了资本主义，还有社会主义，就是中国的主体、十亿人口的地区坚定不移地实行社会主义……主体是很大的主体……这是个前提，没有这个前提不行。"② 进行社会主义现代化建设和改革，"我们总的原则是四个坚持……这已经写进中国的宪法"③。

四项基本原则为社会主义现代化的"根本前提""共同基础""总的原则"，覆盖社会生产力、生产关系、国家政治、意识形态的各个领域，是全党、全国、全军、全民的经济、政治、军事、文化各项工作的统帅和灵魂，不仅都要学习、教育，而且定要遵循、照做。彭真说得好："一个根本问题就是要坚持四项基本原则。这是总纲领，四项缺哪项都不行。抓住这个总纲领，眼睛就会亮些，看问题就容易清楚些。"④ 中央要求：我们在制定和贯彻现代化建设的各种方针、政策、措施、方案的时候，"都要坚

① 《邓小平文选》第 2 卷，北京：人民出版社 1994 年版，第 164 页。
② 《邓小平文选》第 3 卷，北京：人民出版社 1993 年版，第 146、103 页。
③ 同上书，第 134 页。
④ 彭真：1987 年 3 月 31 日在全国政法工作座谈会上的讲话。

持四项基本原则","把四项基本原则具体落实到各项工作中去"。① 这是我们的总体理论、全局方针、政治大前提！

在四项基本原则的"大前提"下，社会主义现代化基本路线主要内容有"两个基本点"：以社会主义经济建设为工作重心，以社会主义改革开放为工作动力。也就是说，"一个前提，两个基本点"。这就必须明确：

（1）四项基本原则是实现四个现代化的"根本前提"。如前已述，这个"根本前提"不仅是"教育"党员和人民的根本内容，而且是各个领域、各项工作都要具体坚持和发展、具体贯彻和落实于行动的根本原则。

列宁在《国家与革命》一书中说："社会主义同共产主义在科学上的差别是很明显的。马克思把通常所说的社会主义称作共产主义的'第一'阶段或低级阶段。既然生产资料已成为公有财产，那么'共产主义'这个名词在这里也是可以用的，只要不忘记这还不是完全的共产主义。"马克思、列宁的这些科学解释的伟大意义在于，要始终运用唯物辩证法（即发展学说）来理解和处理共产主义的问题，把它看成是从资本主义中发展出来的，又在社会主义主体自身基础成长的，不像我们有些人以权威自居、以权势压人，既不准别人"争论"，又不懂辩证发展论，要不就把资本主义充当社会主义，要不就把社会主义充当共产主义，左来右去兜不出来。列宁在《统计学与社会学》一文中强调："在社会现象方面，最普遍而最不可靠的方法，要算断取个别事实和玩弄事例……凡是取自整体、抽自相互关系中的事实，不仅是胜于雄辩的，而且是确凿的。"他还说："革命者从不放弃为争取各项改革而斗争，从不放弃夺取敌人的、即使是无关紧要的和个别的阵地，只要这一阵地能增强他们的攻击力量和有助于取得完全的胜利。然而……只有永远记住'最终目的'，只有从总的革命斗争的观

---

① 江泽民：在国庆 40 周年大会上的讲话。

点来评价每一个'前进'步骤和每一项个别的改革，才能够保证在前进的路上不致失足和不犯可耻的错误。"① 所以，社会主义者"应该按照整体提口号。而不应该按部分提口号"②。只从当前需要"抓住机遇"提口号，或把最终目标当成立即完成的任务去实施，或既不触及现实矛盾又脱离最终奋斗目标，去提什么杜林式的、"真正社会主义"式的"凌驾于历史和现今的民族特性差别之上""超越阶级对立和对这种对立的回忆的""真正人类"的"爱万岁！共性万岁！"式的空乏口号，都是错误而有害的。

《共产党宣言》指明："共产党人同其他无产阶级政党不同的地方只是：一方面，在各国无产者的斗争中，共产党人强调和坚持整个无产阶级的不分民族的共同利益；另一方面，在无产阶级和资产阶级的斗争所经历的各个发展阶段上，共产党人始终代表整个运动的利益。""因此，在实践方面，共产党人是各国工人政党中最坚决的、始终推动运动前进的部分；在理论方面，他们比其余的无产阶级群众优越的地方在于他们了解无产阶级运动的条件、进程和一般结果。"可见，从人类历史总体上看，共产党是当代最先进、最革命的力量——无产阶级的整体和长远利益的唯一代表。因此，共产党人始终代表无产阶级和人类解放事业和权益，始终代表无产阶级的革命理论——马克思主义共产主义思想体系，始终代表科学社会主义的生产方式和社会制度——为逐步实现共产主义伟大目标而奋斗！

毛泽东曾经指出：我党规定了中国革命的总路线和总政策，又规定了各项具体的工作路线和各项具体的政策。但是，"许多同志往往记住了我党的具体的个别的工作路线和政策，忘记了我党的总路线和总政策。而如果真正忘记了我党的总路线和总政策，我们就将是一个盲目的不完全的不清楚的革命者，在我们执行具体工作路线和具体政策的时候，就会迷失方

---

① 《列宁全集》第 5 卷，北京：人民出版社 1959 年版，第 57 页。
② 《列宁全集》第 9 卷，北京：人民出版社 1959 年版，第 357 页。

向，就会左右摇摆，就会贻误我们的工作"。① 那就必然导致总体、全局上的混乱和腐败！

（2）中心任务即工作重点。"在任何一个地区内，不能同时有许多中心工作，在一定时间内只能有一个中心工作，辅以别的第二位、第三位的工作。"这是"工作重心和工作秩序"② 问题，即工作方法和工作安排问题，它是由中央全局指导思想和政治路线决定的，所以它本身不是路线、指针，但却有一个贯彻执行什么路线、方针的问题。如同新民主主义革命中心任务是武装夺取政权，非常重要，人命关天，但它必须受新民主主义革命总路线统率、指导，才能知晓"为谁打仗""革谁的命"，否则，就要犯单纯军事观点、军阀主义的错误；社会主义现代化当然要以经济建设为中心，集中力量提高劳动生产率。但经济建设、改革开放都有个前提、道路问题，究竟"对谁有利？""为谁服务？"这是我们在解放思想、实事求是、规划决策、采取行动时，必须考虑通过和无法回避的第一道关口。斯大林早就说过：任何一个社会都关心劳动生产率的增长，我们需要的不是任何一种增长，而是"能够保证社会主义经济形式比其他经济形式首先比资本主义经济形式占优势，因而能够保证战胜和排挤资本主义经济形式的那种增长"③。

邓小平多次指出："我们拨乱反正，就是要在坚持四项基本原则的基础上发展生产力"，把重点转移到社会主义现代化建设上来，就是"在坚持四项基本原则的基础上，集中力量发展社会生产力"，改革的目的是要"有利于在党的领导和社会主义制度下发展生产力"，"我们的根本问题就是要坚持社会主义的信念和原则，发展生产力，改善人民生活"，"我们现在讲的对内搞活经济、对外开放是在坚持社会主义原则下开展的"，"我们

① 《毛泽东选集》第 4 卷，北京：人民出版社 1991 年版，第 1316 页。
② 《毛泽东选集》第 3 卷，北京：人民出版社 1991 年版，第 901 页。
③ 《斯大林选集》下卷，北京：人民出版社 1979 年版，第 172 页。

实行开放政策，吸收资本主义社会的一些有益的东西，是作为发展社会主义社会生产力的一个补充"，"有计划地利用外资，发展一部分个体经济，都是服从于发展社会主义经济总的要求的"。① 如果推行一切商品化、一切向钱看的思潮、政策和体制，就会使泡沫、投机、剥削泛滥，不正之风、消极腐败、违法犯罪、非常事故成灾成风，那就不仅是单纯经济观点、金钱拜物教的错误，更是封建买办资本主义干扰和破坏社会主义现代化的大问题！

(3) "要害是姓'资'还是姓'社'的问题。"② 关键在于撑什么旗，走什么道。有一次，一位学员（某公司党委书记）问我：怎么理解高举旗帜？我回答说，《共产主义者同盟章程》早就明确规定："始终不渝地力求做到以原则为规范而不是以这个或那个人物为规范。"（恩格斯）社会主义在从空想到科学，到实践，到辉煌与挫折，马克思主义基本原则也随着具体时间的发展而发展；只固守、照搬文字词句是教条主义，而借口"发展"却背离、篡改基本原则那是修正主义。

邓小平正确地指出："马克思列宁主义、毛泽东思想，是我们党的指导思想。毛泽东思想继承和发展了马克思列宁主义"，"我们要恢复毛泽东思想，坚持毛泽东思想，以至还要发展毛泽东思想"，"要用准确的完善的毛泽东思想来指导我们全党、全军和全国人民，把我们党的事业、社会主义的事业和国际共产主义的事业推向前进。""我们要高举旗帜，就是要学习和运用这个思想体系。"③

根据中共十一届三中全会公报、六中全会决议和《邓小平文选》《陈云文选》以及中央文献精神，高举旗帜主要是如下三条：毫不动摇地坚持无产阶级、劳动群众、进步人类的革命科学的实践（而不是任何人任意做

---

① 《邓小平文选》第 3 卷，北京：人民出版社 1993 年版，第 138、141、241、274、181、142 页。

② 同上书，第 372 页。

③ 《邓小平文选》第 2 卷，北京：人民出版社 1994 年版，第 42、39、297 页。

的任何实践）为检验是否真理（包括一切人物、理论、政策）的根本标准，彻底贯彻实行唯物辩证的解放思想、实事求是、具体分析的思想路线，坚决反对任何"凡是既定"和"彻底否定"的错误思潮；不屈不挠地坚持和发展、贯彻和落实四项基本原则为"根本前提""共同基础""总的原则"，彻底批判和纠正极"左"路线，反对把纠正极"左"变成"纠正"马列主义和社会主义，坚决清理和切实防止阶级斗争为纲（极"左"的阶级斗争绝对化、扩大化、庸俗化、白热化）和市场经济为纲（自由化的一切西方化、商品化、私有化、多元化）的错误倾向；坚定不移地贯彻实行社会主义现代化（而绝不是别的什么现代化）基本路线，在四项基本原则指导和统率下，以社会主义经济建设为工作重心，以社会主义改革开放为工作动力，实现社会主义实力的自我增强和发展、社会主义制度的自我完善和发展，沿着科学社会主义主体发展（包括必然允许必要补充的存在和发展，反对僵化停滞、多元折中和喧宾夺主、本末倒置）的正确理论和康庄大道，全面建设中国特色的社会主义，并为逐步地（既不是急于求成，也不是渺茫将来）实现共产主义伟大目标而奋斗！

这就是马列主义、共产主义、政治经济、唯物辩证的一元论，这就是科学社会主义主体发展的过程和规律，这就是我党我国的基本理论、基本纲领、基本路线、基本实践！照此去做，就会路子端正，效果显著，兴旺发达，否则，就会走样，畸形，滑坡，腐败，混乱！管理者明确并掌握了管理前提——管理既定环境条件和管理既定大政方针之后，才能从实际出发，循着革命与科学的方向，设计并建设管理本体的系统及其功能。

第二章　管理本体论

西方哲学中有一个重要的部分——本体论，它是研究世界事物本原和实质的学问。恩格斯在其名著《费尔巴哈与德国古典哲学的终结》中，把怎样回答全部哲学的最高问题，特别是近代哲学的重大的基本问题——思维对存在、精神对自然界的关系问题：什么是本原的，是精神，还是自然界？——这个问题以尖锐的形式针对着教会提了出来："世界是神创造的呢，还是从来就有的？"哲学家依照他们如何回答这个问题而"分成了两大阵营"：凡是断定精神对自然界来说是本原的，组成唯心主义阵营；凡是认为自然界是本原的，则属于唯物主义的各种学派。这是辩证唯物主义世界观本体论的基本立场，当然也适用于管理本体的根本看法。

由于事物前提——前因后果，前事后鉴，前赴后继，这是一切事物运动发展的必然规律；那么，我们在了解了管理的前提之后，就需要、也有可能来预测和研讨在一定前提（既定的环境条件和既定的大政方针）下产生的管理本体了。什么是管理的本体？管理本体的性质和真相怎样？管理本体究竟包括哪些内涵？如何运作？这些管理本身的首要问题，我们至今见到的都是一些枝节、断面、零碎的论述，还没有一本管理著作从根本上加以总结和概括过。本章试图研讨管理本体——作为客观事物运动发展过程的本原、真相和性态。

一、管理：人为事物

唯物主义认为，世界上的事物千头万绪、千差万别、千变万化，但"世界的真正的统一性是在于它的物质性"，也就是说，世界事物纷繁复杂、变幻莫测的现象，都是物质的运动或运动的物质，"没有运动的物质和没有物质的运动是同样不可想象的"。① 不过，世界事物运动因不同的参照范围和认知标准，可以有不同的归属划分。那么，管理本体属于哪一种事物呢？

自在自然与人化自然

如果从世界总体上按事物本质统一性的现象形态划分，恩格斯在《自然辩证法》中分为：力学的、物理的、化学的、生物的和社会的五种物质运动基本形态。意识、精神是生物的和人类的运动现象，不可能单独孤立地存在。在科学的研究探索中，现在又有科学家提出了物质运动还有其他形态。

如果以人类为中心同自然界之间的关系来划分，大概可分为两大类：自在自然和人化自然。自在自然，即不依赖于人类的意志而独立存在的客观自然事物，如山川、海洋、天体、野兽群、喜马拉雅山、流星、飓风、地震等。人化自然，即人类认识了客观事物及其规律之后，按照人类的需要加以破坏、变换、修整、改造、创建而成的客观事物，如城市、农村、桥梁、动物园、自然保护区、旅游景点、工业设施、农场、林场……以及

---

① 《马克思恩格斯选集》第 3 卷，北京：人民出版社 1972 年版，第 83、98、99 页。

各行各业的劳作及其产品。马克思在《1844 年经济学哲学手稿》中说："人化的自然界"，"随着对象性的现实在社会中对人说来到处成为人的本质力量的现实，成为人的现实"，"他自身的对象化"，"确证和实现他的个性的对象"，"人的本质的对象化"，"工业的历史和工业的已经产生的对象性的存在，是一本打开了的关于人的本质力量的书，是感性地摆在我们面前的人的心理学（原注：认识论）……"① 自在自然就是赤裸裸的存在、自发运动而与人类毫无关系的自然事物；而人化自然则明显烙有人类的印记，是人类劳作的结果。

　　如果按物质和意识的区别来划分，则可分为：物质现象和精神现象。物质运动是本原，是第一性的，即不依赖于人而独立存在的；而精神现象则是派生的，是第二性的，即物质运动的特殊现象，是人类高级物质（大脑、神经系统）的特有属性和机能，是依赖于人类高级物质（大脑、神经器官）和客观事物的作用的特有运动现象。当然，在人类的社会实践中，既有思维、意识、精神因素，也有物质、客观、实在的因素，是两者互相作用的过程。

　　如果按人类社会实践来划分，则可以分为：综合事物（自在自然和人化自然相结合，如旅游名胜风景区＝自然景观＋人文景观……）和人为事物（本来世上并不存在的事物形态，而是通过人们的思维和行为对已有事物条件进行改造、创造的实践，而构成的新事物），如工程建筑物、多米诺骨牌游戏盘、军队、学校、工厂、政府、团体……管理是人类社会的历史现象，而"社会生活在本质上是实践的"②。很显然，管理属于社会运动形态——物质和精神的综合现象——人化自然——人为事物。管理作为人类社会实践活动，是人们在一定的社会历史前提条件（包括客观的生产力、生产关系、政治、文化、科技和主观的天赋、知识、能力等）下，人类发挥自觉自由的能动性，为达到一定的目标而组织、协调社会生产和生

①《马克思恩格斯全集》第 42 卷，北京：人民出版社 1979 年版，第 126、125、127 页。
②《马克思恩格斯选集》第 1 卷，北京：人民出版社 1995 年版，第 56 页。

活的活动。所以，管理本体是物质事物（管理者，客观条件）的相互变换，是管理者的思想和行动（思考、计划、组织、指挥、调控……）在实践中相互结合与统一的过程，它属于社会实践的人为事物范畴，同蚂蚁、蜜蜂等动物社会的本能活动有原则区别。

美国著名管理学家赫伯特·A. 西蒙在其名著《关于人为事物的科学》一书中指出："人为性的问题并不是管理与组织所特有的，它所涉及的领域远为广泛"——经济学、心理学、人工智能、工程设计和社会规划等诸多领域。"我们今天生活着的世界与其说是自然的世界，还不如说是人造的或人为的世界。在我们周围，几乎每样东西都有人工技能的痕迹。"① 我们的大部分时间是在大约 20℃ 的（空调）环境中度过的，我们呼吸的空气湿度也可以人为地控制，还有造成大气污染人为的责任也是逃不掉的……但是，我们不能在通常的贬义上去胡解滥用——简单地把人为事物等同于主观臆造，"我们称之为人为事物的那些东西并不是与自然相分离的，他们绝不能没有或者破坏自然法则。在服从自然法则的同时，他们适应于人们的目的或者意图，比如说，满足人们要顺利飞行或者吃得更好些等愿望，当人们的意图改变时，人们创造的人为事物随之改变；人们的意图与人为事物有着相互作用"②。就是说，人的认识依据客观事物及其规律，经过分析判断、概括总结，并进行设计、修整、改造、创新的辩证认识运动，亦即毛泽东所说的物质变精神、精神变物质的相互转化过程，使人的主观智慧和力量变为客观现实。西蒙曾就人为事物与自然事物作了四点区别，其大意是：人为事物是由人合成的，而不是自发自在的自然事物；人为事物可以根据人们的需要、目的、意图模拟自然事物的某些表象与功能，但不能完全无漏地复现自然事物的全部属性；人为事物可以用其"对人有用"的功能、目的和适应变化来刻画，对纯粹自然事物本身

---

① ［美］西蒙：《关于人为事物的科学》，北京：解放军出版社 1985 年版，原序第 3 页、第 3 页。
② 同上书，第 4 页。

来说，除了"是什么"就无所谓别的了；人为事物（特别是在人设计事物的过程中）可用描述性方式，也可用规范性方式加以讨论（本书注：这里说的规范是说对人类是否有实用价值而言的），而对纯粹的自在自发事物本身就无所谓规范了。人类为了满足自己的需求，不仅能够适应自然，而且"通过他所作出的改变来使自然界为自己的目的服务，来支配自然界"①，对于自然的挑战能够作出能动的应战（当然，这里包括人为事物的正、负两种效应和结果在内，即使管理也不例外，都是双刃剑，具有二重性，这个问题我们还要在管理本质论的章节中详细研讨）。

环境挑战与能动应战

英国著名历史学家汤因比在其名著《历史研究》中，认为人类历史以"人类作为主角"而具有"'挑战和应战'的性质"。人类不断"创造是一种遭遇的结果，而起源是交互作用的产物"。"一个社会……在它的一生过程中要遇到一系列的问题"，"每一个问题的出现都要经过一次磨难的挑战"，"用科学的语言我们可以说外来因素的作用是为了在被侵入体的身上最有利地刺激起可能的最大的创造性的变化"。例如，"如果研究一下黄河下游的古代中国文明的起源，我们就会发现在这里所要应付的自然环境的挑战要比两河流域和尼罗河的挑战严重得多"②。这种以人类与环境之间的"挑战和应战"的交互作用来解释"创造历史"的观点和方法，尽管还有些解释值得商榷，但其基本精神是唯物辩证的。作为人为事物的社会管理也是如此，就是因为人类面临着生存和发展矛盾的挑战与应战。

人为事物"全都是根源于行为系统无法完全适应其环境这一特性的，也就是，全部根源于合理性的限度（这是我的叫法）"③，"人为事物可以看成是'内在'环境——自身物质及组织，同'外在'环境——所处的外

---

① 《马克思恩格斯选集》第 3 卷，北京：人民出版社 1972 年版，第 517 页。
② ［英］汤因比：《历史研究》上册，上海人民出版社 1959 年版，第 76、78、81、83、92 页。
③ ［美］西蒙：《关于人为事物的科学》，北京：解放军出版社 1985 年版，原序第 3 页。

部环境之间的接触点，用今天的话说就是'分界面'。如果内在环境适应于外在环境或外在环境适应于内在环境，则该人为事物就能够用于预想的意图"①。特别要强调的是："主要是在同复杂环境中的复杂系统有关时，人为性问题才是我们所关心的。人为性问题与复杂性问题是无法分开的、交织在一起的。"② 而纷繁复杂的"社会毕竟是人为的，而且'现代社会'越来越被看作不是一种状态，而是一种选择，是一系列安排中的一种可能的安排。这种关系可以简便地表述如下：[E, S, Ps] —— [Q, G]；PER = N (Q, G)；E 是环境，S 是经济体制，Ps 是在这个体制范围内实施的政府政策，Q 是产品和服务的产生，G 是更广泛的目标（如充分就业和收入分配平等）的实现程度，PER 是经济活动的效果，N 是评价经济活动效果的标准"③。

唯物历史观和科学进化论认为，人类是从动物进化而来，从类人猿群长期演变而成的。"人类社会之所以区别于猿群的特征，究竟是什么呢？是劳动。"劳动是人类有目的的社会实践活动。动物虽然也有意识能力和社会行为，但是，"动物仅仅利用外部自然界，单纯地以自己的生存来使自然界改变；而人则通过他所作出的改变来使自然界为自己的目的服务，来支配自然界"。这种"人同其他动物的最后的本质的区别"，随着"人离开动物愈远，他们对自然界的作用就愈带有经过思考的、有计划的、向着一定的和事先知道的目标前进的特征"。这就是管理现象。人类"在社会很早的发展阶段上（例如，在原始家庭中），能计划怎样劳动的头脑已经能够假别人的手来执行它所计划好了的劳动了"。可见，人类的管理同人类的劳动的历史是完全一致的。社会劳动需要管理，社会管理基于劳动。随着"劳动本身一代一代地变得更加不同、更加完善和更加

---

① [美]西蒙：《关于人为事物的科学》，北京：解放军出版社1985年版，正文第7页。
② 同上书，原序第4页。
③ [美]纽伯格、达菲等：《比较经济体制——从决策角度进行的比较》，北京：商务印书馆1984年版，第6页。

多方面"①。

社会管理也从低级到高级、简单到复杂地不断发展。不管哪一种社会历史阶段，人类社会实践的人为事物都要遇到和解决思维和存在、意识和物质的关系这个哲学的最高的和根本的问题。而人类社会管理活动的本体基础，就在于为了解决主体需求和客体资源之间的两对矛盾是否能够达到一致而创造的人为事物：

一是客体环境的资源稀缺问题。人类要生存，首先就吃、穿、住、行……这就需要物质生活资料，不仅要通过原始的劳动向自然索取，而且更要通过生产劳动改造自然、创造财富。而人类"一有了生产，所谓生存斗争便不再围绕着单纯的生存资料进行，而要围绕着享受资料和发展资料进行"②。这就遇到资源（原材料和产品、工具等）的"稀缺性是我们生活中的一个中心问题。因为资源——土地、钱、燃料、时间、注意力——在使用上是稀缺的，所以，资源配置是关于合理性的一项任务"③。正如美国《管理学基础》一书所指出："'管理'这个词的普遍应用，反映了这样一个事实，即我们所有的人都必然要从事把有限的资源分配给众多的、互相竞争的难以满足的目的而进行的活动——这种资源可以是我们自己的或是他人的时间、金钱、精力或机器。不论是一个学生还是一个家庭主妇，他们都遇到同样的问题——都不具有完成每一件事情所需的足够的东西。他们中的每一个人必须做选择。"这样，"国家元首、行政长官、执政官、委员会委员、经理、工长、办公室主任、监察、市长、院长以及学术部门主席都遇到共同的一个问题，即他们都需要依靠他人来完成工作"④。

---

① 《马克思恩格斯选集》第 3 卷，北京：人民出版社 1972 年版，第 513、517、516、515 页。

② 同上书，第 572 页。

③ [美]西蒙：《关于人为事物的科学》，北京：解放军出版社 1985 年版，正文第 27 页。

④ [美]唐纳利、吉布森、伊凡赛维奇：《管理学基础——职能·行为·模型》，北京：中国人民大学出版社 1982 年版，第 4 页。

这就是社会管理。

二是人类主体的需求偏向问题。从人类主体方面来说，同样有一个如何合理适应外部环境的事物及其规律的问题。人类主体的系统状况及其需求，不仅人与人相互之间有先天和后天的差别，而且这种差别又与客观环境条件及其变化能否适应之间构成矛盾。例如，同样的外部环境条件对于不同的人来说，其适应的程度（认识和行为的能力）是不一样的，当然他们所设计和创造的人为事物的要求也不会一样。"在同一的或类似的外在环境中，为达到同一的或类似的目标而活动的人为事物，其内在环境常常是完全不同的，例如飞机和鸟，海豚和金枪鱼，钟摆驱动的钟表和弹簧驱动的钟表，继电器和晶体管等。"这些成对的不同的人为事物，都是为了满足同一需求目标而以不同方式适应环境，比方船用计时器（钟摆驱动的钟表和弹簧驱动的钟表）的设计与制作，不管哪一种产品都要能解决同一个问题：在航船颠簸的情况下做到计时真实准确，但却有两种不同设计的产品。这就要求设计者或使用者在策划过程中，要对主体需求和内在能力进行机敏的、合理的和最佳的调整与修改，否则，贫乏的知识和僵化的头脑是决然创造不出适应性优良的人为事物的。可见，"用人为事物的组织和职能，即用其内外环境之间的界面——描述一个人为事物，是发明与设计活动的主要目的之一"①。这就需要充分发挥人们知己知彼、科学创造的自觉能动性。

既定舞台与活演壮剧

管理是在一定的社会历史前提下的人为事物。"历史不外是各个世代的依次交替。每一代都利用以前各代遗留下来的材料、资金和生产力；由于这个缘故，每一代一方面在完全改变了的条件下继续从事先辈的活动，另一方面又通过完全改变了的活动来改变旧的条件。"② 从人为事物的角

---

① ［美］西蒙：《关于人为事物的科学》，北京：解放军出版社1985年版，正文第9、11页。
② 《马克思恩格斯全集》第3卷，北京：人民出版社1960年版，第51页。

度来看，"管理就像演戏……管理过程的效果，则由组织的效力和组织成员各自工作的效果来决定"①。在这里，管理的效果同战争的胜负一样，是管理者、指挥者主体的智慧、能力、品格、意志等自觉能动的素质，在实践过程高度集中、大显身手的表现。毛泽东反复精辟地阐述道，"一切事情是要人做的"，人的"思想等等是主观的东西，做或行动是主观见之于客观的东西，都是人类特有的能动性。这种能动性，我们名之曰'自觉的能动性'，是人之所以区别于物的特点。一切根据和符合于客观事实的思想是正确的思想，一切根据于正确思想的做或行动是正确的行动。我们必须发扬这样的思想和行动，必须发扬这种自觉的能动性"。"自觉的能动性是人类的特点。人类在战争中强烈地表现出这样的特点。战争的胜负，固然决定于双方军事、政治、经济、地理、战争性质、国际援助诸条件，然而不仅仅决定于这些；仅有这些，还只是有了胜负的可能性，它本身没有分胜负。要分胜负，还须加上主观的努力，这就是指导战争和实行战争，这就是战争中的自觉的能动性。""指导战争的人们不能超越客观条件许可的限度期求战争的胜利，然而可以而且必须在客观条件的限度之内，能动地争取战争的胜利。战争指挥员活动的舞台，必须建筑在客观条件的许可之上，然而他们凭借这个舞台，却可以导演出很多有声有色、威武雄壮的戏剧来。"② 可见，在人为事物的管理实践中，管理者的人为的能动因素，在一定的客观条件下，对事业的兴衰、成败起着决定性作用；管理实践过程的性态和效果，取决于作为社会统治执行者的立场和素质及其运用和发挥的程度。

二、管理：统治行为

唯物史观告诉我们：社会历史是由人类为主体（而不是别的什么东

---

① ［美］西蒙：《关于人为事物的科学》，北京：解放军出版社1985年版，原序第3页。
② 《毛泽东选集》第2卷，北京：人民出版社1991年版，第477、478页。

西，例如砖头、木头、机器、房子等为主体，且是作为必要条件）组成的，而人之为人的现实本质是社会实践的各种"社会关系的总和"（而并不仅仅在于生物肉体）；离开人类，离开人的社会性，离开人的社会实践，那么，蚂蚁、蜜蜂，特别是灵长类"兄弟姐妹们"的本领和秩序，可能毫不逊色于人类。社会管理，其主要核心是人对人的管理，然后才有人对物的管理；不论管理者还是被管理者都是人，没有人就谈不上任何人类社会的事情，当然也就谈不上对物产、科技、财富等的管理。毛泽东说："世间一切事物中，人是第一个可宝贵的。在共产党领导下，只要有了人，什么人间奇迹也可以造出来。"[①] 人对生产力、战斗力还是经营力、创造力来说，永远都是第一因素，其他因素不论多么重要，永远都是人的从属因素——属性或功能。这是科学的基本常识和普遍真理。尤其是在管理领域，松下幸之助曾经明确指出，技术、行销、资金和人事等，或者我们还可以加上政策、法规、体制、设备等，无疑都是事业经营的重要因素，但是，如果没有人或人的素质不合格，特别是缺乏有思想和灵魂的人，那么，它们就都等于零或者不可能发挥最大潜能。所以松下公司的经验是：不仅出电器，而且出人才；造物之前先造人。俗话也说：千军易得，一将难求。作为人类社会统治的管理人才，是管理系统的关键因素。管理随着人类社会的产生而产生，在相当程度上它是随着人类社会管理的人才状况而发展的。

社会统治的历史变迁

社会统治的现象是人类的特有现象，是人类社会实践的特殊领域。所以，管理同人类历史一样古老。地球上产生了人类，有了人类社会实践活动，就有了人类社会管理的起源和发展。在不同的社会历史前提下，管理现象有不同的性态和特色，大致经历了四个时期：

[①]《毛泽东选集》第4卷，北京：人民出版社1991年版，第1512页。

原始社会偶然自发管理——同低下的采集、游牧生活和氏族、部落经济、文化条件相适应，原始社会的管理同原始劳动和战争紧密相连而不可分，大多出于偶然的自发需要。如首先发现猎物而喊叫趋向者，因战事而自荐或推举能战者指挥之，事毕也就自动卸任了，没有独立的专门的管理机构和人员。这种情形我们可以从古希腊罗马史书和荷马史诗中有关原始民主制的管理故事中看到。

古代社会个人经验管理——由于社会两次大分工（畜牧业和农业，以后和手工业），经济的发展和部落的冲突，出现了剩余产品和战争俘虏，产生了私有制和阶级，使原始氏族民主制解体，氏族部落酋长逐步演变为特权独裁的统治者，形成了专门的管理机构——国家，进入了奴隶社会和封建社会。因当时的生产和科技水平虽有发展，但还处于个人直观的阶段，缺乏科学的实验和控制手段，所以，统治阶级的管理也常常由经验和知识较多的个人来充任，例如著名的姜子牙、孙武、孔子、诸葛亮、曹操、李世民、包拯、司马光、寇准、康熙、于成龙……

近代社会集团科学管理——随着资本主义经济的兴盛和科技的发展，19—20世纪管理科学诞生，运用多种科学技术于管理实践，逐渐形成了个人与集团相结合的群体机构的科学管理。如御前会议、委员会、董事会、专业委员会、专家组、军事参谋团、政策研究室、战略研究所、参事室、职能部、秘书组、咨询公司、会计师事务所、资产评估公司等。

当代社会复合理性管理——第二次世界大战后，世界经济和科技飞速发展，两种社会制度和平冷战激烈竞争，发明电脑并迅速更新换代，无论宏观还是微观都进入了复杂大系统水平，科学管理、人性管理向文化管理、战略管理方向发展，并迫切需要多学科、深层次、综合性、哲学化的唯物辩证总体管理。如系统分析，工程流程图，专家论证会，电脑评估与群众分析相结合，全方位、全过程总结，企业文化，管理哲学，经营理念，宏观调控等。

社会管理都是管理者的实践，不论哪一个历史阶段的管理活动，都是社会成员，尤其是占统治地位的那一部分成员被赋予执行权力的管理阶层的行为。假如《三国演义》上没有水镜先生司马徽推荐和刘备"三顾茅庐"的故事，也就没有诸葛亮走马上任指挥千军万马叱咤风云的光辉业绩；否则，即便孔明有满腹经纶、满腔韬略，也只能终身勤耕于卧龙，根本不为世人所知。这里的关键在于汉室宗亲刘皇叔授权给孔明，使他从一个有知识的乡士一跃成了一名统治阶级的高级管理者。因此，社会管理不是管理者个人的行为，而是社会人群关系的人格化。管理者是在特定的社会统治阶级权力网络中活动的。

社会统治的权力关系

在社会人群中，社会和国家的管理并不是每个社会成员的事情，而是在经济上掌握社会生产资料所有权、在政治上占有统治地位的社会集团势力的事情。"谁都知道，群众是划分为阶级的……在多数情况下，至少在现代的文明国家内，阶级通常是由政党来领导的；政党通常是由最有威信、最有影响、最有经验、被选出担任最重要职务而称为领袖的人们所组成的比较稳定的集团来主持的。这都是起码的常识。这都是简单明了的。"[①] 作为执政党，不论是哪个国家哪种社会的哪类政党，都是那个国家和社会统治阶级权益的代表者、维护者，不管谁讲得多么含糊不清或娓娓动听，这也是社会管理现象有目共睹、无法掩饰的基本事实和本质特性。我们研讨管理问题，不能不在此再来重新复习这些社会科学的 ABC。

除原始氏族民主制外，进入阶级社会后，作为统治阶级的奴隶主阶级、封建地主阶级、资本家阶级以及社会主义社会的工人阶级，他们也不是每个成员都直接从事社会管理工作的，而是在其成员中或在社会上，培养、选拔一批权益代表者或代理人组成管理阶层，担任各行各层管理机构

---

① 《列宁选集》第 4 卷，北京：人民出版社 1972 年版，第 197、198 页。

的职员来负责执行统治权力。清朝统治阶级是满、汉各族的地主阶级，他们是爱新觉罗家族、八旗子弟、王公贵族、员外庄主等，享有特权和巨利的荣华富贵，但并不是都由他们亲自来管社会和国家的事，而是通过乡试、科举或提名举荐等不同的方式，选拔一些有知识、有经验的人来充任上下官员人员。例如，《杨乃武与小白菜》剧中的醇亲王是皇帝的家族，权力地位很高，可以觐见皇帝和慈禧太后，当然是统治阶级的高级成员，但他却并未入管理阶层，本身没有担任实职；而刑部尚书、侍郎、御使、巡抚等官职，都是招用军人、知识分子等充当。其他社会情况相似，可以此类推。管理阶层都为统治阶级效忠服务，不论剥削阶级还是无产阶级都一样。如执政的中国共产党是中国无产阶级的先锋队，人民政府、人民军队、人民团体都必须身体力行为人民服务的宗旨，而如果发生了公仆——主人的转化和易位，那就意味着党变质、国变色了。马列主义清楚地告诉人们：共产党"《宣言》中始终贯彻的基本思想，即：每一历史时代的经济生产以及必然由此产生的社会结构，是该时代政治的和精神的历史的基础；因此（从原始土地公有制解体以来）全部历史都是阶级斗争的历史，即社会发展各个阶段上被剥削阶级和剥削阶级之间、被统治阶级和统治阶级之间斗争的历史；而这个斗争现在已经达到这样一个阶段，即被剥削被压迫的阶级（无产阶级），如果不同时使整个社会永远摆脱剥削、压迫和阶级斗争，就不再能使自己从剥削它压迫它的那个阶级（资产阶级）下解放出来……"[1] 而"国家一直是从社会中分化出来的一种机构，一直是由一批专门从事管理、几乎专门从事管理或主要从事管理的人组成的。人分为被管理者和专门的管理者，后者居于社会之上，称为统治者，称为国家代表。这个机构，这个管理别人的集团，总是把持着一定的强制机构，实力机构，不管这种加之于人的暴力表现为原始时代的棍棒，或是奴隶制时代较为完善的武器，或是中世纪出现的火器，或是完全根据现代最新技术

---

[1]《马克思恩格斯选集》第 1 卷，北京：人民出版社 1972 年版，第 232 页。

造成的 20 世纪的奇妙武器，反正都是一样。使用暴力的手段可以改变，但是只要国家存在，每个社会就总有一个集团进行管理，发号施令，实行统治，并且为了维持政权而把实力强制机构、暴力机构、适合于每个时代的技术水平的武器把持在自己手中"。这就是国家管理的"共同现象"①。除了国家具有暴力机构和手段以外，这个基本原理适用于国家存在条件下的一切社会管理。

由此可见，管理是社会统治阶级的权力行为。所谓权力的概念，在资产阶级的政治学、社会学等学科中有各种不同的定义，而至今依然最有影响是马克斯·韦伯的定义："权力是某种社会关系中一个行动者将处于不顾而贯彻自己意志的地位的概率，不管这种概率所依据的基础是什么。"② 达尔说："对于权力，我的直党看法是这样的：在 A 能使 B 做 B 本来不愿做的事情这个范围内，A 对 B 拥有权力。"③ 它不同于"权利和义务"的具体事务性条款规定，而是指统治阶级对内部不同派别势力、或对被统治阶级广大群众之间的一种特殊社会关系和影响效力，带有全局性、强制性、支配性而使对方具有服从性。

在马克思主义著作中，权力是一个涉及多门学科的社会科学概念，诸如政治领导权、财产支配权、军事指挥权、舆论控制权等。不过，无产阶级、社会主义的权力，同剥削阶级、反动势力的权力，有着相似的职能和原则的界限。诚如毛泽东在《论人民民主专政》中所指出："革命的专政和反革命的专政，性质是相反的，而前者是从后者学来的。""'即以其人之道，还治其人之身。'……如此而已，岂有他哉！"④ 历史证明：在无产阶级革命和社会主义建设事业（包括统一战线、改革开放工作）中，都需要工人阶级（通过共产党的）领导，这关系到革命和建设事业的性质和方

① 《列宁选集》第 4 卷，北京：人民出版社 1972 年版，第 48、49 页。
② ［德］韦伯：《社会组织和经济组织的理论》，芝加哥：自由出版社 1947 年版，第152 页。
③ ［美］达尔：《论权力概念》，载《行为科学》1957 年第 202、203 页。
④ 《毛泽东选集》第 4 卷，北京：人民出版社 1991 年版，第 1478 页。

向。但是，无产阶级革命和社会主义建设不是少数人的事情，而是亿万人民大众自己的事情；因此，工人阶级领导的社会主义国家的管理，同剥削阶级、反动势力对被剥削、被压迫人民群众的统治，从职能形式上看有相似之处，但因阶级实质根本不同，故权力的形式和方法也是有区别的。比如，我们无产阶级政党，尤其是执政党的"所谓领导权，不是要一天到晚当作口号去高喊，也不是盛气凌人地要人家服从我们，而是以党的正确政策和自己的模范工作，说服和教育党外人士，使他们愿意接受我们的建议"①。20 世纪 50 年代，我们常在县委县政府的办公室墙上见到这样一条标语："共产党员不是骑在人民头上的老爷，而是全心全意为人民服务的勤务员。"那时的干部，包括南下的、部队转业的和刚从本地劳苦阶级或其他积极分子中抽调培养的、民主选举的，都穿着老布衣服，挎着短枪，厉行三大纪律、八项注意，到了基层，不是一起劳动，就是出去宣传、促膝谈心，毫无架子、毫不特殊，却吃苦在前、谋利群众、坚定对敌，处处受到人民群众的欢迎和爱护。我们的管理者是人民的勤务员，为人民服务的公仆，党和人民赋予他们的权力并不是他们个人享有特权，而是因为革命和建设事业需要他们按照正确的方向和路线，把各行各业的具体事务工作做好，以达到人民群众得利、社会主义发展之目的。如果谁拿手中的权力拉帮结派、谋取私利，或者鱼肉劳众、欺压百姓，那就要发生权力的变性、变形，就要脱离权力的本性和本位了。

社会统治的辩证矛盾

统治阶级的权力主要表现在两大方面：一方面是统治阶级的政治地位的规定，如帝王公侯伯子男的爵位特权、资产阶级私有财产神圣不可侵犯权、选举权、执政权、指挥权等，通过制定颁布宪法和法律来加以确认；另一方面是统治阶级的具体利益的保障，如各行各业各个层次管理机构的

①《毛泽东选集》第 2 卷，北京：人民出版社 1991 年版，第 742 页。

权责活动规范及体制运行中的法规、条例、细则、办法等，通过各级官位职员的公务活动来实施。

列宁说："工人阶级的统治地位表现在宪法中，表现在所有制中，而且还表现在正是我们推动事物前进这一点上面，而管理则是另一回事，是有关能力的事，有关技巧的事。"① 因此，"要管理，要建设国家，就应当拥有具备管理技术、治国经验和经济经验的人才"，"要管理就要内行，就要精通生产的一切条件，就要懂得现代高度的生产技术，就要有一定的科学修养"。② 这就很明确，政治统治权力偏重于一些有关政治战略策略的问题，而管理统治权力则偏重于业务职责技巧问题；但是，两者之间的界线又很难截然划清，是相互渗透、相辅相成的。因为：政治问题、政治工作，要通过管理问题、管理工作来贯彻落实，如思想路线、政治路线、组织路线，需要制定和执行一系列政策、条款、档案、办法和进行测算统计、工作程序、联络协调、调查研究、会议安排等专业工作；而管理的目的就是要通过业务工作步骤贯彻落实政治问题、政治工作的要求，管理的内容、程序、方法中都贯串着一个政治方向、指导思想、方针路线问题，究竟"对谁有利？"（列宁）"为谁服务？"（毛泽东）。例如，政府要赞助发展工作到什么程度，是受实际政治而不是经济理论所决定的；美苏两国之所以赞助科学研究发展的程度高于其盟国，主要是出于国家安全的考虑；为了维护国防第一优先性，美国联邦科研经费在正常情况下不受公平分配的限制，在政府分配资金的过程中，参与者运用政治技巧就可决定要支持哪一项计划哪一项研究范围；即使有意促进经济或科技的发展，但实际最后所得的结果却往往不是预期的。③ 另一方面，政治有自己独立的更广泛的内涵，包括我党我国坚持和发展、贯彻和落实四项基本原则，但是，政

① 《列宁全集》第 36 卷，北京：人民出版社 1959 年版，第 544 页。

② 《列宁全集》第 30 卷，北京：人民出版社 1957 年版，第 394、419 页。

③ Greenstein、Polsby 主编：《政策与政策制订》，台北：幼狮文化事业公司 1984 年版，第 110、129、131 页。

治工作也要落实到经济上面，政治问题也要从经济的角度来解决。只靠社会主义道路，没有真才实学，那是空头政治，还是不能实现四个现代化的。所以，"专不等于红，但是红一定要专"。①

我党我国在社会主义革命和建设的长期实践中，总结了正反、左右经验教训，不管是纠正"文革"中的极"左"化或改革中的自由化倾向，都需要把政治和管理紧密地结合起来：红与专、政治与业务的关系，是两个对立物的统一。一定要批判不问政治的倾向；一定要反对空头政治家，另一方面要反对迷失方向的实际家。

政治和经济的统一，政治和技术的统一，这是毫无疑义的，年年如此，永远如此。这就是又红又专。将来"政治"这个名词还是会有的，但是内容会变。不注意思想和政治，成天忙于事务，那会成为迷失方向的经济家和技术家，很危险。思想工作和政治工作，是完成经济工作和技术工作的保证，是为经济基础服务的。思想和政治又是统帅，是灵魂。只要我们的思想工作和政治工作稍微一放松，经济工作和技术工作就一定会走到邪路上去。②

管理的这种基本矛盾，是管理——统治权力职责活动的总体性态和职能的反映，只有了解了管理的总体矛盾，才能理解和掌握管理的总体职能。

三、管理：总体职能

从社会角度考察，管理是人类社会生产和社会生活的一种普遍的常见的现象。例如，孩子们管理零花钱，主妇们管理家务，经理管理企业，校长管理学校，警察管理治安，将校管理部队，首相、部长管理政务，元首、领袖管理党务、国务，以及我们每一个人都管理自己的时间、工作、

---

① 《邓小平文选》第 2 卷，北京：人民出版社 1994 年版，第 195、262 页。
② 《毛泽东著作选读》下册，北京：人民出版社 1986 年版，第 803 页。

生活……都是人类社会的管理现象。

马克思说："一个规模较大的直接社会劳动或共同劳动，都或多或少地需要指挥，以协调个人的活动，并执行生产总体的运动——不同于这一总体的独立器官的运动——所产生的各种一般职能。一个单独的提琴手是自己指挥自己，一个乐队就需要一个乐队指挥。"① 在乐队中，指挥——提示、衔接、控制使之统一协奏、交响，而不是代替乐队每个成员各自的具体演奏。这就是管理——执行总体职能的形象说明。

管理概念本义

人类的劳动是社会性实践活动，不是单个人孤立进行的。马克思说："凡是直接生产过程有社会结合过程的形态，而不是表现为独立生产者的孤立劳动的地方，都必然会产生监督劳动和指挥劳动。"② 早期管理学者 J. D. 穆尼认为，管理工作必须协调各种劳动分工。他举了一个简单的例子：某物体太重太大，一个人搬不动，要两个人以某种方式协同努力才能搬动。他们必须同时举起这个物体，往两人商定的方向搬动，又必须同时将这个物体放在预定的地方。搬放物体要两人同时出力，而指挥工作、喊"一、二、三，起"或其他动作号令的，由其中一个人来担任，这个人的工作就是管理工作。这是个简单协作劳动过程管理的实际例证，"这个例子包含了管理工作中的所有因素：共同商定将搬动的物件放下的地方相当于管理工作要收到的效果；将这个物体举起、搬动和放下则相当于为了收到效果而作的各种活动"。而且，"不管事情在什么地方发生，无论事情发生在工商企业、医院、大学或是政府机关，这种原理都是同样适用的"。现代社会包括各种行业的专业组织，进行着各种生产和工作；只不过它们的时间、空间、规模、人数、具体业务不同，比"两人搬物体"的过程更加错综复杂罢了，"但是他们全都有个共同

① 《马克思恩格斯全集》第 23 卷，北京：人民出版社 1972 年版，第 367 页。
② 《马克思恩格斯全集》第 25 卷，北京：人民出版社 1974 年版，第 431、432 页。

点——它们都必须加以管理"。①

那么，究竟什么是管理呢？什么是管理概念的含义呢？我们在这里用管理概念而不用管理定义的说法，是因为人们通常理解的"定义"这个词是指"相对固定不变的观念"，而"概念"这个词是指"根据某些特殊事例得出的抽象观念或含义"，"它往往随想出观念的人和特殊事例中的内容的不同而有所变异"②，因而具有机动性和灵活性，这对于管理哲学这门还处于孕育或襁褓之中的新学科来说，似乎更恰当更适度。从管理史上看，从古到今的管理者和管理学者，由于各人实践或研究的深度、广度、角度不同，对管理的说法纷繁复杂、极不统一，我们没有必要作详细的考证。但是，管理的概念作为社会统治的集中体现，它应该包括下面几个方面的含义：

其一，管理是一个广泛的普遍的社会实践概念。泰勒论述管理的著作着重注意的，只是生产的技术经济方面。哈佛大学教授阿尔图尔·科沃批判地指出，企业家在谈到经营时，只看到"若干吨钢、若干千瓦小时、若干工人等等"③。在不少管理学的报刊、书籍中，一般都是把管理看成一个经济概念，这有一定道理，但终究是不全面的。管理作为社会劳动的调节、监督，当然首先跟社会物质生产和经济活动紧密联系在一起，所以，研究生产力的发展、经济体制的改革时，无疑要十分重视管理的建设和改革。但是，管理作为人类社会协调的枢纽、兴衰的关键，它不仅是一个经济概念，而且同整个社会形态的各个领域、各个层次都是分不开的。

就广度而言，社会生产力、社会经济关系、社会政治制度和活动、文化思想观念以及自然的资源条件等各个方面，都需要管理，都有管理问

---

① ［美］唐纳利、吉布森、伊凡赛维奇：《管理学基础——职能·行为·模型》，北京：中国人民大学出版社1982年版，第19页。
② 同上书，第17页。
③ ［苏］波波夫：《管理理论问题》，北京：中国社会科学出版社1983年版，第124页。

题。列宁指出："唯物主义者即马克思主义者是最先提出不仅要分析社会生活的经济方面，而且必须分析社会生活的各个方面这一问题的社会主义者。"① 因此，社会主义的管理，应自觉地按照唯物史观的原理，必须把物质管理和精神管理、经济管理和政治管理、组织管理和文化管理等统一起来。"管理理论的本质特点是这个理论力图综合研究……不仅包括组织技术方面和经济方面，而且也包括哲学、心理学和社会学方面……现代资本主义生产过程的领导者都是能保证对生产过程实行内行管理的管理人员，同时应该既是政治家和外交家，又是社会学家和心理学家。'大企业'就是这样要求的。"② 不论资本主义还是社会主义的管理理论家都清楚地懂得，不仅仅只有当社会政治措施能保证解决经济问题时，而且只有按一定方式对社会关系、个人和社会集团的行为，以及他们的事务、精神生活进行综合调整时，才能在调节经济方面取得效果。所以，毛泽东说得好：管理的"评比不仅比经济、比生产、比技术，还要比政治，就是比领导艺术。看谁领导得比较好些"③。

就深度而言，管理系统的领导层、中间层、基础层三个层次都需要管理，都有管理问题，无论一个国家、一个部门、一个地区、一个单位都是如此。领导层是管理的核心和首脑，起决策作用，决策的正确与否，决定管理全局命运和各个层次、环节的方向；而中间层、基础层的贯彻执行、落实兑现作用也不可忽视。如果"上有政策，下有对策"，即使有正确的决策，也要落空，甚至歪斜。"所以讲领导工作，是包含了上中下各级领导干部说的。"④ 也就是说，不仅仅是高层领导，而且各个层次的管理干部都要树立全面正确的管理观念。

其二，管理是一个多方面、多职能统一的系统概念。马克思说："不

① 《列宁全集》第 1 卷，北京：人民出版社 1955 年版，第 141 页。
② ［苏］格维希阿尼：《企业社会学》，莫斯科：社会经济出版社 1962 年版，第 13、14 页。
③ 《毛泽东著作选读》下册，北京：人民出版社 1986 年版，第 805 页。
④ 《周恩来选集》上卷，北京：人民出版社 1980 年版，第 128 页。

论生产采取何种社会形态，劳动者与生产资料总是它的因素。但它们在彼此的分离状态中，就只在可能性上是它的因素。为了要有所生产，它们必须互相结合。"① 这种使生产要素互相结合起来的系统工作，就是管理。

就管理系统总体上讲，管理包括三个基本方面：管理主体，最主要的因素是作为管理者的人；管理客体，即劳动者和生产资料等，最主要的也是人，包括职工和顾客；管理活动，指管理者对管理客体的认识、运用、变革的实践工作，包括计划、组织、执行、激励、调节、控制等。管理就是这三个方面的系统结合，其中缺少一个方面，管理的概念就不能成立，而管理的主干因素是人对人的管理活动，没有管理者的人及其对人的管理，则管理就无从谈起。

就管理系统具体运行讲，管理是管理者运用人财物等资源条件，为达到一定的管理目标绩效而进行的管理职能活动过程。在管理过程中，包含三个主要因素：第一，资源条件。即人、财、物、时间、空间等，这是管理实践的客观物质基础。第二，目标方案。管理工作是有目的有计划有组织的实践活动，管理目标是管理运行的动力和方向，而为达到目标而制订计划、方案、步骤等决策和措施，是管理目标的保证和管理活动的依据。第三，职责人员。在这里担任职务、负有责任的管理人员，尤其是领导干部是管理的中心因素，人财物等资源条件要靠管理者"运用之妙，存乎一心"，干部是决定性的因素。管理就是以管理者为中心的三个因素相互结合、相互作用的动态系统。

我们从大量的管理现象中，可以抽象和概括出这样一个概念：管理是人类社会的普遍现象，是管理主体对管理客体的认识、运用、变革而实现目标绩效的系统过程。美国管理学家雷·怀尔德教授认为："管理的任务就是安排原因，以产生结果。"② 英国柯达公司总裁默尔福德说："我认为，所谓的经营管理，是指确保公司的业务进行能够符合公司既定之策

① 《马克思恩格斯全集》第 24 卷，北京：人民出版社 1972 年版，第 44 页。
② ［美］怀尔德：《管理大师如是说》，北京：中国友谊出版公司 1986 年版，第 175 页。

略，并致力达到其既有的目标。"① 著名的日本松下、丰田公司"皆以降低成本，提高收入为出发点"②。著名经济学家孙冶方说，一切经济问题的秘密，"就是以最小的耗费，取得最大的效果……这也就是最小最大的原则"。③ 毛泽东说："发展经济，保障供给，是我们的经济工作和财政工作的总方针。"④ 通过概括古今中外关于管理的论述，可见管理领域内在的特殊矛盾是："把有限的资源分配给难以满足的目的。"⑤ 从管理的本义可见，管理相对于社会实践的其他形态来说，不同于某一直接操作的行为，而是总体行为——协调、决策中的运动具有自己显著的特点。

四、管理基本特点

管理作为人类社会实践的特殊领域的特殊现象，具有自己鲜明的、强烈的、突出的特点：

第一，权力中心。人类社会组织的管理活动与一般的社会实践不同，它是通过各种能级机构和人员的职、权、责活动来进行的。管理机构和管理人员，不论职位高低、责任轻重，可以说都是掌握一定权力的阶层，即便是普通干事和管理职员，也有"县官不如现管"之说。所以，管理是行使职权的工作，在这里，权力是第一个术语，是管理的核心。国外有句行话，叫作"有职无权活地狱"，就是说，没有权力就没有管理。

第二，知识工作。在社会实践中，无论哪个行业、哪类组织的活动，大致可以一分为二：一种是直接生产（服务）劳动的操作，如钳工、车

---

① ［美］怀尔德：《管理大师如是说》，北京：中国友谊出版公司1986年版，第3页。
② ［日］近藤弘：《松下丰田企业经营术》，台北：巨浪出版社1982年版，第4页。
③ 周叔莲、汪海波：《论孙冶方"最大—最小"理论》，北京：中国社会科学出版社1985年版，第2页。
④ 《毛泽东选集》第3卷，北京：人民出版社1991年版，第891页。
⑤ 马洪、孙尚清主编：《经济与管理大辞典》，北京：中国社会科学出版社1985年版，第1148页。

工、检验工、炊事员、营业员、教员、演员等的工作，他们通过直接操作的劳动，生产出物质的或精神的产品来，满足社会生产和人民生活需要；另一种是管理工作，与直接操作的生产劳动不同，它本身不出产直接服务于社会和人民的产品，而是知识性的劳动，是出主意、作决策、调财物、用干部的工作。"管理是通过其他人来完成工作的"，"管理是与其他人一起并通过其他人来达到企业组织的目标的"。[①] 管理的贡献和绩效，是通过管理活动指挥、推动他人——属下和职工的直接操作（生产或服务）的劳动而实现的。

第三，预期价值。管理工作的核心部分是计划决策。无论东西南北中、工农商学兵，每个行业的管理决策都是自觉为实现特定目的和效益的预期方案服务的，其中包含预测期望的目标价值：经济价值、政治价值、学术价值、文化价值等。例如，商业的盈利，建筑工程的质量、技术指标，思想政治工作要求达到的觉悟程度和组织程度，党政纪部门负责党风、政风廉洁、勤勉、忠诚的净化目标，司法、公安部门扭转社会治安恶化的深度广度，调研部门提供信息资料对决策和科研的参考价值等。"管理工作就是要谋划出一种有用的即能够取得预期结果的解决办法"。总经理、市长、卫生部部长、村长、少先队大队长、校长、主教、会长、连长、局长、主任……"所有主管人员的目标实质上必然都是为了挣得盈余"，即以最少的投入办更多更好的事。各部门、各层次的"具体目标不可能都相同……但是他们基本的管理目标仍然是相同的"；而且是"可以考核的"，即"在将来预定的某一天到来之时"，能够肯定或否定回答目标是否实现，而不是什么"顾客是上帝""提高透明度"等无法具体查实的假大空话。[②]

---

① ［美］皮尔斯：《管理人员到管理人员：管理人员对管理学发展的认识》，纽约：AMACOM 1974 年版，第 11 页。

② ［美］孔茨、奥唐奈、韦里克：《管理学》，北京：中国社会科学出版社 1987 年版，第 15、14、221、222 页。

第四，主动行为。管理活动不同于一般实践活动的又一特点，在于一般操作活动是在一定的理论、路线、战略、策略、计划、方案的组织、动员、指挥下进行的，是决策之后的执行过程，就这个意义上说，带有滞后性和被动性；而管理活动本身就是理论、路线、战略、策略、计划、方案的制订、决策和贯彻执行的组织、指挥工作，是管理人员根据一定的信息，为达到一定目标而主动采取的"进攻"和"调节"行为。托马斯·彼得斯和南希·奥斯丁在《领导艺术》一书中说，"进行领导主要就是关注"，领导者就是"关注大师"；而关注，也就是台湾电视公司总经理石永贵在《全力以赴》一书中所说的"全力以赴"。如果有管理的组织机构和人员，但不干实事，毫无作为，没有主动行为，那也就等于没有管理本身。

第五，随机过程。管理活动是一个多方面、多因素、多层次、多阶段的纷繁复杂的动态系统。管理主体面临的管理客体（对象、条件、环境等）是千头万绪、千差万别、千变万化的随机过程。管理者要正确有效地对付这样的随机系统，达到管理的最佳绩效目标，就不仅要有科学的战略，而且要有机动灵活的战术和策略，才能"随机应变""随时制宜"，恰当而圆满地完成管理任务，否则，失当、失调、失误、失败是很容易出现的。

管理的总体特点决定其职能实践行为不同于具体业务技术问题的具体分析具体解决，而是一个在总体上出主意、想办法、调财物、用干部等的运行过程。

五、管理主要职能

选用和培训岗位职员

管理是以管理者为中心的实践系统过程。要进行一项管理工程，首先就要挑选、培养、任用管理岗位职员。斯大林、毛泽东、周恩来等领导人都阐述过：大政方针决定之后，组织干部就是决定的因素。一项管理工程没有相应的主管人员和领导班子，管理机构就建不起来，管理岗位就不能设立，当然一切管理工作就无从谈起。一般地说，一项工程事业是从引发动机开始的，然后推定分工负责人、考察组、筹备组，选择、任用主管人员，正式启动。有了主管人员，再去挑选和调配其他岗位干部，逐渐形成组织体系，这是管理系统的主体基础。

管理岗位职员是指被赋予特定岗位权利、负担相应岗位职责的官职人员。他们是社会统治阶级权益代表者、维护者，具体管理系统不同职位的负责人、办事人。他们必须具备一定的管理品格、知识和经验，经过统治阶级教育路线和学校的熏陶与培训，组织路线和政策的考察认可、民意选举或其他程序才能走上岗位的。尤其是主管人员，不论社会制度、管理性态、干部素质如何，首先得是统治阶级管理阶层主管部门看得中、信得过的人。对于管理干部和职员的管理，有各种激励、惩罚机制，以保证管理工作按照既定方针有效开展。

明确和提出理念目标

管理的理念和目标，是执行管理的统治阶级的经济利益和政治要求的具体表现。因为"统治阶级的思想在每一时代都是占统治地位的思想。这就是说，一个阶级是社会上占统治地位的物质力量，同时也是社会上占统治地位的精神力量。支配着物质生产资料的阶级，同时也支配着精神生产的资料，因此，那些没有精神生产资料的人的思想，一般地是受统治阶级支配的……既然他们正是作为一个阶级而进行统治，并且决定着某一历史时代的整个面貌，不言而喻，他们在这个历史时代的一切领域中也会这样做，就是说，他们还作为思维着的人，作为思想的生产者而进行统治，他们调节着自己时代的思想的生产和分配；而这就意味着他们的思想是一个时代的占统治地位的思想"[①]。例如，在某一个国家里，某个时期王权、贵族和资产阶级争夺统治，因而，在那里统治是分享的，那里占统治地位

①《马克思恩格斯全集》第3卷，北京：人民出版社1960年版，第52页。

的思想就会是关于分权的学说，人们把分权当作"永恒的规律"来谈论；而当某一个阶级和某一股势力占有了支配地位之后，则他们的舆论工具就专门宣传和平、稳定的思想……其中不同的集团和派别还有其他不同的主张和理念。管理的理念和目标，是统治阶级理性观念和既定方针在管理中的直接体现，并不像某些庸人或偏见所说的抽象、空洞、普遍适用于宇宙的大话：世界通用，人人赞赏。在《政策与政策制订》一书中，两位"美国政治学的专家"承认："这一学科缺乏普遍接受的参考架构或组织原理。"① 而经济学家们虽然以同样的方法与技巧分析问题，"但在他们之中仍有很大的不同。大多数经济学家并非无党派的，其中有些是共和党的经济学家，有些是民主党的经济学家，部分是马克思主义的经济学家。他们意见相左，一方面由于价值观念的不同，另一方面是他们对于市场结构相对效用的评价，以及对于政府在社会经济问题方面的解决办法的评价也不同"。这种种的不同，说明了保守主义和自由主义的经济学家之间，对政府干预经济时的特殊地位认识上的差异。"保守主义的经济学家较喜欢依赖私人的决定和市价，以从事经济的调整，因此他们不愿意接受政府的干涉去稳定经济、促进成长或改善社会和经济情况。"（本书注：请注意！这是保守主义！不是我国某些人把这种观点和主张自命为"解放思想"的"改革开放"派）而"自由主义的经济学家们，较赞成政府对于这些问题，以私人利益不能和公众利益一致为前提的解决办法"，即由政府提出办法，私人行动仍不可能如公众行动一样有效。至于"激进派的经济学家们，则对于那些使所得和财富过度分配不均的现象永存，而不从减低资本主义社会中由商业和工业所控制的经济力量（本书注：即资产阶级）着手研究的解决办法感到怀疑"②。所谓"认同感、需求与期望之符号间存在复杂的互依性。自我指涉系统，借摒除对真实的新看法与持久的注意力或认识之

---

① Greenstein、Polsby 主编：《政策与政策制订》，台北：幼狮文化事业公司 1984 年版，原序第 13 页。
② 同上书，第 34、35 页。

外，可干扰对真实的认识。同胞或同阶级分子的言辞比出于外国人与下层阶级者的谈话更受重视。当情势被认为与一种认同感有关，价值顺序与期望就会受到影响。当国家被认为已介入某种情势，对国家的权力地位的敏感就提高了，而其他价值（特别是与一个人的角色，例如科学家或商人有关者）可能遭到忽视或不被强调了。同样地，新环境的冲击会修正期望的图形，而它又会导致认同感与价值顺序的重订"。"政治神话对接受者产生标准化影响。哲学的、法律的与通俗的主义……公式等细密地规定了许多'何事值得信赖'的准则。'共产主义者'与'非共者'被假设为不能以相同方式观看世界；而通常这假设是言之成理的。"① 可见，管理的理念和目标是受政治环境、文化观念及其变化而各异的。

在一定的大政方针下提出和规定管理的理念和目标。正如毛泽东所说："一切军事行动的指导原则，都是根据于一个基本的原则，就是：尽可能地保存自己的力量，消灭敌人的力量。这个原则，在革命战争中是直接地和基本的政治原则联系着的。"正是"在这个基本的原则上，发生了指导整个军事行动的一系列的所谓原则……一切技术的、战术的、战役的、战略的原则，都是执行这个基本原则时的条件。保存自己消灭敌人的原则，是一切军事原则的根据"②。这个道理，同管理是相通的，也适用于管理。

管理的基本原则。例如，"IBM 就是服务"，松下"造物先造人"……资本主义管理都贯穿一个基本原则——"'企业家'所管理的公司以利润极大化为目标"③。社会主义管理不同，也都贯穿一个基本宗旨——"完全是为着解放人民的，是彻底地为人民的利益工作的"④。大庆——两论起家，三老四严；鞍钢宪法——政治挂帅，群众路线，两参一改三结合；

---

① Greenstein、Polsby 主编：《政策与政策制订》，台北：幼狮文化事业公司 1984 年版，第 9 页。
② 《毛泽东选集》第 2 卷，北京：人民出版社 1991 年版，第 406、407 页。
③ ［美］西蒙：《关于人为事物的科学》，北京：解放军出版社 1985 年版，第 27 页。
④ 《毛泽东选集》第 3 卷，北京：人民出版社 1991 年版，第 1004 页。

大寨前期；自力更生、艰苦奋斗……他们指导思想明确、端正，生产、经营目标具体、落实，为发展社会主义经济，为提高劳动人民生活，作出了卓越的贡献。

当然，"任何一种理论或原理，即使在性质上具有普遍性，也不可能仅仅用一种最好的方法就能把它归纳出来。正因为如此，我们也千万不要想有什么适用于一切企业的最好的策略和政策。这如同管理工作的其他方面一样，取决于与其有关的情况和各种偶然事件"①。但这绝不是说管理可以任意自由行动，而更需要有一套管理的行为规范。

制定和实施行动规范

《孟子·离娄上》曰："不以规矩，不能成方圆。"《荀子·儒效》曰："设规矩，陈绳墨。"这是中国人的优良文明传统。尤其是管理系统过程，千头万绪、千差万别、千变万化，虽然有大略的预测和计划，但因其具体运作随机性很强，如果没有原则和规范，那就势必混乱如麻，无法正确有效地进行工作和取得成果。在一定的理念和目标指导下，制定相应的战略、战术、策略、方针、政策、法律、规则、条例等，作为管理系统过程的行动规范或准绳。

管理战略问题，从20世纪60年代起风行于世成为热点。"战略"一词源自军事、政治科学，同"战役""战术""策略""政策"等相对而言。斯大林第一次明确定义："战略就是规定无产阶级在革命某一阶段上的主要的打击方向，制定革命力量（主要的和次要的后备军）的相应的布置计划，在革命这一阶段的整个过程中为实现这个计划而斗争。"② 毛泽东说："研究带全局性的战争指导规律，是战略学的任务"，"战略问题是研究战争全局的规律的东西"，"凡属带有要照顾各方面和各阶段的性质的，都是

---

① ［美］孔茨、奥唐奈、韦里克：《管理学》，北京：中国社会科学出版社1987年版，第330页。

② 《斯大林选集》上卷，北京：人民出版社1979年版，第246页。

战争的全局"，"战争的胜败的主要和首先的问题"，"指挥全局的人，最要紧的，是把自己的注意力摆在照顾战争的全局上面"。[①] 可见，战略是管理过程（或阶段）的全局规律、总体目标、工作重点、系统配置等根本问题的原则规范。战略是否正确取决于政治路线和管理理念是否正确。而战略本身是看不见的，非要用心思去想一想才能理解和把握。现在，世界资本主义的政治总战略是和平演变社会主义，对世界实行霸权主义；而相应的经济管理的总战略则是推行经济全球化，把世界经济纳入美国式的资本主义市场化轨道。那么，社会主义国家的政治和管理总战略是什么呢？当然是坚持和发展四项基本原则，以社会主义经济建设为工作重心，以社会主义改革开放为工作动力，全面建设中国特色社会主义现代化，并逐步实现共产主义的伟大目标；而相应的则应坚持发展社会主义经济为主导，并必然允许必要的补充经济成分的存在和发展，在长期、曲折、复杂的国内外竞争、消长过程中，逐步巩固、壮大社会主义主体经济，战胜非社会主义经济，坚决反对停滞僵化、多元折中、本末倒置的错误倾向，否则，就会西化、私化、分化、腐化、蜕化。

孔茨等著的《管理学》认为，"策略"一词"意指为全面实现目标而部署的工作重点和资源的利用方法"。"策略就指导企业的经营思想和行动而言，则是一种有用的框框。"例如，在 20 世纪 50 年代及以后，德国国民汽车公司采取这样一个策略：在竞争性极大的美国市场上提供廉价的小型轿车，它每加仑汽油的行驶里程高，容易驾驶，便于存放，而美国汽车商没有做到，故以此赢得了顾客。从此例也可见，策略并不是一种独立的规范，策略 = 一定目标（在既定市场上争取一席地位） + 一种政策（生产和销售一种廉价小轿车） + 其他举措（出口、销售等）[②]。

政策则是各个具体事项的行动原则。如人、财、物各个事项都有政

---

① 《毛泽东选集》第 1 卷，北京：人民出版社 1991 年版，第 175、176、177 页。
② ［美］孔茨、奥唐奈、韦里克：《管理学》，北京：中国社会科学出版社 1987 年版，第 190 页。

策，它指导管理人员的具体行动。"政策是革命政党一切实际行动的出发点，并且表现于行动的过程和归宿。一个革命政党的任何行动都是实行政策。不是实行正确的政策，就是实行错误的政策；不是自觉地，就是盲目地实行某种政策。"① 不过，"政策是决策工作中进行思考的指南，它要使所做的决策处于一定的政策界限之内。政策本身不要求有所行动，但要用来指导经理的决策工作"，"政策的实质是承认存在着自主权。"② 政策规定一个行动可行的幅度和范围，不同级别、不同行业，可视具体情况从实际出发，因地制宜、因时制宜、因事制宜，有大政策、中政策、小政策、土政策，也就是说，有原则性和灵活性相结合的问题，同已经无法机动的"规则"不一样。当然，这里要遵循两条原则：我们指的是真正行动着的政策，包括某些"只做不说"的成型措施（不论对错都要算），而不是那种含糊不清、模棱两可或只说不做、言行不一的空头政策或欺骗政策；不能把政策的弹性同违反社会主义原则、违反党纪国法的钻空子、打擦边球、"上有政策，下有对策"，大搞不正之风、消极腐败、违法乱纪混淆起来。"重要之点是，策略和政策虽然不止一个，但它们必须是一致的，互相配合的。"③

政策制定。陈云说："所有正确政策，都是根据对实际情况的科学分析而来的……片面性总是来自忙于决定政策而不研究实际情况。""难者在弄清情况，不在决定政策。我们应该用百分之九十以上的时间去弄清情况，用不到百分之十的时间来决定政策。"④ 前提条件是："外界环境可用经济、技术、社会、政治和伦理等方面的一些因素来表明。要注意这些环境因素的性质，及其对主管人员的重要性；还要了解一个机敏而有眼力的主管人员为什么在拟订计划决策时必须考虑这些环境因素。"同时，"还要

① 《毛泽东选集》第4卷，北京：人民出版社1991年版，第1286页。
② ［美］孔茨、奥唐奈、韦里克：《管理学》，北京：中国社会科学出版社1987年版，第321页。
③ 同上书，第329页。
④ 《陈云文选〈1956—1985〉》，北京：人民出版社1986年版，第35、38、179、180页。

对企业内部的环境因素有所警觉，并作出反应"。"对这些因素的反应则随企业主和总经理们的偏见和态度而异"。"必须把上述所有这些东西作为背景因素来考虑，以保证所作的决策'适宜'"。① 毛泽东强调要经过"各种材料加以去粗取精、去伪存真、由此及彼、由表及里的思索"工夫和加工过程。② 例如，1958 年作家秦牧下放到广东省揭阳县棋盘大队参加劳动，深入生活，写了一篇《迁坟记》的散文，由于平整土地是在中国共产党领导下，有组织有计划地进行，把分散的骨殖收集起来，合筑公墓，做到了"一方面坚决平整土地，一方面也珍重着先人的遗骨"，所以得到群众拥护，集体主义思想也得到了发扬。毛泽东正在广州视察，从《羊城晚报》上阅读到了这篇散文，称赞这是一篇宣传实事求是精神和集体主义思想的好文章。③

政策评估。正如萨罗门（Jean Jacques Salomon）提醒我们的，科学的进步并不能解决原存于现代社会中的价值冲突，也不能因此就不必来解决这种冲突。④ 例如环境政策，对于污染问题一般都责备制造污染的人，"其实这些人是被鼓励及被吸引去污染环境的"⑤，因为在市场经济的竞争中，污染者的商品价钱便宜，而无污染者的商品售价很高，根源在于许多人认为"唯利是图""优胜劣汰"是"绝对规律"！

又如都市问题，为了"加快步伐"改革与发展，在"提高现代化程度"的漂亮口号下，处处"美国纽约化"，摩天大楼、高架交通煞是好看，到处修筑高速公路、立交桥等，虽然增加了汽油税或市政建设费，但并不包括进入城市后的净化空气和交通拥挤的成本，还要搞"万商云集"的

---

① ［美］孔茨、奥唐奈、韦里克：《管理学》，北京：中国社会科学出版社 1987 年版，第 253、254 页。

② 《毛泽东选集》第 1 卷，北京：人民出版社 1991 年版，第 179、180 页。

③ 摘自孙琴安：《毛泽东与作家们》，载《文汇报》2001 年 3 月 10 日第 6 版。

④ Greenstein、Polsby 主编：《政策与政策制订》，台北：幼狮文化事业公司 1984 年版，第 131 页。

⑤ 同上书，第 86 页。

"国际大都会"，这样一来人如雀跃、车水马龙，"结果即使道路不断地开辟，但是拥挤的问题却越来越严重"[1]。实际上世界先进国家早已有更科学、经济、高雅的新路子：不搞人口过密的特大城市，更不再建筑劳民伤财又不安全的摩天大楼，以保护可耕土地和保护绿色环境为前提，依山傍水、（地）上（地）下交通结合，建设长廊街道和村镇，把大地、绿景和城乡、企（事）业单位交织成美丽的图画。

至于"规则要求按一定的情况采取或不采取某个特定的行动"。规则与指导行动的程序有关，但不说明时间顺序。实际上，可把程序看作一系列的规则。然而，有的规则可能是，有的又可能不是，如"禁止吸烟"与任何程序都无关。"规则的本质在于是否采取某种行动的管理决策。"[2] 规则不同于政策，政策是指导考虑问题，给人留有自由处理权；而规则则是限制考虑，要么动要么不动，没有商量余地。

最后，"程序指导如何采取行动，不是指导如何思考问题"。"程序的实质就是对所要进行的活动规定时间顺序。"它是根据各个能级的职责权限范围对管理实践具体运行的时间先后所作的详细规定，目的在于对管理行为实施目标审核和控制。如董事会遵循的程序和基层监管人员须遵照的程序显然是不同的；副总经理开支票的程序和推销员这类程序有很大的差别。"但重要之点是整个组织无处不存在着程序"（如实务手册、工作细则等），而且一般都牵涉到好多个部门（财务、技术、供销、运输……），越到基层就规定得越多越细，以减少基层主管人员的自由处置权限，把好行为方向和保证有效程度。程序和政策、规定等关系密切，如公司规定职工可以享受假期，而程序则是拟订轮休时间表，包括申请登记、具体时间地点安排、假期工资率与支付办法等，否则就要出

---

① Greenstein、Polsby 主编：《政策与政策制订》，台北：幼狮文化事业公司 1984 年版，第 87 页。

② ［美］孔茨、奥唐奈、韦里克：《管理学》，北京：中国社会科学出版社 1987 年版，第 195、196 页。

现混乱而影响正常工作①。

设计和运作组织体制

"经济体制本质上是达到某些基本的社会目标（诸如自由、平等、民主、生态保持和全体居民的一定物质生活水准）的手段。""经济体制并不存在唯一的、普遍能够接受的定义，也没有对社会经验总体中被放在这个题目下说明和分析的这一部分作客观描述的方法。"② 这个问题在管理变革中具有重大意义，故专辟小节如后加以详细研讨。

安排和执行计划步骤

管理的一项重要职能，就是安排和制订计划步骤，即把管理全系统全过程全方位的理论、目标、规范、体制，按照时间空间顺序加以系列化展开和落实，以文字、图表、音像、电脑等方式保存、传播、使用、检查、修改、补充，使管理预期的任务和价值，在管理实践过程中逐步对象化为新的产品、效益和经验。管理计划步骤主要的事情是：① 上下交流——计划步骤上报、下发，及时听取、解释、采纳反馈意见，并作出必要的修改、补充、调整。② 资源配置——在管理理念指导下，按照实现目标的要求，将人、财、物、信息等资源，购置、分配、调整到需求的方面、部门、岗位。③ 检查兑现——在贯彻执行计划步骤的过程中，及时通过报表、会议、巡视、通信等办法，对有关部门和单位，尤其是那些薄弱环节，进行调查询问、表扬鼓励、批评指正、帮助落实。

管理体制问题

管理体制是属于管理主体系统的重要组成部分。但是，管理体制同管理

---

① ［美］孔茨、奥唐奈、韦里克：《管理学》，北京：中国社会科学出版社 1987 年版，第 194、195 页。

② ［美］纽伯格、达菲等：《比较经济体制——从决策角度进行的比较》，北京：商务印书馆 1984 年版，第 6、7、5 页。

主体和管理客体都有关系，是管理主体系统中具有根本的全局意义的重要部分。本书从管理体制概念、构成、实质、误区、改革等方面加以研究和探讨。

管理体制概念

管理体制，是最高层次管理者根据管理的性质和状况，规定管理主体作用于管理客体的结构、功能、规范的综合体系和机制。

首先，管理体制同社会制度有密切的关系。管理体制是社会制度的具体组织和运行形态，是社会制度根本性质的具体体现。管理体制是由社会制度的性质、目标、任务决定的，同时又同社会制度本身并不完全等同。同样的社会制度，在不同的时间和地点，管理体制可以有变化，有不同的具体形态。例如：我国的企业、事业单位都受党的领导，都重视思想政治工作，但部队和某些部门设政治部，而一般单位不设政治部；还有一些机关设党委，而有些机关设党组；再有因管理单位的工作性质、规模大小、任务重点不同，它们的机构、机制也不完全一样。但这并不影响社会主义制度的根本性质。而不同的社会制度，从根本性质上说，管理体制也是各异的，但因管理具有普遍性和共同性的特征，所以管理体制的具体形态也有通用、类似、借鉴之处，例如：军队的指挥，企业的会计，行政的制约，铁路的运行，邮政的投递……"资本主义国家的制度我们不能学，那是剥削阶级专政的制度，但是，西方议会的某些形式和方法还是可以学的，这能够使我们从不同方面来发现问题。换句话说，就是允许唱'对台戏'，当然这是社会主义的'戏'"，"单靠一方面不能够很好地实行领导，必须双方合作，互相影响，才能很好地领导……因此，中央与地方要相互影响，相互监督，不要以为只是上面对下面监督，下面同样要监督上面，起制约作用。唱'对台戏'就是从两个方面看问题，来完成社会主义的伟大事业"。① 这是参考借鉴某些具体"形式和方法"，而绝不是基本制度上

---

① 《周恩来选集》下卷，北京：人民出版社1984年版，第208、209页。

所谓不分姓"资"姓"社"，都向资本主义制度"趋同""并轨"了。

其次，管理体制同客体环境有密切的关系。唯物辩证历史观认为，社会生产力的性质和水平决定生产关系，生产关系构成的经济基础决定上层建筑，就是说，社会基本矛盾的性质和结构，决定社会的经济制度、政治制度和文化制度，当然，也制约作为社会制度具体形态的管理体制。马克思说："手工磨是封建主为首的社会，而机器磨则是资本家为首的社会。"① 小生产的环境、对象、条件是家庭、个体作坊式的管理方式；而社会化大生产，则是系统化、信息化的管理方式。"历史已经表明，适当的经济体制（不论是理想的体制还是实际的体制）取决于环境和所期望的运行状况。例如，技术水平决定了信息系统的性质，后者又决定了计划的可能性。"② 管理体制受管理客体状况制约，同时，又积极地影响和作用于管理客体，促进、推动或拖延、阻碍社会生产力和经济、政治、文化的发展。

再次，管理体制同管理阶层有密切的关系。管理体制作为社会制度的具体形态，在一定的历史条件下和社会环境中，体现统治阶层的经济利益、政治意志、文化需求，是管理者完成管理目标的工具和手段。因此，管理主体的人的素质，直接在管理体制上打上自己的烙印，有什么样的管理者，就会设计出什么样的管理体制。英国 Harrods 公司总裁密吉雷说："根据我的看法，企业经营的形态是随着执掌人员而有所不同。"③ 即使是在同样的社会制度下，面临大致相同的管理环境和对象，对管理体制的设计和评价的标准和偏好也不完全一样。例如，开明的、科学的、民主的管理者，同昏庸的、愚昧的、独断的管理者，所要求的体制显然是有很大差别的。这就很清楚地说明，管理体制的确立和改变，同管理者自身的政

---

① 《马克思恩格斯选集》第 1 卷，北京：人民出版社 1972 年版，第 108 页。

② ［美］纽伯格、达菲等：《比较经济体制——从决策角度进行的比较》，北京：商务印书馆 1984 年版，第 19 页。

③ ［美］怀尔德：《管理大师如是说》，北京：中国友谊出版公司 1986 年版，第 54 页。

第二章 管理本体论　67

治、文化、业务素质等有着本质的内在关系。当然，这并不是说，管理体制对管理者自身的素质就不起任何作用。邓小平指出："这些方面的制度好可以使坏人无法任意横行，制度不好可以使人无法充分做好事，甚至走向反面。"① 这就是说，领导、组织、工作制度对管理者素质的抑扬导向，也是起着重要作用的。

总之，管理体制是在一定的社会制度下，由管理的主持者所设计并用以达到管理目标的组织形式和运行手段的系统。

管理体制构成

管理体制系统的一般结构，由下列五个因素和环节组成：

（1）管理结构——管理主体机构、职能、人员上下左右之间的地位、作用和关系。一般地说，管理结构是根据社会形态的特征和社会制度的本质，反映社会基本矛盾运动的客观要求，按照执政党的纲领、章程和国家根本法——宪法规定的国体和政体原则，由各种组织法规体现在党、政、军、民、法各方面，经济、政治、军事、文化各行业，中央、部门、地方、基层各层次的管理体系中。社会主义管理结构，根据社会主义普遍规律和各国管理具体实践相结合的基本方向，反映社会主义社会基本矛盾运动的客观要求，按照无产阶级先锋队——共产党的党章和党规党纪，社会主义国家根本法——宪法规定的无产阶级民主专政的国体和民主集中制的政体原则，由各种各级组织法规定党政、军政、党军关系，立法与行政关系，行政与司法关系，党政与党派、团体关系，中央与地方关系，党政法企事业单位关系等的体制系统。

（2）管理功能——管理体制的结构决定管理能级机构和人员的作用，规定其相应的职、责、权、利的运行范围和工作任务。管理结构和管理功能是紧密相连又相互作用的。一定的管理结构必有一定的管理功能，结构

① 《邓小平文选》第2卷，北京：人民出版社1994年版，第333页。

改变了功能也随之起变化，同时功能的增大或缩小，也相应地引起结构的变动。例如：行政一长制或党政二元制，必然降低党的领导作用，甚至出现把党委当作行政的附属品的错误倾向；而党组织包办一切事务，既妨碍行政责任的实施，也削弱党的思想政治工作。

(3) 管理幅度——管理体制系统中领导直接有效管理下属的数量限度。适宜的管理幅度，是确定管理体制的规模和管理组织机构设置的重要依据。管理幅度受多种因素的制约：管理者的智力、体力、沟通能力；组织成员的组织性、纪律性、自觉性等品性以及上下左右的相互关系；管理组织的业务性质，如工业、农业、商业、文教、科技等；管理方式上集权还是分权倾向的影响；管理空间位置、层次地域分布状况等等。就一般而论，上层的管理幅度比下层的管理幅度要小一些。

(4) 管理层次——管理体制系统中组织机构按隶属关系划分的等级数量。管理层次决定管理组织体制的构成形态，层次多形成宝塔式组织系统，层次少形成扁平化的体制样式。管理层次同管理幅度有直接关系，两者呈反比变化。管理层次还受管理体制规模、组织业务性质、集权分权程度、信息传递速度等多种因素的影响。

(5) 管理机制——管理体制系统中一切管理人员和生产职工在一定的管理结构中，按照管理规范规定的功能、幅度、层次的职权、责任、手续，实施管理任务运转的行为程序和过程。管理机制的运转能力和效率，首先取决于管理结构中相互关系是否规定得合理、协调，同时与管理的指导理念和目标是否科学、清晰的程度分不开。所以，管理机制是管理过程的具体实现，反映了管理体制的全部实质和优劣程度。

管理体制实质

随着现代管理的发展，生产社会化、管理组织化程度愈来愈高，管理体制的系统也愈来愈精细复杂。但不管哪个行业哪个地区哪个单位，管理体制都是一个组织体系和运行机制的矛盾统一体，具有以下四个特性。

（1）分工协作。管理体制是一个群体组织，如想有效地达到目标，就"必须在协调合作的原则下，各人做各人不同的事"。巴纳德说，社会正式组织是"人们有意识的、深思熟虑的和有目的的协作"，是"两个或两个以上的人，有意识地加以协调的活动或力量的系统"。[①] 社会管理体制是社会分工协作的必然产物，反之，不起分工协作的作用，管理体制就等于虚设。

（2）共同目标。管理体制的形成，不论哪一个层次，都是为达到共同目标的人所组合的形式。"我们都是来自五湖四海，为了一个共同的革命目标，走到一起来了。"[②] 一个民族有一个共同的理想，一个企业有一个共同的目标，否则，不可能有共同的行动。"组织的结构和活动都必须用符合目标（无论是总目标还是派生目标）的有效性标准来衡量。"[③]

（3）权力分配。组织协调管理体制中的各种分工，需要有一个权力阶层。艾伦在《总体经济学》中说，"确定和组合所要完成的工作，限定和分派权责，并建立关系，使人员能有效地达成目标"。这就是说，管理体制运行的过程中，要按相应权限关系和范围办事。

（4）综合效率。一个组织结构，如能以最低限度的失误或成本实现目标，就是有效的。管理体制注意的不是孤单的效率，而是系统的效率，总体的效率，有比例的综合平衡和最优化的效率。"效率原则是衡量任何组织结构的基础。"[④] 缺乏效率的管理体制，必然存在误区和弊端，就要进行必要的变革。

管理体制误区

管理体制系统是个复杂的矛盾统一体，其中有物质和精神因素，有政

---

① ［美］巴纳德：《管理人员的职责》，坎布里奇：哈佛大学出版社1938年版，第4、61页。
②《毛泽东选集》第3卷，北京：人民出版社1991年版，第1005页。
③ ［美］孔茨、奥唐奈、韦里克：《管理学》，北京：中国社会科学出版社1987年版，第378页。
④ 同上书，第379页。

治和业务因素，有组织和个人因素等。管理体制是否需要改革，这不是由谁主观可以确定的，而要根据管理体制运行过程的状况来判断。如果长期、普遍、反复出现误区及其征兆，那么迟早会引起体制的变化。

(1)"帕金森定律"：英国政治学家和经济学家诺斯科特·帕金森提出，关于行政机构的规模和人数趋于不断扩大的定律，即认为当工作量并未增加，甚至有所减少时，行政机关的规模和人数也有一种自然增长的趋势。他讽刺许多组织中的无效和浪费现象："工作拖拉为的是要填满工作完成前所有的时间。"

(2)"组织乘数"：希克斯和格莱特使用这个说法，来表示组织中许多人是"彼此照顾"，而不是去照顾病人与顾客。从一个环节增加人员和机构开始，一个接一个地恶性膨胀循环，在大组织中，这种效应更为惊人。

(3)"管理华尔兹"：辛格和华莱士提出"一种奇怪的恍惚舞"，行政主管人员"他（她）带着你跳，而你只得跟着跳，别无选择的余地"。这说明行政主管人员过分干预组织活动，下属人员无任何独立自主和创造性工作可言。

(4)"天鹅、梭子鱼和虾"效应：俄国著名作家克雷洛夫的一则寓言。一天，梭子鱼、虾和天鹅，出去把一辆小车从大路上拖下来，它们用足狠劲，身上青筋根根暴露，但是无论怎样拖呀、拉呀、拽呀，小车还是在老地方，一码也没有移动。这是什么缘故呢？原来天鹅使劲儿往天空上直提，虾一步步向后倒拖，而梭子鱼却又朝池塘里拉去。这种现象就是："合伙的人不一致，事业就要搞得糟糕；虽然自始至终担心着急，还是一点儿进展也没有。"① 这就是人们常说的"内耗"现象，表明系统失去有序的稳态和效率。

(5)权、职、能冲突：根据美国住院医生工作说明和州的法律，医生拥有决定病人福利待遇的最大权力，据此，即便是最没有经验和最不称职

———————
① 《克雷洛夫寓言》，南昌：江西人民出版社1979年版，第123页。

的住院医生，也比最有经验和最称职的护士拥有更多的正式权力。而从护理实践过程来看，有经验的护士拥有相当于或超过住院医生的权力，对此，大多数医生也是承认的：必须依靠富有经验的护士日常照料病人的实际知识。但是，按照法律解释现行体制结构中医生和护士的作用时，有很强控制需要（过程）的护士和依条文拥有决定权的医生之间，会发生冲突甚至会达到顶点。显然，体制的条文缺陷和失实，阻碍了科学而有效地发挥管理人员的职责和才能。

(6)"县官"不如"现管"：说的是上级领导、规章制度不起作用，实权操在具体经办人员之手，就像仓库保管员一样，他可以随意决定是否供给。这类事有人的品行素质问题，但同职责体制规定不当往往连在一起，如信访、秘书制度，本意是加强领导和群众的联系，却常常适得其反，"现管"人员包揽下来，倒过来成了群众和领导之间的障碍了。宋朝时有规定，凡来京城开封府告状的人，一律不准直入公堂递状纸，而必由"牌司"转投。这些"牌司"并非什么要职，但因"现管"之便而伺机刁难诉民，大肆勒索钱财，徇私舞弊，欺上瞒下，穷人投诉无门，受尽冤屈。清官包拯上任伊始，颁令废除"牌司"陋规，敞开公堂大门，告状者可以直入大堂面诉，曲直是非直截了当，一目了然。

(7)其他"无名氏"现象：一个社会、一个单位，经常出现各种各样讲不出理由、搞不清原因的问题，让人发无名火，叹无缘气。如常常听人说："师傅，这不怪你，是上头的问题。"还听人说："没有办法，你我都解决不了。"这类"无名氏"现象，实际上明白地或转弯地说到了体制（包括宏观、中观、微观的）问题。

管理的误区，不仅表现在体制问题上，也表现在指导思想、目标决策、人员的知识结构和思想作风等方面，不一定都与体制有关。更有一些问题不是管理本身能解决的，例如：管理前提方针、指导理念不对，社会风气和政治动乱的灾难，必然导致管理的混乱以致倒退。所以，对管理误区要实事求是、具体分析，不要开口闭口"体制弊端"。管理工作某些环节和方面的偶尔失误或无效，不一定导致体制变革；如果方针够明确，管理人员强悍，却出现长期的全局的总体综合征，则管理体制系统变革就不可避免了。

管理体制改革

　　管理体制的变革，一般有三种导向。一是人员导向：因管理人员素质不适应、不合格，而以变革人员为主的体制变革。二是组织导向：借着管理组织机构的职能、关系、规模等的改变，从而迫使管理成员弃旧图新，用以引导并强化个体和群体行为效率。三是系统导向：在管理体制中，人员、组织机构、工作制度是分不开的综合系统，要解决综合系统的各种问题，就要综合变革和治理整个体制，即将管理人员的更替、培训，组织机构增、减、并、撤，以及工作法规、制度的改革结合起来，这是一项综合系统工程。

　　管理体制变革要遵循一定的程序，否则，无序必乱。首先是详细进行调查研究，确定问题；然后进行科学诊断，分析论证，提出方案；再组织动员人们执行实施；还要进行检查评估，对变革实践本身作出判断。要注意分析干扰、阻碍体制变革的因素，如产出持续下降，要求调职、辞职的员工骤然增多，发生争吵和敌视行为，沉默、怠工，陈述无法工作的似是而非的理由等；还要特别重视出现上述现象的原因分析，员工群体和组织的陈规旧习，当前利益、短期行为、忽视未来的趋势，对变革来源（即发动者、设计者、指挥者）的拒绝态度，以及是否变革本身有偏向、误区而需要调整和纠正等。这些都要及时反馈，反映真实情况，采取正确的作风和对策，不然很难成功。排除体制变革的干扰和障碍，必须积极创设以下条件：公开绩效，自我批评，尊重和分析反对意见，共同承担责任和风险，民主参与行为等。特别要注意警惕和反对欺上瞒下、趁机谋私、一意孤行、损人利己、压制群众等恶劣作风和做法。

　　马列主义认为，无产阶级革命的组织形式，应该服从革命斗争任务的需要。如果组织形式与斗争需要不相适合，则应改变或取消这个组织形式。根据同样道理，随着社会主义革命与建设任务的转变，社会主义的管理体制也要作相应的调整和改革。

社会主义管理体制，是社会主义制度的具体表现和运行机制。社会主义管理体制改革，根据科学社会主义主体发展论的原理，反对永远不变的凝固、僵化的原有体制，也不能对社会主义制度本身作彻底否定和根本改变，而是为了适应社会主义现代化新形势新任务的需要，在四项基本原则的指导下，发动工人阶级和劳动群众自己起来行动，以达到社会主义制度的自我完善和发展。

社会主义管理体制改革，是一项社会总体系统工程。它包括经济体制改革、政治体制改革、科技体制改革、教育体制改革、文艺体制改革等党、国家、企事业单位各方面的配套改革。社会主义管理体制改革，是社会主义"四化"建设的要求，是社会生产力发展的动力。必须坚持两个文明一起抓，使社会主义物质文明和精神文明同步增长，共同前进。

社会主义管理体制改革，必须在开放中注意优化选择。现代管理学认为，那种为了发展一个学派而将另一学派当作假想敌人的做法阻碍管理科学的发展。不仅注意某一种管理理论和体制的研究，更注意各种管理理论和体制的比较、选择、综合，创造一种优化循环的新的管理体系和机制。美国经济学家说："研究经济体制的最终目的是：在一定环境和借以评价经济活动各方面的标准是既定的条件下，发现不同体制选择的相对优点。"[①] 科学社会主义从来不是僵化、凝固、一成不变的，本身就是开放的、变革的、发展的理论体系和社会制度，它是人类一切优秀文化科学批判总结的结晶，它必将在对人类一切优秀文化科学的分析汲取过程中丰富、提高、发展自身。

社会主义管理体制改革的根本目的，在于逐步创造形成一种科学的民

---

① ［美］纽伯格、达菲等：《比较经济体制——从决策角度进行的比较》，北京：商务印书馆 1984 年版，第 20 页。

主的高效的体制，调动管理人员和全体人民的主动性、积极性、创造性，提高劳动生产率，增加社会生产总量和经济实力，满足人民的物质和文化需要，并对人类进步和世界发展作出贡献。

管理本体是一个复杂的动态系统。管理要实现预期的目标和绩效，就必须按照其本性和规律进行运作，才能显示其生命力，否则仍然难以如人所愿。

第三章　管理生命论

　　著名美籍华人实业家王安在《教训》中说：世界并不是沿着直线向前发展的，未来不仅是现存趋势的延伸。它带有革命变革的性质，它要推翻当前流行的传统见解，而传统见解常常掩盖和忽略了未来的契机。他崇尚儒家的学说精神，发现影响自己经营手段的一套价值观和方法论，与儒家思想的某些美德有许多地方共通。但是，他认为成功与否并没有什么秘诀，"主要取决于能否始终保持明智，而非有无天才"①。他的公司破产就在于接班人问题上的独断决策。

　　那么，要明智什么呢？怎样才能明智呢？

一、权威的渴望

　　你要是问任何一个管理者，即使是获得成功的人，他都会两手一摊，苦经一堆，很少有人会不假思索地说，开门大吉，万事如意。

---

　　① 王安：《教训》前言，北京：三联书店1986年版，第3页。

时 代 的 呼 唤

西方管理学家说，一个发达社会的未来可以是光明的、有希望的和充满了指望的，也可能是黑暗的、没有希望的和充满了失望的，这要看你相信哪位"权威"了……不论这两种对立的东西——效率和生活质量之间的真正令人进退维谷的问题的结果是什么，唯一能够肯定的是，将来作出关键选择的是管理者。① 英国著名管理学家罗杰·福尔克在《漫谈企业管理》一书中指出，当代最紧迫的任务就是要回答一个令人十分头痛的问题：人与人怎样才能共同生活和工作而不致人类毁灭？不论读者怎样看待管理（是艺术，还是技术、技能、科学、美德，或是兼而有之），在管理工作中能否实行开明的领导对解决这个人类生死存亡的问题起决定性的作用。我国管理学者也指出，今天决定命运的是管理，管理搞好了，各项事业才能搞上去。所以，重视管理、加强管理，是全体人类的需要，是整个时代的呼声。②

学 派 的 丛 林

自从泰勒的"科学管理"问世以来，管理科学蓬勃发展，管理理论也繁荣起来。直到近几十年，欧美许多心理学家、社会学家、人类学家、经济学家、政治学家、数学家、物理学家、生物学家、工商管理家、行政管理家以及哲学理论家等都一拥而上，提出各式各样的学术观点和理论体系。现代管理要求对各种管理学说择其善者而从之，"以我为主，博采众长，融合提炼，自成一家"③。这就需要管理者花一番学习、思考、选择、

---

① [美]唐纳利、吉布森、伊凡赛维奇：《管理学基础——职能·行为·模型》，北京：中国人民大学出版社 1982 年版，第 11、12 页。

② 钱学森、杨沛霆等：《现代领导科学与艺术》，北京：军事译文出版社 1985 年版，第 49 页。

③ 《现代管理科学基础》编辑委员会：《现代管理科学基础》，北京：中国展望出版社 1987 年版，第 8 页。

融通的工夫。

1980 年，著名美国管理学家哈罗德·孔茨指出，目前已经形成"一片各种管理理论和流派盘根错节的丛林"。在西方有 11 个学派：① 经验（或案例）学派；② 人际关系学派；③ 群体行为学派；④ 合作社会系统学派；⑤ 社会技术系统学派；⑥ 决策理论学派；⑦ 系统学派；⑧ 数学学派；⑨ 权变学派；⑩ 管理工作者学派；⑪ 经营管理理论学派。但著名管理学家赫伯特·A. 西蒙从一开始就不同意孔茨的"丛林"说法，并且为创建任何一种有生命力的管理科学及其技术方面取得进展而高兴。在苏联有四个学派：政治经济学派、经验学派、控制论学派和计划学派。苏联解体后，还有坚持社会主义计划经济的思潮，也有实行完全市场经济的主张。

我国的经济学、管理学，结合社会主义现代化建设和改革，在理论研究和实践应用方面，都取得了深入的进展，但从学术思潮来看，也是复杂多样、起伏曲折的，总起来说，有科学社会主义、"左"倾教条主义和右倾自由主义；就具体观点来说，除了极"左"的和自由化以外，有偏重计划经济的，有偏重市场经济的，有两者结合的；有拿来主义的，有自力更生的，也有两者结合的；有政治经济学的，有经济政治学的，也有两者结合的；有人性论的，有阶级论的，也有两者结合的；有多元论的，有主导论的，也有两者结合的；等等。从管理实践中的思潮倾向看，也是多种多样的。辩证唯物主义和历史唯物主义，是我们党提倡并贯彻的世界观和方法论，尤其是在中共十一届三中全会实事求是思想路线指导下，实事求是、具体分析、群众路线、独立自主等基本原则和方法，得到进一步发扬和运用。

实 践 的 需 要

管理者思想理论上准备不足，但是纷繁复杂、变幻莫测的社会运动，以及我们试图引导它、掌握它的社会实践，可并不等人。要推动社会前进的实践，就必须有正确的认识和对策，才能取得成功的效果。那么，实践对我们提出了哪些需求呢？

对抗决策的需要。在现代社会复杂系统中，存在着种种对抗成分、对抗现象，不仅军事、政治领域中有，而且经济、科技、文化、思想领域中也存在。诸如军事冲突、政治抗衡、抗灾灭害、体育竞赛、棋类对弈等。原苏美两个超级大国的核霸战、美日科技争霸战、社会主义克服贫困落后等，就是不同类型的对抗战、对抗赛。要正确对抗，就需要对抗决策。在A与B两个系统之间是"对抗性"的矛盾，各自具有相互对立的利害关系和行动目标，为了保存或发展自己，制服或消灭对方，各自必须作出互为成败的决策。这种对抗决策同非对抗决策不同，它不可能进行稳定的描述和清晰的量化，而具有明显的对立性、机动性和复杂性。这就要求管理者具有高度的理性思维和智谋决策的能力，必须重视和研究对抗的战略和策略，否则，是不可能达到胜利之目的的。

发展战略的需要。第二次世界大战之后，经济学中逐渐兴起、形成并发展了一个分支——发展经济学。20世纪60年代时，经济学家把发达国家在不发生巨大社会变动情况下的经济前进运动，叫增长，而把落后国家伴随着社会结构大变动并进行工业化过程中的经济增长，叫发展。要发展，就有一个发展战略问题。著名经济学家艾伯特·赫希曼，在其被誉为"发展经济学的经典著作"的《经济发展战略》中，创立了"不平衡增长"理论，认为束缚经济发展的首要因素，是决策能力和企业家的才能；他批评平衡增长论，主张不要同时发展各项工业，而应当首先集中发展某些工业，并以它为动力逐步扩大对其他工业的投资。诺贝尔经济学奖获得者、美国著名经济学家威廉·刘易斯的名著《发展计划》，同许多竭力推崇自由放任经济、让"看不见的手"自行其是的学者不同，他强调政府在不发达国家经济发展中的重要作用，并认为制订经济发展计划，是政府指导经济发展的最好办法。他的另一本代表作《二元经济论》，主张"现代的"与"传统的"两个部门相互补充、协调发展。我国著名经济学家马洪提出四种可供选择的发展战略：照抄战略、赶超战略、封闭战略和创新战略。

发展战略是经济发展的总体规律和全局方针的集中表现，需要从理论和实践上解决经济格局、经济水平、经济结构、经济运行等问题，这也就联系着经济改革了。

改革思路的需要。经济发展战略决定管理体制改革。在世界范围内，管理体制主要有四种模式和导向：有计划的市场体制，即以市场经济为基础的，以计划工作、计划调节为手段的经济体制；有市场的计划体制，即以计划经济为总体特征的，有市场经济、市场调节作补充的经济体制；完全市场经济体制；中央计划经济体制。改革采取哪一种体制，是由社会制度的性质、生产力的状况、民族文化、历史传统和改革目标综合决定的。关于我国的经济体制改革，中共十一届三中全会公报指出：实现四个现代化，要求大幅度地提高生产力，也就必然要求多方面地改变同生产力发展不适应的生产关系和上层建筑，改变一切不适应的管理方式、活动方式和思想方式，因而是一场广泛、深刻的革命。根据中共十二届三中全会通过的《中共中央关于经济体制改革的决定》：我们改革经济体制，是在坚持社会主义制度的前提下，改革生产关系和上层建筑中不适应生产力发展的一系列相互联系的环节和方面。这种改革，是在党和政府的领导下有计划、有步骤、有秩序地进行的，是社会主义制度的自我完善和发展。中央认为，按照党历来要求的把马克思主义基本原理同中国实际相结合的原则，按照正确对待外国经验的原则，进一步解放思想，走自己的路，建立起具有中国特色的、充满生机和活力的社会主义经济体制，促进社会生产力的发展，这就是我们这次改革的基本任务。依据这样的方针和思路，社会主义经济体制改革，必定健康发展和圆满成功。但是，由于这是一项前人从未做过的伟大创造，我们没有现成经验，加上国内外复杂思潮的影响，所以，在具体实践中并不是本本在手就大局已定，现状甚至会发生种种偏向和背离。这就需要我们坚定、正确、全面地贯彻执行党的基本路线，坚持不懈地做好实际改革中的管理方向、管理模式、管理机制的选择和决策。

二、思潮的辨析

由于管理和管理者自身都有局限性，尤其是在"开放的多元社会"混沌网络中，我们常常碰到不少"想不通""看不懂""拎不清""抓不牢"的事情，五花八门，光怪陆离，使人绞尽脑汁不得其解。于是，人云亦云，唯上唯书，甚至把香花当毒草，将鸦片作灵芝。现在有些人打着"解放思想""改革开放"的时髦外套，却实际上已经公然连基本事实、基本常识都不讲了。但他们有的似是而非、自以为是，有的奉行鸵鸟政策，甚至折中主义、多元主义，把原本可以澄清的问题弄得混沌不堪……作为管理者要始终保持自觉清醒的最佳状态，把"坚定正确的政治方向放在第一位"（毛泽东），"防止一些同志，特别是一些新上来的中青年同志在日益复杂的斗争中迷失方向"（邓小平）。必须在管理思潮的一些基本问题上，着力提高自己的政治敏锐性和理论辨识力。

反对管理机会主义

"所谓机会主义，就是这里有利就干这件事，那里有利就干那件事，没有一定的原则，没有一定的章程，没有一定的方向，他今天是这样，明天又是那样。"① 这些人以少数人的私利为中心，时而"左"，时而右；口是心非，言行不一；朝令夕改，出尔反尔；样样俱全，多元折中；他们对于党的正确路线采取断章取义和阳奉阴违的手段……尤其是某些管理决策、谋划权势、权威，本身就是极"左"受毒者或西方迷信者，是腐朽的封建、资本主义权益和意识的代表和鼓吹者，而且还是经济混乱、两极分化、社会不公的笃行者和不正之风、消极腐败、违法犯罪的教唆者。他们挂着"马列主义"和"社会主义"的牌子，打着"解放思想"和"改革开

① 《毛泽东文集》第7卷，北京：人民出版社1999年版，第95页。

放"的旗号，却口是心非、双重标准，对人马列主义，对己自由主义，对四项基本原则"保留其形式，改变其内容"，"釜底抽薪"，"挂羊头，卖狗肉"，把个别哲学词汇说成马克思主义"精髓"，用资产阶级的经济学、政治学来否定和代替马列主义政治经济学，特别是不承认马克思主义的核心——科学社会主义是普遍真理，又不懂得、不愿意真正"把马克思主义普遍真理同我国现代化具体实践相结合"，"根据它的基本原则和基本方法，不断结合着变化着的实际，探索解决新问题的答案"，总结新经验、提出新理念，却从"左"教条转为右教条，人云亦云，国际新潮、忙乱炒作全球大话，以"宇宙普适"的统战、外交式空泛概念，模糊中国现代化管理的鲜明社会主义独特本性，不断地"突破"……以此充当所谓"新思路""新创造"，实际上是在暗度陈仓、得寸进尺的渐进中，"忘记、抹杀和歪曲这个学说的革命方面、革命精神，把资产阶级可以接受或者似乎可以接受的东西放在第一位来加以颂扬"①，"使马克思主义变为对资产阶级没有害处的神圣的'偶像'"②。

马克思主义的论述

马克思和恩格斯早就批判过国际工人运动中各种"左"右倾机会主义——从脱离历史现实基础、以超阶级的"博爱""人性"等道德说教代替阶级斗争，把社会主义"消融在人道主义之中"的所谓"真正的社会主义"；用小私有制普遍化的办法，建立以个人所有制为基础的"互助制"社会的蒲鲁东主义；以及布朗基主义、巴枯宁主义……机会主义的总特征是："为了眼前暂时的利益而忘记根本大计，只图一时的成就而不顾后果，为了运动的现在而牺牲运动的未来。这种做法可能也是出于'真诚的'动机。但这是机会主义，始终是机会主义。而且'真诚的'机会主义也许比

---

① 《列宁选集》第 3 卷，北京：人民出版社 1972 年版，第 174 页。
② 《列宁全集》第 21 卷，北京：人民出版社 1959 年版，第 199 页。

其他一切机会主义更危险。"① 恩格斯说:"谁要是像马克思和我那样,一生中对冒牌社会主义所作的斗争比其他任何人所作的斗争都多(因为资产阶级我们只把它当作一个阶级来看待,几乎从来没有去和资产者个人交锋),那他对不可避免的斗争的爆发也就不会感到十分烦恼了。"②

列宁、斯大林同第二国际考茨基主义和俄国孟什维克主义等机会主义派别,以及布哈林、托洛茨基在国家、工会问题上的折中主义等,进行了反复的斗争。列宁指出:"工人运动中的上层分子的机会主义,不是无产阶级的社会主义,而是资产阶级的社会主义。""机会主义不是偶然的现象,不是个别人的罪孽、疏忽和叛变,而是整个历史时代的社会产物。"他揭示了机会主义新特点:"马克思主义的词句在我们这个时代已经成为完全背弃马克思主义行为的挡箭牌了"。③ 特别是"决不应忘记整个现代机会主义在各个方面所表现出来的特征:模棱两可,含糊不清,不可捉摸。机会主义者按其本性来说总是回避明确地肯定地提出问题,企图找出一种合力,在两种互相排斥的观点之间像游蛇一样回旋,力图既'同意'这一观点,又'同意'另一观点,把自己的不同意见归结为小小的修正、怀疑、善良天真的愿望等等"④。

因此,"连续不断的战斗——反对政治上的各种愚蠢思想和庸俗见解,反对机会主义等等","这就是我的命运"⑤。列宁明确要求社会主义者"应该按照整体提口号,而不应该按部分提口号"⑥。他还认为,原则性的政策是唯一正确的政策。

———————————

① 《马克思恩格斯全集》第 22 卷,北京:人民出版社 1965 年版,第 274 页。

② 《马克思恩格斯书信选集》,北京:人民出版社 1962 年版,第 394 页。

③ 《列宁全集》第 21 卷,北京:人民出版社 1959 年版,第 243 页。

④ 《列宁全集》第 7 卷,北京:人民出版社 1959 年版,第 399 页。关于列宁批判机会主义特点,请参看拙著《混沌大世界》,济南:山东友谊出版社 1998 年版,第 476—482 页。

⑤ 《列宁全集》第 35 卷,北京:人民出版社 1959 年版,第 248 页。

⑥ 《列宁全集》第 9 卷,北京:人民出版社 1959 年版,第 357 页。

毛泽东和毛泽东思想是在同机会主义作斗争中成长起来的。毛泽东曾在20世纪30年代同中共两次右倾、三次"左"倾错误作斗争，在20世纪50—60年代同赫鲁晓夫修正主义作斗争，是毛泽东思想形成和发展的里程碑。

思考管理创新问题

创造是一个民族进步发展的灵魂。所谓创造，就是人类向未知未有领域进军的自觉能动的思维和行为。创造学告诉我们，创造包括科学发现、技术发明、文艺创作、理论创新、管理开拓和社会变革六个方面。管理创新是管理领域开拓新材料、新产品、新市场、新模式和新方法的实践活动。

任何一项创新活动的首要条件，都必须在社会实践过程中发现人们的需求和原有事物性能之间的差距，即由于不能满足人们的需求而对原有事物的性态和功能产生疑问。我国的社会主义现代化，是一项新时期的新战略、新任务，既要坚持四项基本原则为"根本前提"，又要"在四项基本原则的基础上集中发展生产力"。这对管理者来说，就有一个如何认识和处理社会主义同现代化之间的关系问题。

科学的社会管理的创造，在科学真理主体发展理论的指导下，按照科学社会主义主体发展（包括必然允许必要补充的存在和发展）理论的规范，既不肯定一切，也不否定一切，批判地继承古今中外一切管理的科学真理和宝贵经验，使管理思想、管理谋略、管理体制等方面，都得到社会主义管理主体的自我完善和发展。管理及管理哲学是应时代而发展的新兴学科，许多方面的课题需要深入探讨研究，需要我们发挥勇于创造的精神和行动，使这个学科不断充实壮大，使其真正为社会主义现代化建设服务，比如，管理环境方面，世界全球化和一体化；管理目的方面，建设现代化的途径及方法；管理趋势方面，知识经济化，高度发展的科学技术对经济发展及社会生活的影响；管理导向方面，腐败根源问题；管理体制方面，社会资本制问题；管理目标方面，社会主义发展中的曲折和困难；管理性质方面，生产社会性问题；等等。下面我们仅对生产社会性问题进行一些讨论。

管理性质：生产社会性问题

社会主义现代化新时期，以社会主义经济建设为工作重心，以社会主义改革开放为工作动力，理所当然要"解放和发展生产力"，于是这个美妙的句子也成了政界、学界的常用语，它不仅成为"中国特色社会主义"的代名词之一，而且甚至成了《共产党宣言》的"根本精神"，地方报刊文章白纸黑字，连中央一级的大媒体也照本宣科。对此似乎无可非议，其实大为不然也。

大家知道，社会发展史的常识告诉我们：凡是社会革命都是"解放和发展生产力"的，不论是奴隶社会对原始社会，还是封建社会对奴隶社会，还是资本主义社会对封建社会等等，都一概如此，无一例外；但每一次社会革命更替，都有自己特定的社会阶级势力、政治主张和理论观念，因此，它们的具体情况和特殊本质，又是有原则区别的。社会主义革命的本质特点是什么？《共产党宣言》明确宣布：消灭私有制！列宁也多次阐明：社会主义就是消灭阶级！这就是说，社会主义的具体特点，就在于通过消灭私有制、消灭阶级，来解放和发展生产力。这是原著的主旨，任何人无权更改。至于你是否赞成，那有你的自由，但是决不允许歪曲、篡改、冒充马克思主义的原意。当然，对于比较落后的国家来说，社会主义革命和建设的任务更加艰巨，时间也必然相对要长一些，具体做法也必然有许多新的发展，但是决不可以用抽象的空话来代替具体的分析研究，甚至否定和违反马克思主义科学真理的基本原则。否则那样能"解放和发展"出科学社会主义来吗？那样的话，《共产党宣言》同《独立宣言》《人权宣言》还有什么原则界限呢？社会主义和资本主义都变成"一家"了！

习近平于 2013 年 8 月 19 日在全国宣传思想工作会议上指出，"宣传思想工作就是要巩固马克思主义在意识形态领域的指导地位，巩固全党全国人民团结奋斗的共同思想基础。党员、干部要坚定马克思主义、共产主义信仰……"他更强调"干部要把系统掌握马克思主义基本理论作为看家本领"，当然我们在宣传这些时要根据不同时间、不同对象、不同地点、不同条件，但始终不应忘记《共产党宣言》里的初衷。这才是共产党人的本质。

早在国庆40周年时中央就明确指出，许多事实告诉我们，在改革开放问题上，实际上存在着两种截然不同的主张：一种是坚持四项基本原则，作为社会主义制度自我完善和发展的改革开放；另一种是坚持资产阶级自由化立场，要求中国"全盘西化"。同四项基本原则相割裂、相背离、相对立的"改革开放"，实质就是资本主义化，瓦解社会主义制度，把中国纳入西方资本主义体系。

马克思在《资本论》里说过："如果说资本主义的管理就其内容来说是二重的，——因为它所管理的生产过程本身具有二重性：一方面是制造产品的社会劳动过程，另一方面是资本的价值增值过程。""一旦从属于资本的劳动成为协作劳动，这种管理、监督和调节的职能就成为资本的职能。这种管理的职能作为资本的特殊职能取得了特殊的性质。"①

我们现在还要继续深化扩大改革开放，欢迎和利用资本主义某些有益因素（资金、技术、智力、管理等）来补充社会主义经济的发展，但是，社会主义国家决不能拿统战、外交辞令、泛义空话来模糊我们的鲜明阶级特质，来束缚我们社会主义国家独立自主、当家做主的手脚。

我们处在社会主义初级阶段，我们的经济还不发达，要实现中华民族伟大复兴，实现社会主义现代化，还有很多路要走。我们现在还要继续深化扩大改革开放，欢迎和利用资本主义某些有益因素来补充社会主义经济的发展，在这个过程中，可呈现所有制多元：公有制、私有制、混合制等

---

① 《马克思恩格斯全集》第23卷，北京：人民出版社1972年版，第367、368、369页。

等。通过这些有利于我们学习资本主义企业好的管理经验，吸收就业人员，丰富物资供应及加强国际交流合作等等。

三、理性的逻辑

　　哲学作为自然科学和社会科学的概括与总结，无疑是最广范围和最高层次的理性。我们所说的理性，就是指哲学理论的科学和理论的思维。哲学史和科学史上的唯理论，有过分强调理性认识的偏颇，但是它们重视理性精神这一有价值的科学成分，值得我们借鉴和应用。马克思经常引用青年时代哲学导师黑格尔的一句话：即令是一个恶徒的犯罪思想，也要比天堂里的奇迹更伟大更崇高。思想是理性的观念和活动，是人脑的主宰和人体的灵魂。有理性有思想，就有智慧和创意，否则，就没有判断和决策。霍金森在《领导哲学》中，从古希腊著名哲学家苏格拉底所说的"未经审视的生活不值得过"，引申出"未经审视的价值不值得追求"和"未经审视的管理不应该实施"。所以，为了进行理智的管理，就一定要学习理论科学，掌握理论思维。"一个民族想要站在科学的最高峰，就一刻也不能没有理论思维。"[①]

一盏智慧的明灯

　　理性是人类的独家瑰宝。人下象棋，可能的走法多到大约 10 的 120次方，连 1 万亿也只有 10 的 12 次方。知识工程理论创立者爱德华·费根鲍姆教授在他的名著《第五代计算机：人工智能和日本计算机对世界的挑战》中指出：世界上的大部分工作都是非数学性的，只有一小部分活动是以我们在工程和物理运用中看到的那种公式作为核心。甚至像化学这样一些"硬"科学中，思考大部分是靠推论，而不是靠计算。对于生物学、大

[①]《马克思恩格斯选集》第 3 卷，北京：人民出版社 1972 年版，第 467 页。

部分医学和所有的法律来说，情况都是如此。"企业管理的思考几乎全都是靠推理，而不是靠计算。"

然而，人们面对错综复杂、瞬息万变的形势，原有的知识和经验总是滞后的，精神上不免产生失重和真空，而理性的贫乏和滥用，都会导致思想和行动的混沌现象。这是正常与非常的统一。德鲁克说，资产阶级政治家和理论家拼命在那里制作各种新学说，他们认为"不存在社会拯救"的理论，"怀疑任何社会问题是否都有'一个正确答案'"，甚至盼望社会主义国家也"可能会唤起新的预言家和救世主"。而有的"精英"人物则公开企图挖掉马列主义和社会主义的灵魂，"釜底抽薪，保留其形式，改变其内容"。我们有些人对任何事物都不加分析，完全以"风"为准，今天刮北风，他是北风派，明天刮西风，他是西风派，后来又刮北风，他又是北风派，自己毫无主见，往往从一个极端走到另一个极端。多年来的教训使我们懂得了一个道理：政治动荡和管理混乱，来自指导思想上的混乱，而思想上的混乱则根源于理论上的混乱。所有这些都反映了人类理性的盲目性和动摇性，正需要寻求一种清醒的坚定的科学理性。"传统的理性模式正在衰落，老的'理性'最终要为新的、更为有用的'理性'所代替。"① 传统的观念和外来的理论，也许合乎"凡是现实的都是合理的"名言，但是，科学的哲学和哲学的科学同样认为，对现实的一切进行科学的分析和哲学的审视，加以唯物辩证的扬弃，可能更趋向"凡是合理的都是现实的"逻辑。这才是真正深层意义的历史必然性。

人们辞别一种理性，走向一种新的理性，并不是轻松愉快、轻而易举的事情。它的滋味绝不亚于戒烟忌酒。人们常常处在一方面是解放思想、实事求是，另一方面却是口将言而嗫嚅、足将入而趑趄的状态。当然，对理性一知半解，或根本不懂，就盲目乐观地班门弄斧起来的劲儿，也常常

---

① 黄孟藩、马孜学主编：《外国经济管理的最新趋势》，北京：新华出版社1988年版，第134页。

可见。美国西点军校编的《军事领导艺术》一书强调，要成为科学的观察者，就要具有批判的态度，站在不受情感影响，充分了解情况的客观、系统、科学的有利立场上。周恩来曾尖锐地指出："我们本来要求解放思想，破除迷信，敢想敢说敢做。现在却有好多人不敢想、不敢说、不敢做。想，总还是想的，主要是不敢说不敢做，少了两个'敢'字……敢想敢说敢做要同求实精神结合，建立在科学预见之上。但是，事实上不是人人都能做到的。想得、说得、做得偏了一些是难免的，这并不要紧，只要允许批评自由，就可以得到纠正。只许一人言，不许众人言，岂不成了'一言堂'么？'一言堂'从何而来？是和领导有关的，所以，我们要造成一种民主风气。我首先声明，今天我的讲话允许大家思考、讨论、批判、否定、肯定。"① 当时听过报告的老作家于伶感动得流下热泪。这种真正解放思想、发扬民主的精神，是彻底唯物主义辩证法的楷模，值得一切管理的领导者学习和效仿。理性的本意，是指明智、有逻辑、合情合理、正确地阐明问题而得出科学结论和决策。在今天社会竞争的条件下，动态的变化已是司空见惯，处于千变万化的生产和经营中，要能随机应变，提高效率，拓展市场，增加收益，推动企业成长，只有不断吸取新知识，采取新技巧，才不至于在管理上落伍。台湾出版的哈佛管理丛书之一《管理的智慧和艺术》中说："经营企业，就像在暗夜中行路，每一位经营者都要有一套属于自己的经营理念——一盏智慧的灯，来作为暗夜行路的指引，否则就难免会把握不住方向，在黑夜中迷失自己。"奇怪的是，曾任美国国际电话电报公司掌门人的哈罗德·季宁认为，企业成功或生活成功的秘诀就是没有秘诀，而且不需要秘诀，不需要公式，也不需要理论。但是，他所著的《G理论》难道不就是他的理论吗？问题不是要不要理论，而是要什么样的理论。只有在正确的科学理论指导下，人们才会头脑清醒，管理才会效益满盈。而"理论如果是真正的理论，就能使实际工作者有能力确

---

① 《周恩来选集》下卷，北京：人民出版社1984年版，第323页。

定方针，认清前途，对工作充满信心，相信我们的事业必定胜利。这一切在我们的社会主义建设事业中具有而且不能不具有莫大的意义"①。

当然，批判的武器不能代替武器的批判，物质的力量只能用物质力量来摧毁；但是"理论一经掌握群众，也会变成物质力量。理论只要说服人，就能掌握群众；而理论只要彻底，就能说服人。所谓彻底，就是抓住事物的根本"②。而"马克思主义的活的灵魂"，"它的根本的理论基础"，"关于包罗万象和充满矛盾的历史发展的学说"，③ 就是唯物辩证法。马克思主义认为，只有掌握唯物辩证法，才能使人摆脱愚昧转向高明，因为"辩证法不崇拜任何东西，按其本质来说，它是批判的和革命的"④。马克思和恩格斯最为注意，他们对之有最重要最新颖的贡献，因而在革命思想史上造成了天才进步的地方，就是运用唯物辩证法来根本改造全部政治经济学，把唯物辩证法运用于历史、自然科学、哲学以及工人阶级的政策和策略方面。这就是人类文化最优秀最美妙的理性之花。遵循唯物辩证法去思考和变革现实世界，必能取得光辉成就，而蔑视唯物辩证法的世界观和方法论，就必然迟早逃脱不了严厉的惩罚。

科学主体发展论

什么叫作科学？科学是来自实践又为实践证明了的真理的知识；科学是一种在历史上起推动作用的、革命的力量。"在科学的入口处，正像在地狱的入口处一样，必须提出这样的要求：'这里必须根绝一切犹豫；这里任何怯懦都无济于事'。"⑤

科学的发展历史，是在社会历史条件下的矛盾运动过程。这是因为"正确的东西总是在同错误的东西作斗争的过程中发展起来的。真的、善

---

① 《斯大林选集》下卷，北京：人民出版社1979年版，第210、211页。
② 《马克思恩格斯选集》第1卷，北京：人民出版社1972年版，第9页。
③ 《列宁选集》第2卷，北京：人民出版社1972年版，第398页。
④ 《马克思恩格斯选集》第2卷，北京：人民出版社1972年版，第218页。
⑤ 同上书，第85页。

的、美的东西总是在同假的、恶的、丑的东西相比较而存在，相斗争而发展的"①。这种矛盾斗争的过程，包括两对相互联结的矛盾。一对是科学真理同荒谬学说之间的矛盾，例如科学和神学、日心说和地心说、热运动说和热质说、氧化论和燃素说、电磁论和电液说等。另一对是绝对真理同相对真理之间的矛盾，例如，以直观的笼统概括为基础的古代科学，在世界的总体上往往是正确的猜测，但无法说明深入的结构和规律；以力学体系为标志的经典科学，主要是描述机械运动及其规律，不能以偏概全、代替世界整体运动及其规律；以相对论和量子力学为代表的现代科学，对物质运动和物质结构的本质和规律的认识，都是在继承经典科学的基础上，又突破了经典科学的局限性，但还没有达到完美和精致的程度；混沌科学的兴起，对物质运动的精微、模糊、随机现象的认识，又有了更细、更深、更全的进展，但并没有穷极绝对真理。科学的发展，就是在这两对矛盾的对立统一的复杂运动中前进的。当某一种错误的东西被人类普遍地抛弃，某一种片面的学说被人类普遍地纠正，某一种科学真理被人类普遍地接受的时候，一种更新的科学真理又在同新的错误和片面意见作矛盾斗争，这种矛盾斗争过程永远不会完结。

科学的发展，其核心和主体，是科学作为科学自身的积累、变革和增长、发展。牛顿说，如果说我比别人看得远些，那只是因为我站在巨人的肩膀上。恩格斯明确指出："科学的发展则同前一代人遗留下的知识量成比例，因此在最普通的情况下，科学也是按几何级数发展的。"② 恩格斯的天才预言，已为 20 世纪 40 年代以来发现的科学发展指数增长规律所证实。1944 年，美国的美以美大学图书馆馆员 F. 赖德发现美国一些主要大学的图书馆藏书量，平均每 16 年翻一番。之后，D. 普赖斯把赖德的这一发现推广到科学知识的全部领域。他从世界上最早的杂志——1665 年出

①《毛泽东著作选读》下册，北京：人民出版社 1986 年版，第 785 页。
②《马克思恩格斯全集》第 1 卷，北京：人民出版社 1956 年版，第 621 页。

版的英国皇家学会的《哲学论坛》算起，以后有三四种同样杂志在几个欧洲国家科学院出版，到1700年，全世界出版的科学杂志不到10种，到1800年就增加到了100种，1850年为1000种，1900年为1万种，而现在，全世界的科学杂志已多达10万种。这就是说，从1750年起，科学杂志数目每半个世纪增加10倍。普赖斯以科学杂志和学术论文作为知识量的重要标志，描述了科学发展的增长规律，正如他说的："我又统计了所有其他我所能找到的各种期刊，发现这条增长速度惊人的指数曲线的存在，显然具有普遍性和长期性。"①

科学的发展，同自然和社会运动一样，有量的积累和革命突变。但是，不管哪一种发展方式，都不是"凡是既定"和"彻底否定"，而是扬弃式的辩证否定：或是保留其合理内核，冲破错误的、过时的体系；或是继承其基本内核，抛弃错误的、过时的部分。例如，马克思和恩格斯，冲破了黑格尔的形而上学和唯心主义的保守、反动的体系，挽救了辩证法的合理内核，加以改造、发展成为唯物辩证法；他们又肯定了费尔巴哈唯物主义的基本内核，批判、克服了其反辩证法和唯心史观的部分，从而奠定了辩证唯物主义的基础。现代科学如果抛弃经典科学的话，那就连自身也无法产生，它并不是彻底否定经典科学，而是克服其中的机械观点和错误成分，界定经典科学的适用范围，并在此基础上向宏观和微观世界挺进。同样，"混沌开始之处，经典科学就终止了"的说法不科学②，因为混沌科学的发展，是双脚踩在经典科学和现代科学的肩上，并与它们同时结伴而行的。科学之所以为科学，绝不是不分青红皂白地肯定一切或否定一切，而是实事求是、具体分析、取长补短、相得益彰的。只有在某些科学家处于幼稚或盲目的时候，才会干出所谓"终极真理"或"势不两立"的蠢事，但不是也有不少像爱因斯坦"后悔莫及"一样的例子吗？

---

① 冯之浚、赵红洲：《现代化与科学学》，上海：知识出版社1985年版，第84页。
② ［美］格雷克：《混沌：开创新科学》，北京：高等教育出版社2004年版，第3页。

马克思主义是科学。"马克思的学说所以万能，就是因为它正确。"① 正确就在于它是无所畏惧、无所顾忌的彻底唯物主义、彻底辩证法的统一整体，具有三大本质特点：一是实事求是，一切从实际出发，对历史、现实、理论都进行客观的、公正的具体分析，使历史与逻辑、理论与实践、主体与客体达到具体的历史的统一，并且表里如一，言行一致，说到做到，随时准备坚持真理，随时准备修正错误，否则，就不实事求是，也就不正确，那么，不管是谁是什么话，就不是真马克思主义了；二是大公无私，按照《共产党宣言》的规定，用马克思主义武装起来的共产党人，没有任何特殊私利，不提出任何宗派原则，始终坚持一切为人民、一切靠人民，同无产阶级和人民群众生死相依、休戚与共，全心全意为阶级、为民族、为人类求解放、谋利益，不然，同群众路线背道而驰，为少数人谋私利，从社会公仆变成社会主人，那就不是真共产党人，就意味着蜕化变质了；三是辩证发展，马克思主义不承认任何偶像，不害怕一切革新，以无产阶级的严格立场和唯物辩证的科学智慧，尊重、继承和吸取人类优秀的文化遗产，细心倾听和总结革命实践经验，扶正祛邪，吐故纳新，在千百万人民的革命实践中不断开辟认识真理的道路。而科学真理永垂不朽，人民群众永远常在，社会实践源远流长，才是真正马克思主义生命力之深层根源，真正共产党人经久不衰的真谛。正如邓小平指出的："马克思主义是打不倒的。打不倒，并不是因为大本子多，而是因为马克思主义的真理颠扑不破。"尼克松也一再地说："共产主义在理论上的吸引力之大足以击败资本主义。"正因为马克思主义是科学的真理，所以要坚持和发展真正的马克思主义，几乎每前进一步都得经过艰苦努力和持久斗争，当然也受科学真理主体发展规律的支配。马克思主义者一贯明确宣布并坚持实践，保持马克思主义的立场、观点、方法，依据马克思主义的基本原理和路线，不断用新的实践经验加以更新、改善和丰富、发展。正如

---

① 《列宁选集》第 1 卷，北京：人民出版社 1972 年版，第 441 页。

列宁所说："遵循着马克思的理论的道路前进，我们将愈来愈接近客观真理（但决不会穷尽它）；而遵循着任何其他的道路前进，除了混乱和谬误之外，我们什么也得不到。"[1]

科学管理辩证法

科学社会主义，是以唯物史观和剩余价值学说为理论基础，由无产阶级和劳动群众为现实力量的社会运动、制度和学说体系。恩格斯说："和任何新的学说一样，它必须首先从已有的思想材料出发，虽然它的根源深藏在物质的经济的事实中。"[2] 可见，科学社会主义的创立和发展，也是科学思想在现实实践中的主体发展。根据科学发展的普遍规律，科学社会主义的主体发展，必然要同"左"倾教条主义和右倾自由主义以及"左"右折中主义发生矛盾和斗争，的确都是不可避免的客观必然。我们要少一些形而上学的历史反思，多一些实事求是的科学分析；反对唯心主义和形而上学的"凡是既定"和"彻底否定"，坚持唯物辩证法的扬弃式的科学否定。对自己，如实进行基本点、过时点和错误点的解剖；对别人，学习鲁迅的辩证"拿来主义"，"我们要或使用，或存放，或毁灭"。[3] 总之，要明确、确立、坚持社会主义的科学主体，同时，实现科学社会主义主体自身的变革、完善、发展。这就是科学社会主义主体发展过程及其规律的理论，这就是马克思主义唯物辩证法的一元发展论。

社会主义的科学管理也不例外，当然也是科学社会主义的管理主体自身在实践中的发展。马克思和恩格斯早就指出："历史不外是各个世代的依次交替。每一代都利用以前各代遗留下来的材料、资金和生产力；由于这个缘故，每一代一方面在完全改变了的条件下继续从事先辈的活动，另

---

① 《列宁选集》第 1 卷，北京：人民出版社 1972 年版，第 143 页。
② 《马克思恩格斯选集》第 3 卷，北京：人民出版社 1972 年版，第 404 页。
③ 《鲁迅杂文集》，上海市中小学教材编写组 1972 年版，第 261 页。

一方面又通过完全改变了的活动来改变旧的条件。"① 如果没有前人管理活动的业绩和科学作基础，后人的管理就无法从自己脑袋中产生出来；同样，如果不在新的条件下以前人的科学管理为基础，继续进行实践的变革和创造，也就不可能有科学管理的主体发展。

黄明坚在翻译《Z理论》一书的"序"中，说到中国某些地方的管理状况：由于文化背景的差异，我们无法完全享受日美制度的优点；而他人的缺点，我们又未能及早预见，力图避免。在经济发展的历程中，细数所得固然令人欣慰，缅怀所失也一样让人扼腕。企业界在表面的繁荣蓬勃之外，可曾暗自心惊于员工的冷漠、内部的倾轧、顾客的不满和社会的攻击？以往信任、微妙、亲密的感觉而今安在？黄先生这一席话，完全是立于祖国特色的管理而发的，对于我们正在进行的社会主义现代化管理改革和建设，是多么贴切的参照，多么响亮的警钟！这不正好说明中国自身科学管理主体发展是多么重要吗？

我们党一再阐明，我们进行的是中国式的社会主义现代化、社会主义经济建设、社会主义改革开放，是社会主义实力的自我增强和发展、社会主义制度的自我完善和发展，是科学社会主义主体的自身健全和发展，它贯穿于生产力、生产关系、国家政治、意识形态各个领域、各个方面，在坚持四项基本原则的前提下，着重发展"人民的生产力"特别是"科技的生产力"，把物质文明和精神文明结合起来，经济建设和民主法制结合起来，改革开放和打击犯罪结合起来，一切言论行动必须以合乎最广大人民群众的最大利益，为最广大人民群众所拥护为最高标准，只有千百万人民的革命实践才是检验真理的唯一尺度；要是一下子看不出是哪些政治集团或社会集团、势力和人物在为某种提议、措施等等辩护时，那就应该提出"对谁有利"的问题。同一切偏离和违背科学社会主义的错误思潮和不正之风进行坚决、正确、长期的斗争，把马克思主义的普遍真理同我国的具

---

① 《马克思恩格斯全集》第 3 卷，北京：人民出版社 1960 年版，第 51 页。

体实际结合起来，按照科学社会主义主体发展（包括必然允许必要补充的存在和发展）的正确理论和康庄大道，全面建设中国特色社会主义，并逐步实现共产主义的伟大目标。这就是我们总结长期历史经验得出的基本结论，这就是我们的总体理论和战略方针。

四、现实的趋势

列宁曾经精辟地指出："'思想家'所以配称为思想家，就是因为他走在自发运动的前面，为它指出道路，善于比其他人更先解决运动的'物质因素'自发地遇到的一切理论的、政治的、策略的和组织的问题。"[①] 由此看来，管理者首先应当而且必须成为思想家。尤其是搞社会主义现代化，是现代社会的大系统、大工程，更需要大理论、大战略。只有这样，才能从总体上把握全局和前途，驾驭本质和规律，实施总体的管理职能。

大系统需要大理论

现代社会和管理都是大系统，特别是第二次世界大战以后，经济社会化、科技化进展加快，出现了前所未有的大生产、大科学、大技术、大工程、大公司、大管理……具有规模庞大、结构复杂、因素众多、功能综合、信息量大等特点。1962 年，美国耶鲁大学科学史教授普赖斯，通过科技文献的计量研究，得出科学发展呈指数曲线增长的规律，并第一次提出："现代科学的大规模性，面貌一新而且强大有力，使人们不能不以'大科学'一词来美誉之。"1982 年第十届世界社会学大会上，德国科学社会学家贝希曼指出："一方面是技术的科学化，另一方面是科学的技术化，把这两个方面综合起来"解决社会生产和生活问题，然

---

① 《列宁全集》第 5 卷，北京：人民出版社 1959 年版，第 283 页。

而，"'大'科学并不意味着要产生'大量'的知识，而是要解决'大'问题"。① 他认为，这是由政府来加以规划和控制的大系统工程。这就必然要求加强宏观战略的管理。

从 14 世纪以来，世界各国都不能不从全世界的角度看问题。没有一个国家绝对不同外界发生联系，不受世界整体规律的影响和支配。这是因为人类社会发展到了资本主义时代，特别是"自从帝国主义这个怪物出世之后，世界的事情就联成一气了，要想割开也不可能了"②。甚至"一切国家的生产和消费都成为世界性的了"③。但是，世界的整体化绝不是一体化。在结束一两个超级大国左右全球的局面后，仍然将是一个各种社会制度、意识形态、现实势力矛盾的大系统。经济、政治、军事、文化的相互依赖性、通融性、互补性、制约性越来越突出。激烈对抗、武力威慑、外交周旋、贸易竞争、科技交流、文化渗透、思潮较量等，行动方式和思维方式必改单一线性的模式，而朝着多极化、复杂化的总体过程发展，最终必依它的内在固有逻辑，走出混沌奔向新秩序的光明之路。

在这种大系统的世界背景下，从 20 世纪初以来，各门科学知识向"统一论""整体论"融合，大统一论和大宇宙论相继出现。多学科的综合研究风起云涌，美国把 20 世纪六七十年代称为跨学科研究时代。80 年代，社会学中广泛传播一种"大理论"，使哲学社会学化、社会学哲学化。当前理论思想的发展主线，重新开始类似历史上出现过的总体哲学倾向。

大系统、大理论，要求掌权者"应拥有企业家的思维、前途感、时间感，善于在需要时提出现实生活的基本问题，确定解决问题时可以依靠的力量。这不仅需要出色的想象力，而且需要继承感，以便照谢利的说法，能够从过去看到现在，从现在看到将来"。"掌权者不应简单地指出患处

---

① 冯之浚、张念椿：《现代文明的社会支柱——科技·管理·教育》，上海：上海人民出版社 1986 年版，第 71、74 页。
② 《毛泽东选集》第 1 卷，北京：人民出版社 1991 年版，第 161 页。
③ 《马克思恩格斯选集》第 1 卷，北京：人民出版社 1972 年版，第 254 页。

（如'全部问题在于经济'），而应当进行分析，提出明确而有根据的解决问题的选择。"①

战略＋文化＝卓越

战略全局是管理的总体和要害。面对错综复杂的世界大系统，各种社会势力和思潮都把注意力放到研究总体大问题上来了。美国原副总统纳尔逊·洛克菲勒说，在资本主义社会的动荡和危机中，多年来不断遇到难题一直使他深为忧虑，"现在迫切需要集中设计出一种行动方案，使我们能够应付所面临的经济、政治和社会的挑战"②。1968 年 4 月，在意大利林赛科学院建立的"罗马俱乐部"以专门研究"人类困境"和"全球问题"而驰名。他们认为，自从人类打开了新技术革命这个潘多拉魔盒以来，世界就出现了失控问题，发生的一切现象几乎到处都有反响，于是不能再个别地分割地解决经济、技术和社会问题，"我们现在开始把人类社会和它的环境理解成一个体系。这个体系的不受控制的增长已经导致严重的不安定的发展"③。1973 年，社会学家贝尔出版了《后工业社会的来临——对社会预测的一项探索》一书，阐述了发达资本主义社会之后的社会的"五大基本内容"。1978 年，法国波利亚托夫斯基在《变幻莫测的未来世界》中，提出了观察世态的"三大主线"："第一，科技社会的到来；第二，信息遥控技术革命；第三，政治、经济的问题日益世界化（强调必须共同探讨问题以求一致）。"1980 年，未来学家阿尔温·托夫勒继 1970 年《未来的激荡》一书之后，又出版了"一本规模庞大综合的书"《第三次浪潮》，认为"今天世界的许多变化，并不是孤立的，彼此不相关的，也不是偶然出现的"，"认识今天世界存在的各种力量的冲突，需要系统的结构"。

---

① 贝尼斯：《为什么领袖不能领导（三）》，载《现代外国哲学社会科学文摘》1992 年第 6 期，第 41 页。

② ［美］托夫勒：《第三次浪潮》译者前言，北京：三联书店 1983 年版。

③ 徐崇温：《全球问题和"人类困境"——罗马俱乐部的思想和活动》，沈阳：辽宁人民出版社 1986 年版，第 33 页。

1982年，被美国报刊和世界舆论认为从20世纪50年代以来"能够准确把握时代发展脉搏"的三本巨著之一，约翰·奈斯比特出版的《大趋势》一书，根据美国社会"自下而上"发生的新趋势，提出了"改变我们生活的十个新方向"。1987年，历史学家保罗·肯尼迪出版了《大国的兴衰》，预测美苏衰落不可逆转，世界进入多极时代，关键在于领导者的智慧、经验和能力。1989年，德鲁克出版了预言苏东剧变的《新现实》。以极"左"面目出现的"西方马克思主义"，从哲学高度批判资本主义，却又企图在资本主义和社会主义之外寻找"第三条道路"；要在"现代化"的名义下，将马克思主义同西方资产阶级哲学结合起来获得"再生"。连英国著名统计学家艾伦教授也在《总体经济学》中说："现今，数理经济学家及计量经济学者的注意力已转向那些以大道原理为基础的最适境界问题。"日本原首相大平正芳更明确地指出："对政治家，尤其是对一国的首相来说，更重要的是，需要有从大的方面观察时代的眼力，需要具备从总的方面抓住经济动向的能力。"他一方面注重物质文明的发展，另一方面倡导"更重要的、虽看不见却又具有人生意义的事情"，他说："我认为'生活简朴，但思想高尚'，以这种生活方式作为今后生存的人生指南的时代，不是已经到来了吗？"①

　　从以上这一系列信息中，我们可以看到一种新的动态，就是在新的形势下，都十分重视宏观战略问题。"战略"一词源自军事科学，同"战役""战术""策略"等相对而言，"战略问题是研究战争全局的规律的东西"，"研究带全局性的战争指导规律，是战略学的任务"，"凡属带有要照顾各方面和各阶段的性质的，都是战争的全局"。"战争的胜败的主要和首先的问题"，是战略全局关照得好不好。所以"指挥全局的人，最要紧的，是把自己的注意力摆在照顾战争的全局上面"。学习战争全局的指导规律，是要用心去想一想才行的，因为这种全局性的东西，眼

---

① 大平正芳、田中洋之助对谈：《复合力量的时代》，北京：商务印书馆1980年版，第22、5页。

睛看不见，只能用心思去想一想才能懂得，不用心思去想，就不会懂得。"但是全局是由局部构成的，有局部经验的人，有战役战术经验的人，如肯用心去想一想，就能够明白那些更高级的东西。"① 这样，才能成为"不但有压倒一切的勇气，而且有驾驭整个战争变化发展的能力"的优秀指挥员。

现代社会管理，从泰勒的"科学管理"起，直到 20 世纪五六十年代，基本上是以提高企业内部效率为中心的理论、技术和方法。由于经济和科技的激增、扩大和提高，特别是第二次世界大战以后，在资本主义相对稳定发展中，原有资源来路和市场容量有限，国内和国际竞争的加剧，石油危机和政治动荡的出现，使经营管理者逐渐明白：不仅要注意企业内部效率，而且更重要的是要适应环境变化并及时作出战略决策，否则会招致惨重失败。于是，从 20 世纪 60 年代末期开始转向战略管理，70 年代后形成"战略热"，美国创办了《战略管理杂志》《经营战略杂志》，相继出版了一系列著作。1979 年美国 500 家最大的公司，有 45% 采用以统筹分析为基础的正式战略计划，1980 年战略管理咨询收入高达 3 亿美元；目前美国的大公司基本都实行战略管理，而西欧企业主管人员一般都将全部时间和精力的 40% 左右用于战略管理。80 年代起，由战略管理带动创新管理、风险管理，从"战略热"发展到"文化热"，把人文因素提到首位，"公司文化"成了管理的核心机制和成败的关键，甚至进一步提出了"战略加文化等于卓越"的新管理公式。战略管理的特点在于，根据内外各项综合因素，制订落实长期计划；而"公司文化"则注重人的作用，主张"攻心为上"，把以价值观为核心的管理哲学置于经营管理的统率地位。现代管理都从全局性上，动员全部管理因素，尤其是从哲学高度，倡导"大家同心协力共赴目标"的精神。国外管理界有句格言：人的知识不如人的智力，人的智力不如人的素质，人的素质不如人的觉悟。这不正是我们社

① 《毛泽东选集》第 1 卷，北京：人民出版社 1991 年版，第 177 页。

会主义管理的根基和优势吗？我们从红军时期直到社会主义时期，都一直明确坚持贯彻"思想政治工作是一切工作的生命线"，正如邓小平所说："过去我们党无论怎样弱小，无论遇到什么困难，一直有强大的战斗力，因为我们有马克思主义和共产主义的信念。有了共同的理想，也就有了铁的纪律。无论过去、现在和将来，这都是我们的真正优势。这个真理，有些同志已经不那么清楚了。"①

蛋糕匠还是哲学家

在经济界和管理界流行着一种舶来理论：蛋糕做得愈大，大家分得愈多。其实，这是一种骗孩童的形式逻辑。因为，事到如今已经可以说不会没有人知道，"在每个社会，'财富'永远被'生产'与'分配'。资本主义、社会主义或消费合作社是限时、限地的建制性例行行事的形式"②。麻省理工学院的佘罗教授在其《零合的社会》一书中说过：在市场经济非常发达的美国社会，倘若有人获得了经济利益，那么，必定有其他人在蒙受相当的损害。中国的改革与发展中，两极分化的比例超过美国的残酷事实表明：社会管理不是简单的初等数学，而是复杂混沌的辩证逻辑——1＋1可能＞可能＝可能＜2；我们要警惕平均数掩盖多数不富甚至贫困的事实真相。马克思在《资本论》中专门研究了"分配关系和生产关系"问题：如果说资本主义生产方式以生产条件的这种一定的社会形式为前提，那么，它会不断地把这种形式再生产出来。它不仅生产出物质的产品，而且不断地再生产出产品在其中生产出来的那种生产关系，因而也不断地再生产出相应的分配关系。马克思对分配关系作了两种区别：人们常用的分配关系是用来"表示对产品中归个人消费的部分的各种索取权"；而生产关系本身范围内的分配关系，"可以说，资本（包括作为资本的对立物的

---

① 《邓小平文选》第 3 卷，北京：人民出版社 1993 年版，第 144 页。

② Greenstein、Polsby 主编：《政策与政策制订》，台北：幼狮文化事业公司 1984 年版，第 22 页。

土地所有权）本身已经以这样一种分配为前提——劳动者被剥夺了劳动条件，这些条件集中在少数人手中——另外一些个人独占土地所有权"，这种分配关系"落到同直接生产者相对立的、生产关系的一定当事人身上的那些特殊社会职能的基础"，"这种分配关系赋予生产条件本身及其代表以特殊的社会性质。它们决定着生产的全部性质和全部运动"①。可见：第一，任何社会生产方式都是生产力和生产关系的辩证统一，不存在脱离生产力的生产关系，哪有脱离生产关系的生产力？社会主义时期的生产方式，当然是以社会主义生产方式为主体（包括必然允许其他生产方式作必要补充）的形式，把主体和补充都混在社会主义生产方式概念中是错误的。第二，生产关系中包括分配关系，在资本主义社会生产运动中，谁是有生产资料所有权的剥削者？谁又是被剥夺了劳动条件的劳动者？这个问题在现代社会形式（包括剥削或变相剥削的形式）中，是不说自明、无法掩饰的客观事实。第三，这种分配关系，非同小可，具有全局意义。因为社会生产归根到底是为了人们的消费——生存、享受和发展，也就是说，只有通过分配关系（即生产资料所有权和生活资料索取权）才能达到目的。故分配关系是"生产关系的一定当事人身上的那些特殊社会职能的基础"——管理的基础，"赋予生产条件本身及其代表以特殊的社会性质"，是资本家管理还是劳动者管理呢？由于生产关系不同，决定着不同的分配关系，而不同的分配关系则"决定着生产的全部性质和全部运动"——是资本主义（或变相的）还是社会主义？有的人为什么千方百计回避分配问题？莫不是有什么难言之隐或欲盖弥彰！

社会生产方式，不仅有生产问题，还有分配问题；不仅有管理技术问题，更重要的还有管理思想问题。社会主义管理者必须具有代表先进社会主义生产方式的正确理念。管理实践的总体职能，需要一套独特的总体哲学、总体原则。多元竞争的世界现象背后，都有一双总体哲学之手在操纵

①《马克思恩格斯全集》第 25 卷，北京：人民出版社 1974 年版，第 994 页。

着经济实力和管理哲学的紧密联结和总体运转。

历史的辩证法和实践的山海经都清楚地告诉我们：管理的生命力源泉不仅在于健全的体制、精湛的设施、高超的技艺，更重要的还在于管理者对时代趋势的明智、服务社会的导向、崇高的价值信念以及正确的经营思想和管理哲学。马列主义、毛泽东思想的唯物史观和管理辩证法认为：一定的文化（哲学是观念文化首脑）是一定社会的政治和经济的反映，又给予伟大影响和作用于一定社会的政治和经济；而经济是基础，政治则是经济的集中表现。政治和经济的统一，政治和技术的统一，这是毫无疑义的，年年如此，永远如此。这就是又红又专。红与专、政治与业务的关系，是两个对立物的统一。一方面要反对空头政治家，另一方面要反对迷失方向的实际家。思想工作和政治工作，是完成经济工作和技术工作的保证，它们是为经济基础服务的。思想和政治又是统帅，是灵魂。只要我们的思想工作和政治工作稍微一放松，经济工作和技术工作就一定会走到邪路上去。这就是经过长期历史和现实的正反两方面的实践经验证明了的社会主义管理的辩证逻辑和总体哲学。

恩格斯在 19 世纪就曾尖锐地指出过一种奇怪的现象。自然科学家相信，他们只有忽视哲学或侮辱哲学，才能从哲学的束缚中解放出来。但是，因为他们离开了理性思维便不能前进一步，而且要思维就必须有逻辑范畴，而这些范畴是他们盲目地从那些早已过时的哲学的残余所统治着的所谓有教养者的一般意识中取来的，或是从大学必修课中所听到的一点儿哲学（这种哲学不仅是片断的东西，而且还是属于各种不同的和多半是最坏的学派的人们的观点的混合物）中取来的，所以他们完全做了哲学的奴隶，遗憾的是大多数都做了最坏的哲学的奴隶，而那些侮辱哲学最厉害的恰好是最坏哲学的最坏、最庸俗的残余的奴隶。恩格斯说："不管自然科学家采取什么样的态度，他们还是得受哲学的支配。问题只在于：他们是愿意受某种坏的时髦哲学的支配，还是愿意受一种建立在通晓思维的历史和成就的基础上的理论思维的支配。"① 这一段话对于今天的每个现代人，特别是社会主义管理者来说，是多么亲切，多么有魅力！我们面对千差万别、千变万化、千头万绪的历史环境和管理使命，正处在世界历史的大转折之中，经历着自然、社会和思潮的各种复杂矛盾和事件。只有用马克思主义理论武装头脑，才能引导我们深刻认识人类社会发展的本质和规律，把握世界矛盾的形势变化和前进趋向，而不被历史长河中的漩涡和逆流迷惑。党中央提出：为了加强党的建设，必须坚持实事求是的思想路线，这条思想路线是我们党的生命线和一切工作的准则；我们一定要避免唯心主义的形而上学和片面性，防止由一个极端走到另一个极端；在工作中有一说一、有二说二，有喜报喜、有忧报忧，为实务实，实干兴邦。一个缺乏马克思主义理论素养，不善于运用正确的立场、观点、方法分析和解决问题的共产党员，不可能发挥应有的先锋、模范作用，更不可能成为现代管理的合格干部。社会主义现代化的伟大事业，需要造就大批心明眼亮、高瞻远瞩、坚强机敏的管理干部。陈云曾经指出："上层机构要有人专门考虑大问题。我过去讲，'瓜皮帽，水烟袋'，旧商人中有一种人专门考虑'战略性问题'……我们需要这样的战略家。"② 这就必须认真学习和运用唯物辩证法这个"我们最好的劳动工具和最锐利的武器"③。毛泽东在1964年告诫他的侄子时说，"你们青年人要学辩证法，学会用辩证法分析问题。比如我吧，我并不比别人聪明，但我懂得辩证法，会用辩证法分析问题，不明白的问题用辩证法一分析就明白了，要好好学会用辩证法，这个作用很大。"所以，"学习哲学，可以使人开窍。学好哲学，终身受用"④。正如美国的一篇论文中说得好："……哲学的任务在于它必须先于行动。倘若哲学家不会成为管理者，那么管理者必须成为哲学家。"⑤

① 《马克思恩格斯选集》第3卷，北京：人民出版社1972年版，第533页。
② 《陈云文选（1956—1985）》，北京：人民出版社1986年版，第279页。
③ 《马克思恩格斯选集》第4卷，北京：人民出版社1972年版，第239页。
④ 陈云：《身负重任和学习哲学》，载《求是》杂志1990年第8期。
⑤ 霍金森：《领导哲学》，昆明：云南人民出版社1987年版，第16页。

第四章　管理哲学论

　　马克思说，哲学是"自己的时代、自己的人民的产物，人民最精致、最珍贵和看不见的精髓都集中在哲学思想里"。任何真正的哲学，都是"时代精神的精华"，"文明的活的灵魂"。①马克思主义哲学——辩证唯物主义和历史唯物主义，是革命无产阶级的世界观和方法论，是科学社会主义的哲学理论基础。马克思主义哲学是研究自然、社会、思维的最一般、最根本、最普遍的规律的科学。毛泽东说："辩证唯物论之所以为普遍真理，在于经过无论什么人的实践都不能逃出它的范围。"②人类社会的管理实践，也脱离不了哲学思想的支配，现代社会的管理，需要现代管理哲学指导。欧洲管理论坛基金会主任斯蒂芬·加端利博士说，西方社会"一个共同的（企业）管理哲学正在形成，它将不仅适用于欧洲国家，也可供中国借鉴"③。我们要在马列主义、毛泽东思想基本原理指导下，以社会主义管理学说和经验为主体，广

---

① 《马克思恩格斯全集》第 1 卷，北京：人民出版社 1956 年版，第 120、121 页。

② 《毛泽东选集》第 1 卷，北京：人民出版社 1991 年版，第 293 页。

③ 张龙治等：《企业管理哲学》，沈阳：辽宁人民出版社 1988 年版，第 12 页。

泛吸取和借鉴古今中外管理理论的科学成果，探索和创建中国特色社会主义管理哲学。

一、管理哲学的序幕

任何事物的形成和发展，都是有前提的。前提不是特定事物本身，但只有根据前提，才能演绎推论，作出新的判断。所以，前提是新的事物和理论的先决条件。

管理哲学作为一门独立的学科，目前已有一些较为完整系统的教科书。在我国，随着社会主义现代化的开展，管理哲学的科学研究已在兴起。管理哲学的产生和形成，是需要具备一定的前提条件的。在人类社会文化的历史发展中，在我国社会主义革命和建设中，都有丰富的管理实践经验和理论思想，为管理哲学准备了具有一定广度和深度的素材和养料，而且哲学科学自身的发展规律，也为管理哲学的命运和前途铺垫了必要而美好的锦绣华章。

优秀文化的精粹

管理同人类一样古老，有了人类社会就有了社会管理活动，也就有了管理思想和哲学思想的萌芽。但这还不是管理科学和哲学科学。到了原始社会后期，慢慢有了剩余产品，产生了私有制，进入了奴隶制社会，管理和文化科学活动从直接生产劳动中独立出来，并且有了文字，才产生管理和哲学知识。从古希腊、罗马和中国古代的史料可见，管理同哲学是密不可分的，可以说哲学在很大程度上就是管理哲学。中国古代老子的"无为而治"，孔子的"克己复礼"，孟子认为"天时""地利""人和"是决定事情成败的三个重要条件，《孙子兵法》把道、天、地、将、法"五事"作为战略的基本出发点等，不就是政治、军事、国家、社会的管理哲学吗？古希腊自发辩证法的奠基者赫拉克利特早已说过，"世界是包括一切的整体";伟大的唯物主义原子论创始者德谟克利特的主要著作就叫《宇宙大系统》;客观唯心主义的老祖宗柏拉图的《理想国》,只不过是埃及世袭等级制度在雅典的理想化;"古代最伟大的思想家"亚里士多德,已经提出"整体大于部分之和"的科学论点……中世纪的历史,在西方是短暂的,而在中国则是漫长的。中华民族素以丰富的文化典籍著称于世。在《春秋》《管子》《战国策》《史记》《汉书》《资治通鉴》《永乐大典》《封神榜》《西游记》《水浒传》《红楼梦》《三国演义》等作品中,在著名人物诸葛亮、包拯、曹操、王安石等人的著述中,都有十分全面而精湛的管理思想和见解。

科学管理和管理科学,是随着近代资本主义的兴盛而真正作为独立学科在实践和研究中形成和发展起来的,其中包含的管理哲学思想也逐步经历了由暗到明、由合到分的过程。科学管理阶段,主要是研究生产技术动作和效率问题,从管理本质精髓来说,蕴藏着某种哲学思想。行为科学阶段,从社会学、心理学、人类学、组织学等多侧面重视对人的因素的研究,标志着哲学思想因素明朗化。20世纪60年代以来,由于管理环境与条件的复杂多变,管理界出现了重大的变化:"战略热""系统热""权变热",管理的重点从基层转向高层,从微观移到宏观,从技巧跃至理性,使管理哲学思想日益发挥指导作用,也推动了管理理论和管理哲学科学研究的深入发展。80年代后,世界管理特别是日本、欧美的管理,进一步重点强调"公司文化",特别注意比较管理学和管理价值观的意义,认为这是管理的核心因素,是成败的关键。这样,管理哲学就被公认为管理的灵魂,成为科学的有效管理不可或缺的生命之本。

哲学发展的趋势

管理哲学的形成与发展,从哲学科学自身的演化来说,还有它内在的原因和规律。以一定思想资料为前提的哲学理论,从一定的实践基础上总结概括出来以后,还需要回到各项具体实践中去检验和发展。著名德国哲学家、慕尼黑大学教授沃尔夫冈·施太格缪勒在《当代哲学主流》一书的"绪论"中指出，哲学的基本问题似乎是固定不变的；而建立哲学体系的尝试以及解决哲学问题的方法，却不断地在改变。他特别提出"哲学职能上的分化过程"，"随着各门科学的形成、发展和分支的日益增多，对于作为纯理论学科的哲学便产生了另外一些课题，即分析各门科学的基础，把各门科学的研究结果和它自己的成果调和起来"。并且，"由于专门科学的基本问题所引起的专门科学和哲学之间的友好的和敌对的争论，至少在某些边缘领域重合又导致了相互接近"。这就是说，哲学的职能分化，例如分出管理哲学，它的新任务就是要分析管理的科学基础——一般本质和规律，把管理科学同哲学原理结合起来，经过相互之间矛盾的对立统一，在两者的边缘上会产生新的科学。可惜的是，长期以来，哲学对管理是疏远的、沉默的，管理和哲学这两个领域之间的交流甚少，当然所得成果也就甚微了。现在，既然已认识到这一点，就应进行自觉的探索了。

二、管理哲学的探索

科学的管理哲学，有一个提出、明确、形成、发展的探索过程。在西方，很早以来，就有"工厂哲学""企业哲学""市场哲学""组织哲学""控制哲学""效率哲学""社会哲学""政治哲学"等名词。例如，1835年出版的尤尔的《工厂哲学》，是一部工厂精神表现方面的著作，马克思在《资本论》中说，"尤尔的整个著作是一部维护无限制工作日的辩护书"。正式提出"管理哲学"，是同近代和现代管理发展过程相联系的。

试图阐明普遍原则

"科学管理之父"泰勒和他的同事，是对管理思想进行综合整理的第一代人物。在泰勒以前，没有任何人像他那样把管理问题发展成为一种系统方法，并把管理与哲学这两个范畴结合在一起。他说："科学管理的实质——伟大的心理革命。"① 在他的《科学管理原理》一书中，最先出现了"管理哲学"的提法："科学管理的理论或者说科学管理哲学"，"科学管理包括着某种主要的普遍原则，是一种能以各种方法运用的哲学观"。虽然他所指的"管理哲学"实际上不过是"科学管理"的代名词，并没有正面阐明管理哲学本身的理论原则，但他还是强调在他的科学管理中，**概念和哲学的成分大于技术的成分**，并警告人们："不应对管理的实质或其基本哲学产生误解。"

按照美国管理史学家丹尼尔·A. 雷恩的说法，第一个对明确提出"管理哲学"拥有发明权的，是一个叫奥利弗·谢尔登（1894—1951）的英国人。1923 年，谢尔登出版了一本叫《管理哲学》的书，他说："本书不是从事于阐述某一特殊的管理，而是试图阐明统治整个管理实践的目的、发展路线和原则。"②"我们应该创立一种管理哲学，一套原则，一套科学地确定出来并被人们普遍接受的原则，由于它们是实现最终的基础，所以应用它们来指导日常的职业实践。"谢尔登明确自觉地试图阐明"统治整个管理实践"的"最终的基础"之目的、路线和原则，也就是管理哲学的总体原则，正如他自己所说："我之所以撰写本书是由于认为，管理对工业的指导作用主要在于一些科学原则和伦理原则，而这些原则的具体应用只起次要的作用。"③ 但实际上仍然是管理的实证科学。根据谢尔登的"哲学"，服务的经济基础、对人员效率和技术效率的尊重，以及管理部门保证实施社会正义的责任等因素，将导致一种对各方都有利的工业管理科学。所以，虽然书名是《管理哲学》，但其实只是反映了一种管理哲学的意向。

多侧面、多角度的研究

随着管理科学的发展、管理理论的兴盛，哲学对管理的渗透进一步强

---

① ［美］雷恩：《管理思想的演变》，北京：中国社会科学出版社 1986 年版，第 154 页。
② ［美］小乔治：《管理思想史》，北京：商务印书馆 1985 年版，第 154 页。
③ ［美］雷恩：《管理思想的演变》，北京：中国社会科学出版社 1986 年版，第 210 页。

化，许多学者从社会学、心理学以及诸如价值观、时间观、系统观、权威观等多方面、多角度加以阐述，在某些问题上直接研究了管理哲学的个别理论，但并没有在更高、更深、更广的意义上得到理论上的概括。1924—1925年间，由于探求结合的统一性、意志的共同性和人群合作，而获得了政治哲学家国际声誉的玛丽·福莱特，又转向工商界作了一系列报告，从而变成了企业哲学家。她提出一种人们在一起工作无需强制的自然主义，以及权威的非人称化而服从形势规律的主张。切斯特·欧文·巴纳德是一位著名的组织社会学家，他的正式组织和协作系统以及接受权威的理论，被誉为管理学的百科全书。福莱特和巴纳德两人都用浓厚的哲学观点考察问题，试图创造一种协调与合作的精神，但都没有上升到管理哲学的一般理论上来。

促进一般理论的发展

1936年，密歇根大学的查尔斯·L. 贾米森和芝加哥大学的威廉·N. 米切尔，邀请一批管理学教师到芝加哥大学的四边形俱乐部，讨论成立一个学会来推进管理哲学的发展。沃顿学院的鲍尔德于1937年又邀请这批教师到费城再一次举行会议，俄亥俄州立大学的 R. D. 戴维斯于1940—1941年间撰写了学会纲领，管理学会于1941年正式进行活动。"学会的一般目标是：(1) 促进一种管理哲学的发展，这种管理哲学能使日益节约和高效的工业社会的经济和社会目标得以实现。在任何管理哲学中，公众利益必须是首要的，但对于资本和劳工的合法利益必须给予适当的考虑。(2) 经理领导人员以这样一种哲学为依据，对于必须把科学方法合理地应用于解决管理问题有更多的了解。(3) 促进那些对管理的哲学和科学的发展感到兴趣的人有更广泛的认识和更紧密的协作。"[1] 管理学会的成立，反映了大家日益认识到讲授管理学的必要性，以及把各种各样的

---

① ［美］雷恩：《管理思想的演变》，北京：中国社会科学出版社1986年版，第383页。

思想结合起来对管理理论进行哲学探究的迫切性。

林福德·福恩斯·厄威克在 20 世纪二三十年代的著作中，显示出有可能把各种管理学说和原则统一起来的管理理论，以后又进一步发展了他对各种管理思想的综合探求。拉尔夫·C. 戴维斯从 40 年代以后，特别是 1951 年出版的《高层管理基本原理》，表明了管理在实践和理论上都向高层管理思想迈进了。

20 世纪 30 年代末的资本主义经济危机和随后的大萧条，对于管理权威来说，造成了一种"灵魂的混乱"和新教伦理的危机，R. S. 林德和 H. M. 林德的城市研究指出："萧条期间的不安全感使得人们更坚持一致并使潜在的问题尖锐化了。"① 历来占统治地位的个人主义自由放任和功利主义哲学力量动摇了，人们需要别人的北斗星的帮助了。从这种灵魂的混乱和自由放任的废墟中，道德秩序需要一些新的方面。有人提出"精神治疗"法，另有人提出"和睦相处"法，还有人借助上帝的力量而逃避孤独感，而小说家们的基调也转向"无产阶级小说形式中对人道主义和集体主义"的号召②。澳大利亚人梅奥"相信在农业和真理之间有一种神秘而直接的联系……一个工业社会，从其定义来说，就不可能是有道德的。因为一个人看不见土壤，也就看不见自然，这样他就看不见生活的意义而成为现代工业主义的虚饰小玩意的牺牲品"③。这些研究都从正面触及哲学的真谛了。

社会处于灾难之中。当美国人民处于绝望的深渊之时，由于小儿麻痹症而下肢瘫痪的西奥多·罗斯福上台当总统执行"新政"，在资本主义私有企业中，渗入了许多社会主义因素，成堆的社会、政治和经济命令使政府充分发挥起积极作用，并把权力从华尔街的金融家那里转移到农民、有组织的劳工和"小人物"手中。正如罗斯福的智囊雷克斯福德·特格韦尔

① ［美］雷恩：《管理思想的演变》，北京：中国社会科学出版社 1986 年版，第 422 页。
② 同上书，第 427 页。
③ 同上书，第 428、429 页。

写的，企业按它自己的愿望行事的美妙日子已一去不复返了，工业中的新领导必须承认工会，通过鼓励职工参与而使工业民主化，并记住"最大多数人的最大利益"，工业未能为劳动阶级提供安全，而政府必须填补这个真空。这一系列的法令标志着从亚当·斯密的"看不见的手"转到里斯曼的"快乐的手"，从私人救济转向公共救济，从新教伦理转向社会伦理。这种政治环境为管理思想带来了新的注意中心。第二次世界大战之后，为了解决新时代的复杂管理问题，大大促进了一般管理理论的探求。而战后的经济繁荣更造成对高层管理观点的需要。人们寻求社会认同感和存在的理由。管理者关心的主要问题已不是生产经营，而是社会环境和各种关系，是人。

20 世纪 50 年代，威廉·H. 纽曼认为，一个公司的基本目标将确定它作为一个工商业"公民"的社会哲学，并用以建立公司的一般管理哲学。1958—1960 年间，是管理理论发展中的一个重要转折点。迄今为止的管理过程学派，企图把管理看成一种独特的智力活动，它的性质是普遍存在的；他们所探求的是一种人们普遍同意的知识整体，并被提炼成若干原则，因而从中可能形成一种管理的一般哲学或理论。约翰·米提出未来的管理哲学"应该向经理和经营管理者提供概念、价值标准和一种使他们能无阻碍地推动经济和社会进步的手段"①。虽然这时还没有出现一种明确的管理哲学，但对管理思想的更深刻的基本原理和有条理的框架的探讨，正在继续努力之中。

哲学临产的痛楚

20 世纪 60 年代以来，管理科学的丛林百花齐放、百家争鸣。"如果用一个主题来表明他们的努力，那就是对结合的一种探求，企图把行为科学、社会系统和数量方法的各种不同观点归纳到传统的管理理论的框架之

---

① ［美］雷恩：《管理思想的演变》，北京：中国社会科学出版社 1986 年版，第 452 页。

中。"① 仅在管理到底要研究什么这一点上，就有着很混乱的解释，其标志之一反映在 50 年代末和 60 年代初的许多管理学"读本"中。这些读本一般是折中主义的，使得教师和学生从许多看法的罗列中选择他们的需要。1962 年，根据著名管理学家孔茨关于管理理论丛林的文章，在洛杉矶的加利福尼亚大学校园内举行了一次讨论会，对会议主题能否制定一种一般的管理理论，一些学者抱否定主张，一些学者持乐观态度。孔茨主编的《走向统一的管理理论》一书，表明确实存在一个理论上的灌木丛，而提出有关摆脱丛林的办法，常常是导致更多的雨水使叶子长得更茂盛。丛林还没有通过，砍刀却已经有点钝了，而统一理论的希望仍然只是人们追求的圣杯。虽然，理论的统一还没有实现，但探索还在继续，而且应当继续下去。历史的教训要求我们，必须学会拆除学术嫉妒之墙，更好地评价我们的知识传统，认识到我们每一种学说只是占有时间中的一段或一点。雷恩指出："当我们学会把组织的技术问题和人群问题更好地联系起来时，综合就会实现。"②

从科学管理发展到今天，管理不仅是个生产技术效应的问题，而且更多地涉及人性、价值、组织体制的复杂性、客观环境的变动性；不仅是基层的业务处理工作，而且更重要的是高层领导的宏观战略决策谋划。"在这个演变中的管理思想的概念分析中，涌现出了相当明确的各种趋势、力量和哲学。"③ 特别引人注目的是，如 W. 杜兰特所说："共产主义作为一种更简单和更平等生活的种族记忆而潜伏在每一个现代社会中。当不平等和不安全无法忍受时，人们就欢迎回复到这样一种情况，对这种情况他们记起了它的平等而忘记了它的贫困，从而把它理想化了。"④ 如果指出世界人民特别是社会主义管理者，正在从科学地总结经验教训中醒悟奋起，

---

① [美]雷恩:《管理思想的演变》，北京：中国社会科学出版社 1986 年版，第 461 页。
② 同上书，第 471 页。
③ 同上书，第 555 页。
④ 同上书，第 553 页。

为消除历史污垢和现实弊端，走向更民主、文明和富强，那么，杜兰特的话就没有偏见，加上雷恩的科学预见，一种新型的社会公正、科学效力的唯物辩证管理哲学，必将呱呱落地并健康成长。

三、管理哲学的对象

那么，什么是管理哲学？管理哲学的性质和功能是什么？唯物辩证法的管理哲学是怎么产生的？

现代化中应运而生

由于长期以来的"左"倾思潮的影响，我们对管理实践和管理理论的忽视，自然不知管理哲学为何物。搞社会主义现代化了，繁重的经济建设，复杂的改革开放，各种各样的矛盾和问题层出不穷，逼得人们忙于具体应付，慢慢体验和觉悟到理性的力量，只有社会主义能够救中国，只有社会主义能够发展中国。可是，社会主义现代化是个崭新的伟大事业，究竟怎么看？怎么办？只有在马列主义、毛泽东思想指导下，把科学社会主义的普遍真理同中国现代化的具体实践结合起来，独立自主、改革开放、自力更生、艰苦创业，走自己的道路，才能建设中国特色社会主义。

社会主义现代化，是我们广大党员、干部、人民群众盼望已久的强烈夙愿，从根本上来说，都是由衷地拥护的。多年来实践的成绩确实很大。物质文明和精神文明都有发展，经济生活和文化生活都有提高，党心民心都是高兴的；但也还存在不少问题和缺陷，干部群众中议论纷纷，看法不一，比较集中的恐怕是对此起彼伏、持续出现的严重的不正之风和腐败现象的针砭，这些现象歪曲了改革的形象和本质，损害了党和政府的声誉。有人说，现在是"端起碗来吃肉，放下筷子骂娘"。这话是否恰当值得商榷，因为第一，现在是否大家普遍达到"吃肉"程度？有材料证明，有的地方还在贫困线以下，甚至还存在或又发生吃不上饭的情况；第二，是否有物质生活好了就不"骂娘"了？还有精神生活是否健康，社会关系是否公平等等，作为现代社会，特别是社会主义社会，是不能弃之不谈的。党和国家在重视经济建设和改革开放的同时，也在不断打击不正之风和腐败现象，鼓舞和凝聚了党政军民心；但是，也有人不时在舆论中播放"难免论""学费论""无关论"等调子，看起来很"解放思想""坚定决心"，其实，并没有抓住要害，不能从根本上解决问题，说服不了党心民心。在这方面，人们对历史的经验教训还记忆犹新。邓小平曾尖锐地指出："惩治腐败，要认真做几件大事，透明度要高……这个问题过去讲过多少次，讲了好几年，为什么成效不大，原因可能在党内，在高层。"① 对此，不能不从管理的理论指导和实际措施上找原因。

　　管理是社会实践的一种特殊现象，具有显著的二重性的特点。就社会劳动、公共事务的监督、调节等管理职能来说，这是人类社会不分历史阶段和民族国情所具有的共同性、普遍性；而在不同的历史形态和社会制度下，管理的结构和功能的本质又具有差别性、特殊性。马克思说，资本主义社会管理的二重性，"一方面是制造产品的社会劳动过程，另一方面是资本的价值增殖过程"，"一旦从属于资本的劳动成为协作劳动，这种管理、监督和调节的职能就成为资本的职能。这种管理的职能作为资本的特殊职能取得了特殊的性质"②。显而易见，社会主义的管理，相对资本主义管理而言，既有共同性、普遍性的一面，更有差别性、特殊性的一面。管理的改革，必须从管理二重性这一固有本质出发，才能创造出真正科学的管理体制和观念来。

　　在我们将工作重点转移到社会主义现代化的过程中，各级领导逐步结束了以政治运动代替科学管理的状态，从而开始重视和加强管理改革和建设的新局面。但是，在改革过程中明显存在两种错误倾向：一种是片面强

---

① 《瞭望》杂志 1989 年第 33 期。
② 《马克思恩格斯全集》第 23 卷，北京：人民出版社 1972 年版，第 367、368、369 页。

调管理的特殊的社会属性一面，认为西方社会的管理都是资本主义剥削制度，我们不能引进、学习、借鉴，否则就要西化、污染、复辟，因而不敢、不愿、不要改革开放。很明显，这还是过去极"左"思潮、闭关锁国政策的流毒作怪。另一种是片面强调管理的普遍的社会属性一面，认为西方社会的管理都比我们的好，就是要全盘引进、盲目拿来、照抄照搬，对资本主义管理剥削制度的实质不予重视、分析、鉴别。很显然，这是一种忘记和忽视社会主义主体，不符合马克思主义原则和我国国情的错误做法。

我国长期以来是一个小农经济占优势的封建专制国家。一百多年以来又陷入半封建半殖民地社会。在共产党领导下取得新民主主义革命和社会主义革命胜利以后，建设社会主义有了七十多年的历史，成就巨大，经验丰富，道路曲折，教训深刻。在管理工作中，社会主义的主体和资本主义、封建主义因素，都存在着、交织着、矛盾着。我们的管理改革和建设，从根本上说，就是要克服和消除封建主义和资本主义的影响，自我更新、完善、发展社会主义的管理体制和观念。所谓不正之风和腐败现象，以权力谋私、以关系行事、以金钱处世，就是封建主义和资本主义污垢的混合物，是非社会主义因素在社会主义管理机体中的腐败表现。所以，社会主义的管理改革，本身就包含着克服不正之风和腐败现象的斗争。科学社会主义从开始创立时起，（在《共产主义者同盟章程》中）就明确规定："始终不渝地力求做到以原则为规范而不是以这个或那个人物为规范。"社会主义的管理改革和建设，就是要在四项基本原则的大车上，装上改革和开放两个飞轮，对传统和外来的管理经验和管理学说，进行科学的批判分析，实行鲁迅所讲的辩证的"拿来主义"，继承和吸取对社会主义现代化有用的成分，抛弃和剔除有害、无用的东西，改造、发展和创立社会主义现代化管理的新体制和新观念。列宁说："无论在哲学上或经济学上，马克思主义者的任务就是要善于汲取和改造这些'帮办'所获得的成就（例如，在研究新的经济现象时，如果不利用这些帮办的著作，就不能前进一步），并且要善于消除它们的反动倾向，贯彻自己的路线，同敌视我们的各种力量和阶级的整个路线作斗争。"① 这才是我们社会主义管理现代化的唯一正确的方针。

客观的矛盾和艰巨的实践，积累了庞大的实证知识材料，有必要根据材料的内在联系加以理性的思考和整理，以便建立一个全面正确的指导思想和行为系统。而"在这里经验的方法就不中用了，在这里只有理论思维才能有所帮助"②。所以，除了学习唯物辩证法的管理哲学，就没有别的手段了。

锐利武器和劳动工具

马克思曾经提出：哲学从内容和形式"都要和自己时代的现实世界接触并相互作用……它是文明的活的灵魂，哲学已成为世界的哲学，而世界也成为哲学的世界，——这样的外部表现在所有的时代里都是相同的"③。哲学是反映世界现实运动及其根本规律的科学，它的任务也就在于指导变革现实世界的实践。恩格斯明确指出，唯物主义根本没有更多的意义，就在"把这个世界观彻底地（至少在主要方面）运用到所研究的一切知识领域去了"。"而且值得注意的是，不仅我们发现了这个多年来已成为我们最好的劳动工具和最锐利的武器的唯物主义辩证法，而且德国工人约瑟夫·狄慈根不依靠我们，甚至不依靠黑格尔也发现了它。"④ 这充分说明了马克思主义哲学的科学性、革命性和实践性。

中国是"实事求是"的故乡（语出《汉书·河间献王刘德传》）。孔子儒家哲学思想影响广大深远，历来就是"为政"的统治哲学。中国共产党和中国的政治家、经济家、管理家，对管理哲学也有中国特色的创造，尤其是毛泽东的哲学思想，作为唯物辩证的世界观和方法论，广泛应用于

---

① 《列宁选集》第 2 卷，北京：人民出版社 1972 年版，第 350 页。
② 《马克思恩格斯选集》第 3 卷，北京：人民出版社 1972 年版，第 465 页。
③ 《马克思恩格斯全集》第 1 卷，北京：人民出版社 1956 年版，第 121 页。
④ 《马克思恩格斯选集》第 4 卷，北京：人民出版社 1972 年版，第 238、239 页。

军事、政治、经济、文化事业之中，创造了辉煌的业绩。

邓小平提出领导干部"要学习马克思主义理论"，要求人们根据它的基本原则和基本方法，不断结合变化着的实际，探索解决新问题的答案，"加强我们工作中的原则性、系统性、预见性和创造性"①。陈云特别强调"在党内，在干部中，在青年中，提倡学哲学，有根本意义"②。在改革开放中，我国开始介绍和研究我国港台地区、欧美、日本以及苏联、东欧的管理哲学思想和著作，例如，英国罗杰·福尔克的《漫谈企业管理》，克里斯托弗·霍金森的《领导哲学》，美国彼得·F. 德鲁克的《有效的管理者》，安东尼·艾索思、理查·巴斯克的《日本的管理艺术》，威廉·大内的《Z理论》，道格拉斯·麦格雷高的《企业的人性方面》等，日本松下幸之助的《经营哲学》和《创业人生观》等，苏联 Г. Х. 波波夫的《管理理论问题》，我国台湾的《企业管理百科全书》等等。我国理论界也开始进行应用哲学、管理哲学的研究，并陆续出版了一些书籍，撰写了一批论文，也取得了初步成果。

最高层次的指导思想

霍金森在《领导哲学》中说，哲学家的任务在于"拯救意识""穷本溯源""探索世界人类的意义所在"。台湾出版的哈佛企业管理丛书编辑委员会编的《企业管理百科全书》上册有一个定义："所谓'管理哲学'，系指事业最高主管为人处世之基本信仰、观念及价值偏好"，"从广义抽象层方面来说：它是激发企业家'信仰''观念''原则''价值'的动力；就狭义实务层来说：它是选择行为典型的成本，促进效益评估的决策体系。在管理行为上，哲学的基础，决定行为的趋向……管理哲学与企业经营的因果关系，就像火车头与火车厢一样，前者在企业经营中所占的比例虽不

---

① 邓小平：《建设有中国特色的社会主义》增订本，北京：人民出版社1987年版，第127页。

②《陈云文选（1956—1985）》，北京：人民出版社1986年版，第257页。

多，却是推动这列火车前进的动力，后者虽是整个中心，却要一般动力来推动或牵引"。这是一个主要从价值观角度下的比较完整的定义，从中我们可以了解管理哲学的对象之含义，并明确管理哲学对生产经营业务的统率和推动的作用。

管理哲学是最高层次的指导思想，包含两个方面的统一整体，即指一个事业系统的最高领导层的统率思想，这个统率思想不是实证科学的次级观念，而是指最高层次的根本哲学思想。例如，松下公司创始人的经营哲学是："企业应该以它提供给社会的服务，迅速奠定基础。利润不是公司贪婪的表现，而是社会重视公司的信任票。"① 根据这个最高指导思想，制定全企业的基本原则：认清我们身为企业家的责任，追求进步，促进社会大众的福祉，致力于世界文化的长远发展。这就是西方人嘲笑日本机构矢志效忠的崇高目标。其实西方优秀公司也都有自己的管理哲学，例如，著名的电脑公司——国际商用机器公司以"IBM 代表服务"，不仅是一个广告口号，而且是公司的最高目标，并由此规定公司经营方针三条基本原则，即兼顾职工、顾客和股东三者的利益，后来又发展成为三条经营信念："尊重个人""服务""完全主义"。著名美籍华人实业家王安的经营管理方针十分简单：在王安公司发展的每一个阶段，他都设法掌握搞好下一个发展阶段所需的知识，因此，每应付一次小挑战，他的能力就提高一步，对付下个阶段稍大的挑战，就更有信心。这些观念和准则，都不是理论或行动的细则，而是高度概括和集中的理性精神。虽然它的背景是在私有制基础上的，但作为管理哲学却具有普遍指导意义，很值得我们学习借鉴。

在我们社会主义管理中，有明确的管理哲学思想。例如大庆精神，十分自觉地以"两论"起家，即用《实践论》和《矛盾论》的唯物辩证法为武器，去认识客观环境，分析各种矛盾，指导艰苦创业；"鞍钢宪法"强

---

① 巴斯克、艾索思：《日本的管理艺术》，香港：管理化出版社1981年版，第51页。

调党的领导和群众路线，工人阶级当家作主，充分发挥干部、职工和技术人员的总体积极性、主动性和创造性；首钢以坚持从实际出发、实事求是、言行一致见长；宝钢则以解放思想、锐意创新而著称。这都是最高层次的管理观和价值观的楷模。

经营管理的总体原则

管理哲学不仅是根本的理性观念，也是统率经营管理行为的全局方针和总体准则。例如，松下公司根据经营哲学和基本原则，还规定了"员工信条"：唯有公司每一位成员亲和协力，至诚团结，才能促成进步与发展。每一个人都要记住这一信条，努力使本公司不断进步。他们每天早上八点钟一起背诵公司的价值规范，一起唱公司的社歌，好像全公司的所有人员已经融为一体。

美国布鲁奈尔大学雷·怀尔德教授，在谈到"经营管理哲学"时指出："尽管我们可以省略不谈'经营管理'一词在简易牛津辞典上的定义，然而'哲学'一词却是值得我们去深究的；它是对于智慧或知识的热爱，尤其是有关最终的事实，或是事物的总体原则……这些对于企业经理人员还是具有特定的重要性、具有引导作用……皆是促使行为延续、一贯的原则……自经理人员的行为模式中，也就是其表现于外的风格，我们可以很明显地窥出其所持的哲学……而'哲学'的本身具有永久的适时性……哲学是具有延续不断的价值的。"① 他明确认为，管理哲学是经营管理最根本的指导思想和全局性的总体原则，它指导经营管理人员的实际行为，并通过实际行为的风格特色表现出来，具有长期适用和延续不断的价值。有无明确的管理哲学，不仅直接反映经营管理的理性知识和智慧谋略的水准，而且直接关系事业系统的总体方针和全局行为的价值。没有管理哲学，肯定办不了大事，也不可能实现大的价值。

---

① ［美］怀尔德：《管理大师如是说》，北京：中国友谊出版公司1986年版，第49页。

边缘交叉的综合科学

管理是一种总体职能的总体科学，是思维与存在、理论与实践、文科与理科综合交叉、融合一体的系统。哲学则是自然科学和社会科学的最高概括与总结。由此可见，管理哲学是一门理论性和实践性都很强的综合科学。

现代科学发展的大趋势，一方面进一步分化，学科愈来愈细；一方面进一步综合，相互渗透、结合。恩格斯在论到电化学时早就指出：在分子科学和原子科学的"接触点"上，物理学家和化学家都承认自己没有能力，然而正就"应当在这点上期待最大的成果"①。科学学上有一个著名的原理：科学的突破往往发生在社会需要和科学内在逻辑的交叉点上。社会主义现代化建设的实践，需要大力加强科学管理和改革管理体制；而哲学的进一步发展必须深入实践领域，同各项专门科学相结合。正是在这种大趋势的交叉点和接触点上，一门崭新的学科——管理哲学应运而生。

管理科学是关于社会管理各专业、各部门管理的理论和技术的实证科学，如管理学、运筹学、领导学、管理数学、管理心理学、管理教育学、管理人才学，以及经济管理、教育管理、军事管理、行政管理等等。管理哲学是以管理科学为专业知识基础，并对管理科学的具体材料进行概括和升华的结果；反过来，管理哲学又直接指导和影响管理科学的观点与方法。在社会主义现代化事业迫切需要引进借鉴古代和外国管理理论及经验的时候，由于管理本身又具有二重性的特点，怎样使管理的共同过程和规律适合于我国社会主义建设的具体情况，怎样使管理的普遍原则同我国社会主义条件的特点相结合，也就是说，怎样在我国社会主义管理主体的自我完善和发展进程中，正确地进行改革和开放，正确地贯彻"古为今用"和"洋为中用"的方针？在这些交叉点上，管理就需要哲学的理论和方

---

① 恩格斯：《自然辩证法》，北京：人民出版社 1959 年版，第 247 页。

法，哲学也需要管理的知识和材料，只有两者的结合、融化、提炼——管理哲学才能作出科学的结论，指出正确的途径，从而也丰富和发展哲学科学本身。

管理哲学作为一个部门哲学，它是以普遍的哲学原理为理论基础的，又区别于一般哲学理论，有自己特殊的对象和范畴。社会主义现代管理哲学，是在马克思主义哲学——辩证唯物主义和历史唯物主义原理指导下，具体研究社会主义现代化管理过程的最一般的客观规律和最根本的指导思想，得出一系列新的概念、新的原理、新的范畴，从而又使马克思主义的一般哲学具体化，并进一步丰富和发展。

苏联管理理论学家 Г. Х. 波波夫说："回忆一下列宁认为'安静想一想全盘的工作'是特殊的任务这项指示是很合适的。"① 管理哲学就是管理的总体过程和规律的哲学概括与总结。作为一个部门哲学，它是哲学世界观和方法论在管理领域的具体运用，是哲学和管理学相互联系和衔接的桥梁。

从以上关于管理哲学的理性考察中间，我们就可以由此作出进一步的理论上的升华：管理哲学是管理理论中的最高层次的指导思想，是管理者用以指导管理实践，达到最佳效果的世界观和方法论。

四、管理哲学的功能

揭示管理工作的根本规律

哲学是人们的世界观和方法论，是人们对待世界的总看法、总态度。哲学所揭示的是世界事物发展的普遍的根本的规律。

由于人类历史发展的阶段不同，社会实践的任务不同，在不同的历史时期，唯物辩证法研究的重点是有所不同的。

---

① ［苏］波波夫：《管理理论问题》，北京：中国社会科学出版社 1983 年版，第 191 页。

在我国新民主主义革命时期，革命的中心任务和最高形式是武装夺取政权，是战争解决问题。在中国，离开了武装斗争，就没有无产阶级和共产党的地位，就不能完成任何革命任务。因此，全党都要注重战争，学习军事，准备打仗。毛泽东说："我们应该研究一般战争的规律；也应该研究革命战争的规律；最后，我们还应该研究中国革命战争的规律。"① 毛泽东写的《中国革命战争的战略问题》《抗日游击战争的战略问题》《论持久战》《战争和战略问题》等一系列著作，从哲学的高度总结了中国革命战争的经验，创造了中国化的马克思主义军事理论，抓住了军事辩证法这个根本的东西，培养了一大批智勇双全的指挥员，赢得了解放全中国的伟大胜利。

在我国进入以社会主义现代化经济建设为工作重点的新时期，我们党和国家高度重视并全力加强管理工作。由于经济工作在性质上不同于军事、行政和一般政治工作，需要具有特殊的专业知识和更深厚的根基，经济建设必定是更困难、更复杂、更要遵循规律、循序渐进。列宁说：整个关键不在于政治权力，而在于是否会管理，是否会正确地安排人员，是否会避免细小的冲突，使国家的经济工作不致间断。这就是说，在社会主义经济建设时期，要学习管理科学，认识管理规律，掌握管理辩证法，造就一代总揽全局、高瞻远瞩的有效管理者，沿着正确的道路夺取高效率的建设成果。正如有的同志深有体会地说：过去武装斗争时期掌握军事辩证法最重要，现在经济建设时期学会管理辩证法是根本。这是事关总体全局的根本大计。

解剖管理实践的根本问题

恩格斯说："全部哲学，特别是近代哲学的重大的基本问题，是思维和存在的关系问题。"② 这个问题有两个方面：一是世界本原性问题，是精

---

① 《毛泽东选集》第 1 卷，北京：人民出版社 1991 年版，第 171 页。
② 《马克思恩格斯选集》第 4 卷，北京：人民出版社 1972 年版，第 219 页。

神的还是物质的？主张物质第一性的是唯物主义，主张精神第一性的是唯心主义；二是认识的同一性问题，即人们的主观思想同客观世界能否正确反映而达到一致？作肯定回答的是可知论，作否定回答的则是不可知论。在哲学根本问题的两个方面中，第一方面即世界本原性问题，是"全部哲学的最高问题"，"哲学家依照他们如何回答这个问题而分成了两大阵营"，即唯物主义阵营和唯心主义阵营；第二方面问题的答案，服从于第一方面问题的答案，即除否定认识与存在同一性的不可知论外，承认思维与存在同一性的可知论，由于对世界本原性问题回答的前提不同，也可以分为唯物主义和唯心主义两种。哲学基本问题是贯穿全部各种哲学学说和整个哲学理论体系的根本线索，当然也是贯穿管理哲学的最高问题。

管理是社会实践的一种特殊活动，是管理主体和管理客体之间相互矛盾和作用的过程，是管理主体的思维对管理客体的存在之反映和变革的过程。所以，管理主体和管理客体的关系问题，是管理实践中的根本问题，也是管理哲学中的核心问题。

毛泽东说："除了我们的头脑以外，一切都是客观实际的东西。因此，学习和认识的对象，包括敌我两方面，这两方面都应该看成研究的对象，只有我们的头脑（思想）才是研究的主体。"[①] 管理过程就是管理者对管理主体和管理客体两个方面的认识和运作过程。

管理主体是一个系统，包括一定社会结构中的管理人员、管理机构、管理体制。管理主体系统中的主要部分是管理者，其他部分都是通过管理者而起作用的。人不仅是自然存在物，更主要的是社会存在物。因为人和动物的分界是社会生产劳动，人们在生产劳动中不仅同自然界发生关系，而且同其他人发生关系，只有在人们共同活动和社会关系中，才会有同自然界的关系，才会有生产。人们进行生产劳动是有意识、能思维的。为了

---

① 《毛泽东选集》第 1 卷，北京：人民出版社 1991 年版，第 182 页。

有组织地协同劳动，就要进行社会生产和社会生活的管理，这更是一项社会性的自觉意识的实践活动。作为管理者，一方面，有管理客体的意识，使管理客体对象反映在自己头脑中；另一方面，把自身在一定历史条件下产生和形成起来的需要、本性、本质力量以及活动本身，也当作对象加以对待，形成关于自我的意识。对象的意识和自我的意识，两者一起构成人的统一的自觉认识，指导管理者进行管理实践活动。

管理客体也是一个系统，包括管理环境、对象、条件等。管理客体首先是客观实在的物质，但并不是所有客观实在的物质都成为管理客体。管理客体已不是赤裸裸的自在的自然，而是实践的对象，人化的自然。在"认识论意义上同主体相对的客体范畴，并不等同于物质、物质世界、客观实在、客观存在等范畴……认识论意义上的客体则恰恰具有同主体的思维、意志和活动相关联的意义"①。这就是说，我们不能从纯粹自然的意义上，从单纯直观的形式上去理解客体，而应该从主体能动的本质力量和实践活动方面，与主体一起形成活动结构并发生相互作用的现实关系方面去理解客体。"作为主体对象性认识活动客体的，只能是物质世界中同主体现实的需要、本性和本质力量相适应，因而对主体有现实意义的那一部分事物。"② 所谓管理客体，一方面，它是不依赖于管理主体的意志而客观实在的外界存在；另一方面，它又不是自然地现成地成为管理客体，而是经过有思考、有需要的管理主体的发现和选择，具有经济价值和社会价值的那些管理对象、环境和条件。

管理主体和管理客体的矛盾，是在管理实践中的对立统一关系，就是说，在管理实践基础上，二者既相互区别、对立，又相互联系、统一。

在物体世界的运动发展中，一切都统一于物质，"除了运动的物质以外，世界上什么也没有"③。因此，从物质世界的本体论而言，无所谓客

---

① 夏甄陶：《认识论引论》，北京：人民出版社1986年版，第88页。
② 同上书，第89页。
③《毛泽东选集》第1卷，北京：人民出版社1991年版，第308页。

体和主体之分，只有物质运动的具体形态不同罢了。然而，人为了生存和发展，就要从事生产劳动，就要进行社会实践，就要产生对外界事物的认识和作用，这样，就形成主体与客体的矛盾。在管理活动中，管理主体为了达到一定的管理目标和效果，主动地发现和选择、能动地反映和作用于管理客体——对象、环境、条件，使管理主体和管理客体成为相互联系、相互对峙而存在的两个方面。第一，它们相互依赖，互为前提。主体和客体都是实践中相互联系的，都是相对于对方的关系而言的，离开主体无所谓客体，离开客体无所谓主体。第二，它们还相互渗透，互为对方。即主体和客体是一种相互依存的关系，而且你中有我、我中有你，在一定范围内可以相互置换。作为认识主体的人，本身就一身兼有主体和客体的两重身份，尤其是在社会领域内，人们都生活和活动在一定的社会关系中。每一个人既是一定关系中的主体（例如领导、教师、委员等），又是另一种关系中的客体（例如居民、儿子、顾客等）。管理活动如同军事战争，管理者需要知彼知己，包括主体系统和客观系统双方，方能百战百胜，这就是说，既要把自己作为管理主体，也要把自己当作管理客体。特别是在形势变化、任务更新、体制改革的时候，这种一身兼二任即主体和客体的相互渗透和移位，更为明显。第三，它们相互转化，互为因果。毛泽东说："在一个正确的认识过程中，物质可以变成精神，精神可以变成物质。"[1] 管理过程就是物质客体和精神主体相互转化的过程。各种客观物质的信息反映到主体的感觉和理性中来，经过思考、分析、加工、处理，变成主体的意识、理论、政策、方案，这是物质到精神、客体主体化的表现。主体的意识、理论、政策、方案，通过贯彻实施，取得物质生产和服务的绩效，这是精神变物质、主体客体化的表现。管理主体和管理客体连续不断的相互转化，就构成管理实践的循环运动。由此可见，管理实践的根本问题，就是管理主体和管理客体相互之间对立统一

---

[1]《毛泽东著作选读》下册，北京：人民出版社 1986 年版，第 840 页。

的矛盾运动过程。

阐明管理过程的根本机制

管理哲学从哲学的高度，科学地阐明管理过程的哲学机制，从而从最高层次的管理意识和观念的总体上，为管理人员的思想和行为提供世界观、方法论的规范和导向。所谓"机制"，原意是指机器的构造和动作的原理，后来生物学和医学通过类比借用这个词，主要是指一种功能及其发生的物质结构。例如，生物学和医学上研究一种生物的功能机制，光合作用、肌肉收缩等，就是说要了解它的内在的工作方式，包括有关生物结构组成部分的相互关系，以及其间发生的各种物理、化学、生物性质的变化过程和规律。所以，阐述一种机制，就意味着对它的认识从外部现象描述讲到内在本质和规律的揭示。管理科学，对各种具体管理过程（经济、政治、军事、文化管理）及其各项职能（计划、组织、协调、控制等）的机制作实证的说明；而顾及管理主体和管理客体两个方面及其互相关系，从人与人、人与物，从管理系统与整个社会、历史的宏观关系的高度上，阐明管理的总体机制，应该是管理哲学的基本任务。

1. 阐明管理的认识论机制

马克思主义认识论，是关于人类认识的发生和发展过程及其规律的理论。认识论的机制，就是指人的认识过程发生、发展的结构和功能。辩证唯物主义认为，人的认识过程是以社会实践为基础的辩证矛盾运动，它阐明实践—认识—实践、物质—精神—物质的辩证过程中各种因素的性质、作用及其相互关系。

管理是社会实践的一种特殊领域。管理行为的发生和发展过程，完全从属于认识论的指导和规范。管理哲学运用辩证唯物主义认识论，阐明管理行为的发生、发展过程及其规律，揭示管理的认识过程中各种因素构成的结构和它们的地位、作用，避免和克服管理中的主观主义、权力意志、放任自流等造成的超越或滞后现象，增强管理行为的有理性和有效性。

2. 阐明管理的方法论机制

哲学上讲的方法论，不是某一特殊行为的具体方法，而是指基于对客观事物最一般过程和规律的认识，从而转化为改造客观事物的最一般方法的理论。唯物辩证法认为世界观和方法论是一致的，对世界的正确认识也就是改造世界的向导。所谓方法论的机制，就是指方法论中各种因素之间的结构及其地位和作用。

管理哲学是唯物辩证法在管理领域中的具体化，是管理过程的辩证法。它是阐明管理活动的方法论的原理、规则、措施的理论体系，使管理者在实践中避免和克服主观性、片面性、表面性、盲目性、被动性而导致的失误、失调、失控现象，提高管理工作的自觉性、原则性、系统性、预见性、主动性和创造性。

3. 阐明管理的价值论机制

哲学上的价值论，是从哲学根本问题的角度，以说明客体对主体需要的满足程度而建立起来的理论。价值论是一个理论体系。马克思主义价值论，是建立在科学真理基础上的，以无产阶级和劳动人民的根本利益为标准，符合和推动社会历史向前发展的客观规律为规范的。

管理哲学的价值论意义，在于阐明管理行为是否正确反映管理客体的规律，是否符合社会生产和人民生活的客观需要，是否体现无产阶级和劳动人民的根本利益，即管理的真理性和有效性及两者的辩证统一，自觉实行有理管理和有效管理，避免和克服无理管理和无效管理。

4. 阐明管理的修养论机制

修养，是指一个人在政治、伦理、知识、哲学方面，长期学习、锻炼的过程和所达到的水平。人们为着正确而有效地改造自然、改造社会，就必须在改造客观世界的同时，改造自己的主观世界。无论在革命还是建设中，作为一个管理者，尤其是领导干部，由于他身处的地位和担负的责任，加强自身修养就显得更加重要、更为迫切。毛泽东在谈到干部理论修养时指出："我们党的马克思列宁主义的修养，现在已较过去有了一些进步，但是还很不普遍，很不深入……在担负主要领导责任的观点上说，如果我们党有一百个至二百个系统地而不是零碎地、实际地而不是空洞地学会了马克思列宁主义的同志，就会大大地提高我们党的战斗力量，并加速我们战胜日本帝国主义的工作。"① 可见，管理者的修养不仅是个人的事情，而且关系事业全局的兴衰成败。

管理者的修养，是"教你如何管理自己，如何自处"②。人们常说：上梁不正下梁歪，中梁不正倒下来；正人先正己，己所不欲，勿施于人。《大学》中提出"大学之道，在明明德，在亲民，在止于至善"。管理者要经过"格物""致知""诚意""正心""修身""齐家""治国""平天下"的修养过程。《论语·为政篇》中说："吾十有五而志于学，三十而立，四十而不惑，五十而知天命，六十而耳顺，七十而从心所欲，不逾矩。"管理者的成长和成熟，要经历学习、经验、探索、创造的长期过程。管理哲学阐明管理者修养过程的途径、条件、规范及其相互关系，使管理者在管理实践中按照客观规律自觉地正确地加强修养，树立优良的管理道德、风尚、文化，避免和克服错误的管理思想、行为和方法。

五、学习管理哲学的方法

管理哲学是一门理论性和实践性都很强的科学。所以，学习和研究管理哲学，要根据管理实践的需要和管理哲学的特点，贯彻"理论和实际统一"的方针，采取多种途径、多种方式，学习、总结、探索、创造中国特色社会主义现代管理哲学。

---

① 《毛泽东选集》第 2 卷，北京：人民出版社 1991 年版，第 533 页。
② ［美］怀尔德：《管理大师如是说》，北京：中国友谊出版公司 1986 年版，第 227 页。

学习的基本原则

1. 马列主义普遍真理同中国管理具体实践相结合

毛泽东说，"马克思列宁主义的普遍真理和中国革命的具体实践互相结合"，其本身就是我们的"伟大事业"，也是我们一切工作的一个"基本的方向"。[①] 马列主义、毛泽东思想，是无产阶级革命的科学的世界观，是科学共产主义的完备的思想体系，是继承了人类优秀文化遗产和科学成果，总结了革命实践经验又为革命实践所证明了的真理。它是人们行动的指南，而不是教条，而且随着实践的发展而不断向前发展。因此，马列主义、毛泽东思想永远是我们的最根本的指导思想。

研究管理哲学，要在马列主义、毛泽东思想的指导下，采取有的放矢、实事求是的态度。"的"就是中国社会主义现代化管理的实际，"矢"就是马克思主义的辩证唯物主义和历史唯物主义哲学。为了解决中国社会主义现代化管理的实际问题，应到马克思主义哲学中去找立场、观点、方法。学习和运用马列主义、毛泽东思想的立场、观点、方法，来指导我们调查和研究我们的国家、部门、地区、单位的管理实际情况，从中找出规律性的东西来，以树立社会主义现代化管理的正确思想，作为我们进行社会主义现代化管理建设和改革行动的向导。

教条主义是错误的，因为它把马列主义、毛泽东思想看成停滞的、僵化的、永远不变的空洞教条，脱离了活生生的发展着的社会实践。实用主义也是不对的，因为它脱离马列主义、毛泽东思想的基本原则指导，而用近视的功利的态度对待理论。斯大林说得好："离开革命实践的理论是空洞的理论，而不以革命理论指南的实践是盲目的实践。"[②]

2. 对古代和外国管理思想批判地继承和吸收

我国是个历史悠久的文明古国，有着丰富的管理文献和管理经验。但

---

① 《毛泽东选集》第 3 卷，北京：人民出版社 1991 年版，第 796 页；第 4 卷第 1252 页。
② 《斯大林选集》上卷，北京：人民出版社 1979 年版，第 199 页。

由于近代经济和科技不发达，管理不够重视，管理科学也不发达，这样就必须大量引进西方管理学说和管理经验，同时也要参考我国古代的管理文献和管理思想。

如何正确对待古代和外国的管理思想和管理经验？这是研究管理哲学所面临的重大问题。毛泽东早在《新民主主义论》中就非常明确而精辟地指出："中国应该大量吸收外国的进步文化，作为自己文化食粮的原料，这种工作过去做得还很不够……凡属我们今天用得着的东西，都应该吸收。但是一切外国的东西，如同我们对于食物一样，必须经过自己的口腔咀嚼和胃肠运动，送进唾液胃液肠液，把它分解为精华和糟粕两部分，然后排泄其糟粕，吸收其精华，才能对我们的身体有益，绝不能生吞活剥地毫无批判地吸收。所谓'全盘西化'的主张，乃是一种错误的观点。"

他还说："中国的长期封建社会中，创造了灿烂的古代文化。清理古代文化的发展过程，剔除其封建性的糟粕，吸收其民主性的精华，是发展民族新文化提高民族自信心的必要条件；但是决不能无批判地兼收并蓄。必须将古代封建统治阶级的一切腐朽的东西和古代优秀的人民文化即多少带有民主性和革命性的东西区别开来。"[①]

这就是说，我们在社会主义四化建设和改革开放过程中，学习管理哲学要贯彻"洋为中用""古为今用"的原则，对我国和古代的管理学说和管理经验，要实行辩证的拿来主义和科学分析，经过"消化作用"和"光合作用"，补充、完善、创造、发展中国社会主义管理体系。这一方面，我们在改革开放中已有丰富的经验和教训。洋教条、洋冒进、洋垃圾，使人吃一堑、长一智。1988年，美国某公司提议向我国某市无偿赠送生活垃圾，每吨补贴15美元处理费，我方接受可行性报告认为垃圾无毒有益，每年进口72吨可创汇1 080万美元。由于向往之切，报告迅速提交论证，结果环保和卫生专家深表忧虑：第一，洋垃圾虽有可二次回收的资源，但

---

① 《毛泽东选集》第2卷，北京：人民出版社1991年版，第707、708页。

还有大量树叶、枯草等，可能夹带化学物品及有害生物，垃圾中的废物及旧衣服等，则更具有潜在威胁；第二，生活垃圾有许多对人体有害的东西；第三，要对几十万吨乱七八糟的垃圾进行卫生和环保检测，纯属纸上谈兵，根本无法实施；第四，该市垃圾处理能力不足，每年数百万吨自己的垃圾尚在觅地堆放，如何再"引进"洋垃圾？这个典型事例对于如何对待进口的问题，具有普遍参考意义，是治疗"食洋不化"症的一副清醒剂。

3. 学习、应用和探索、创新相结合

管理哲学作为一门科学，在我国还是处于孕育或襁褓之中的新兴学科。学习管理哲学必须有艰苦踏实和锐意开拓的精神。首先要认真学习钻研马列主义、毛泽东思想，有点马克思主义基本理论的骨子；同时要认真调查研究、掌握信息资料，有点脚踏实地、实事求是的根基。这叫吃透两头。没有这一条，那就没有骨子和根基，就很可能是随风摇摆的墙头草，或是嘴尖腹空的毛竹笋。有些人对理论和实际若明若暗，对"左"的和右的倾向若即若离，缺乏坚定明确的马列主义、社会主义主体发展的立场、观点、方法，读了几本西方人写的书，就下车伊始发表政见，甚至不加分析地轻率地否定马克思列宁主义、毛泽东思想。用这种态度去学习管理哲学，从事管理工作，恐怕很难有成功的希望。

我们要学习、应用，才有开拓、创新的基础和阶梯。我们需要开拓性实干和科学性探索的精神。学习和应用的根本目的，不是起留声机和录像机的作用，不能停留在"述而不作"的水平上，而要在马列主义、毛泽东思想的基本原理指导下，以前人的思想学术成果为起点，通过自己的实践加以检验、分析、补充、完善，研究新情况，总结新经验，解决新问题，开拓新路子。龚自珍主张"不期修古，不法常可"。陈云说："不唯上，不唯书，只唯实。"[①] 邓小平说："要向前看，就要及时地研究新情况和解决

---

① 《人民日报》1991 年 1 月 18 日。

新问题，否则我们就不可能顺利前进。各方面的新情况都要研究，各方面的新问题都要解决，尤其要注意研究和解决管理方法、管理制度、经济政策这三方面的问题。"①

学习的具体方法

结合法：就是把辩证唯物主义和历史唯物主义的基本原理，同特定时期的具体管理实践相结合，用理论观点去分析和解决管理实践中的倾向性问题。例如，社会主义现代化建设和改革中发生宏观控制问题，主要是理论问题，就要用唯物辩证法和现代系统论原理，进行全面的矛盾分析，抓住主要关键，制定正确战略。结合法的要点在于以研究管理的实际问题为中心，以马克思主义哲学原理为武器，把两者有针对性地结合起来，而不是静止地孤立地研究管理哲学。

比较法：就是将一个国家、地区、部门、单位、学派、思潮、人物的管理思想和管理经验，作纵向或横向的对比分析研究。例如东西、中外、古今的时间观、系统观、权威观的哲学比较，使我们可以从中批判吸收、扬长避短、取长补短，以达"洋为中用""古为今用"之目的。

专题法：就是根据管理实践和学习研究的需要，选择某项专题，进行理论、案例、问题等方面的综合性的调查和研究，以求比较全面、深入、正确地认识和决策。如社会主义改革与市场经济的关系问题，农业和乡镇企业的发展问题，国有大中型企业的改革与建设问题，个体、私营、三资企业的管理问题等，都可以成为研究经营思想和管理哲学的专题。

总结法：就是在完成某项管理工程后，进行总结性的科学研究，从实践经验出发，在理论指导下回头看，经过去伪存真、去粗取精、由表及里、由此达彼的归纳和演绎，总结出带规律性的新思想、新认识来，这是

---

① 《邓小平文选（1975—1982）》，北京：人民出版社 1983 年版，第 139 页。

在职管理干部学习管理哲学的好方法。

学习管理哲学也要遵循一般学习规律，尤其是学习理论科学，要从现象到本质，入门以后才能顾及其他，按照历史的、逻辑的、认识的统一的途径，由浅入深、由简到繁，循序渐进，逐步提高。

第五章 管理本质论

    毛泽东说过:"我们看事情必须要看它的实质,而把它的现象只看作入门的向导,一进了门就要抓住它的实质,这才是可靠的科学的分析方法。"①这一章就是从管理现象到管理本质,重点研讨管理本质问题。

    毛泽东对马克思主义哲学——唯物辩证法的重大贡献,就是科学、全面地阐明和发展了事物矛盾普遍性与矛盾特殊性的学说。他强调指出:"对于物质的每一种运动形式,必须注意它和其他各种运动形式的共同点。但是,尤其重要的,成为我们认识事物的基础的东西,则是必须注意它的特殊点,就是说,注意它和其他运动形式的质的区别。只有注意了这一点,才有可能区别事物。"他说:"任何运动形式,其内部都包含着本身特殊的矛盾。"这种情形,不但在自然界中存在着,在社会现象和思维现象中也是同样地存在着。而正是"这种特殊的矛盾,就构成一事物区别于他事物的特殊的本质。这就是世界上诸种事物所以有千差万别的内在的原因,或者叫做根据"。"科学研究的区分,就是

---

①《毛泽东著作选读》上册,北京:人民出版社 1986 年版,第 40 页。

根据科学对象所具有的特殊的矛盾性"①。矛盾特殊性的理论，对于人们认识事物的本质，进行科学的分类和研究，尤其是对管理的实践和理论，都具有普遍的指导意义。

一、管理第一"二重性"

为了解决管理的基本矛盾，作为一种人类社会历史现象，管理具有普遍性、共同性，又具有特殊性、差别性。

第一"二重性"原理

管理"二重性"的原理，是马克思在《资本论》中分析协作劳动"二重性"的基础上提出来的。

资本主义生产，实际上是在同一个资本家同时雇佣较多的工人，因而劳动过程扩大了自己的规模，并提供了大量的产品的时候才开始的。较多的工人在同一时间、同一空间（或者说同一劳动场所），为了生产同种商品，在同一资本家的指挥下工作，这在历史上和逻辑上都是资本主义的起点。

近现代资本主义社会化大生产，都是许多人在同一生产过程中，或在不同的但互相联系的生产过程中，有计划地一起协同劳动，这种劳动形式叫作协作。协作劳动不仅提高了个人的生产力，而且融合为一个总体的新的力量，这种总体力量大于个体力量的机械总和。人作为"天生的社会动物"，"在大多数生产劳动中，单是社会接触就会引起竞争心和特有的精力振奋，从而提高每个人的个人工作效率"。更不用说由于协作劳动所产生的总体新力量，必然在时间和空间上大大超过个体力量机械总和所能达到的劳动生产率。

---

① 《毛泽东著作选读》上册，北京：人民出版社 1986 年版，第 147、148 页。

马克思说:"一切规模较大的直接社会劳动或共同劳动,都或多或少地需要指挥,以协调个人的活动,并执行生产总体的运动……一旦从属于资本的劳动成为协作劳动,这种管理、监督和调节的职能就成为资本的职能。这种管理的职能作为资本的特殊职能取得了特殊的性质。"

"资本家的管理不仅是一种由社会劳动过程的性质产生并属于社会劳动过程的特殊职能,它同时也是剥削社会劳动过程的职能,因而也是由剥削者和他所剥削的原料之间不可避免的对抗决定的。""因此,如果说资本主义的管理就其内容来说是二重的,——因为它所管理的生产过程本身具有二重性:一方面是制造产品的社会劳动过程,另一方面是资本的价值增殖过程,——那末,资本主义的管理就其形式来说是专制的。随着大规模协作的发展,这种专制也发展了自己特有的形式。正如起初当资本家的资本一达到开始真正的资本主义生产所需要的最低限额时,他便摆脱体力劳动一样,现在他把直接和经常监督单个工人和工人小组的职能交给了特种的雇佣工人。正如军队需要军官和军士一样,在同一资本指挥下共同工作的大量工人也需要工业上的军官(经理)和军士(监工),在劳动过程中以资本的名义进行指挥。"有的政治经济学家在考察资本主义生产方式时,"把从共同的劳动过程的性质产生的管理职能,同从这一过程的资本主义性质因而从对抗性质产生的管理职能混为一谈",这是不对的。"资本家所以是资本家,并不是因为他是工业的领导人,相反,他所以成为工业的司令官,因为他是资本家。工业上的最高权力成了资本的属性,正像在封建时代,战争中和法庭裁判中最高权力是地产的属性一样。"[①]

总之,"凡是直接生产过程具有社会结合过程的形态,而不是表现为独立生产者的孤立劳动的地方,都必然会产生监督劳动和指挥劳动。不过它具有二重性。一方面,凡是有许多个人进行协作的劳动,过程的联系和

①《马克思恩格斯全集》第 23 卷,北京:人民出版社 1972 年版,第 367、368、369 页。

统一都必然要表现在一个指挥的意志上，表现在各种与局部劳动无关而与工场全部活动有关的职能上，就像一个乐队要有一个指挥一样。这是一种生产劳动，是每一种结合的生产方式中必须进行的劳动。另一方面……凡是建立在作为直接生产者的劳动者和生产资料所有者之间的对立上的生产方式中，都必然会产生这种监督劳动。这种对立越严重，这种监督劳动所起的作用也就越大。因此，它在奴隶制度下所起的作用达到了最大限度。但它在资本主义生产方式下也是不可缺少的，因为在这里，生产过程同时就是资本家消费劳动力的过程。这完全同在专制国家中一样，在那里，政府的监督劳动和全面干涉包括两方面：既包括执行由一切社会的性质产生的各种公共事务，又包括由政府同人民大众相对立而产生的各种特殊职能。……监督劳动的这两个方面在理论上是和实践上一样不可分地联系在一起的。"[①] 我们在这里所以如此详细地引用《资本论》的论述，是因为让马克思的原文和大家见面比我们的阐述更准确，而现在不少文章、论著的引用原文往往各取所需、去头掐尾，特别是见到社会、阶级属性的论述一律回避，这样是不能全面正确地揭示管理"二重性"的本质的。

还有，我们没有把管理"二重性"说成"自然属性"和"社会属性"，是因为管理是人类基于社会生产劳动的社会现象，就像政府、团体、组织等等本身就是社会现象，不是自然现象，它们的本质不论哪一种表现都只能是社会属性，用自然属性来概括一种属性是不正确的。

普遍性和共同性

管理的协调、指挥、组织、计划、控制等基本职能，是任何行业、任何能级都普遍存在，而且不论什么历史阶段、社会制度，都是共同地作用的。现代社会的管理是建立在高度工业化和社会化生产基础上的管理，因

---

① 《马克思恩格斯全集》第 25 卷，北京：人民出版社 1974 年版，第 431、432 页。

此，不论是资本主义还是社会主义的管理，就其管理职能活动来说，基本上是相通的。

生产协调：管理是协作劳动的总体职能。现代社会由于科学技术和经济文化的发展，出现了规模庞大、结构复杂、功能多样的大科学、大技术、大工程、大企业、大公司，其参变量之多、活动规律之复杂、输入输出信息量之大、参加人员之广、投入资金之大、技术要求之高等等，都是空前的。1942 年美国著名的曼哈顿工程，动员 15 万名科技人员，耗资 20 亿美元，历时 3 年，制造出第一批原子弹。1961 年美国组织阿波罗登月计划，发射火箭"土星-5"，有 560 万个零部件，飞船也有 300 万个零部件，为了这项特大工程，前后有 400 万人次参加，最多的一次动用了 42 万人，参加研制的公司达 200 家，大学达 120 所，花费 300 亿美元。北欧一个超大型发电网，由火力、水力、原子能等不同类型的发电站组成，每个电站包括许多发电机组，还有大量的变电所、输电线路，可供 2 000 万居民和工业企业所需的电能。一幢幢摩天大楼拔地而起，有 400 米高、100 多层的建筑物，结构异常复杂，需要供电、供水、供暖、供煤气，高速升降电梯、消防设备、周围交通、地下停车场、地铁交通等都不能疏漏，美国 528 层的超高层建筑已出现在图纸上，英国建筑师弗里斯门设计出 850 层的特大超高层建筑物，预计一幢大楼可容纳 50 万居民，等于一个中等城市。还有欧洲的尤里卡计划等，都是特大型的现代系统工程。苏联切尔诺贝利原子能发电站的事故，美国"挑战者"号航天飞机失事，不仅对经济、安全造成极大损失，而且引起严重的社会政治、心理影响。这样的现代化大生产系统，需要解决大问题，它"与研究人员的个人兴趣及观点关系不大，与个别企业家的具体态度和特定利益也没有太多的联系，它是由政府或者应由政府来加以控制的"。"政府采用财政、组织等手段，通过规划对它们做通盘考虑，并使它们有机地联系起来，构成一个综合的系统。依据对经济、政治、军事、科学等各方面要求的协调作出决策……从而使系统的各个有机组成部分……尽可能地高效运转……更有效地应用科学、满足社会发展的需要。"① 这种大生产需要有大系统的协调管理，不论东方还是西方、社会主义还是资本主义，并没有什么本质上的差别。

劳动监督：在资本主义国家里，不管叫什么样的"民主社会""自由世界""福利国家"，资本家为了求得生产效率和效益，对工人和职员是有着严格的纪律、制度和经理、工头加以监督的，通过检查和评价，作出工资、福利、荣誉的分配决策。社会主义国家仍然存在劳动监督，这首先是由生产劳动要求保质保量、低耗高效的本性决定的，而且对于生产劳动中的不规范行为、是非功过，也必须有严格的考核和评价。

公共事务：小到一个企业，大到一个社会，都有吃穿住行、生老病死、物质和文化生活问题，有公共道德、公共卫生、公共纪律、公共法规、公共服务，它们必须有公共事务的管理机构来办理。

统计手段：要管理都要有统计手段，资本家管理需要，工人管理也需要。现代社会逐步机械化、信息化，特别是用电脑、电视、电话、网络等先进设备装备了管理系统，使管理手段出现大飞跃，极大地提高了管理效率。

特殊性和差别性

管理的差别性和特殊性，是指在不同历史阶段和社会形态，有不同的社会关系和社会制度，由于管理系统中管理主体的社会地位和作用不同，决定了管理的社会目的、倾向不同。在无阶级社会，管理的社会性不具有阶级属性；而在阶级社会中，每一个人都在有阶级性的社会关系和制度中生活，管理的社会性就带有明显的阶级性。很显然，资本主义和社会主义是两种不同的社会形态，管理的社会本质具有显著的差别性和特殊性。

基础不同：私有制和公有制。资本主义社会，是以资本家为首的私有制为基础的社会。资本主义社会，虽然自称是自由、民主、平等、博爱的

---

① 冯之浚、张念椿：《现代文明的社会支柱——科技·管理·教育》，上海：上海人民出版社 1986 年版，第 74、75 页。

社会，但归根到底，还是少数人剥削、压迫多数人。前面说过，剥削社会的管理"是建立在作为直接生产者的劳动者和生产资料所有者之间的对立上的生产方式中"的，"这种对立越严重，这种监督劳动所起的作用也就越大。因此，它在奴隶制度下所起的作用达到了最大限度"。① 可见，资本主义管理本质上就是生产资料垄断者资本家对工人、职员和广大人民的剥削和压迫。

社会主义社会，是通过无产阶级革命专政消灭私有制，建立公有制为基础的社会。社会主义国家，不管还存在多少旧社会的遗迹、新制度的缺陷，总是工人、农民、知识分子当家作主的社会。社会主义制度下，除个别环节、局部现象外，基本上不存在人与人的剥削、压迫关系。社会主义的管理者是工人阶级先锋队——共产党为核心的人民勤务员，是社会生产和社会生活的领导者、组织者和服务者。社会主义的管理，本质上是人民群众的利益和意志的集中表现，是多数人对少数人——官僚主义者、消极怠工者、违法犯罪者的民主监督和管理。

类型不同：自发竞争型和总体计划型。资本主义私有制下，私人企业是管理的法人单位和实体系统。由于私人企业尤其是垄断财团之间是多元利益的对立关系，各自为政、各搞一套，整个社会呈现自发性竞争的无政府状态。政府虽然也有计划指导和调节，但只是作为补充性的手段，并非是其管理体制的主体因素；而且政府本身不过是垄断财团的代理人，带有强烈的派别倾向，无法自觉地按总体规律办事，因而不可能从根本上协调和解决生产社会性和占有私人性这一实质性的矛盾。

社会主义管理是公有制为主体的社会管理，它可以在不同范围和程度上以社会为单位实行多方面、多层次的系统管理。社会主义社会不存在根本利益不同的集团，故在根本利益一致的基础上，在民主集中制的集体组织领导下，从总体上自觉按照客观规律办事，实行有计划、按比例的管

---

① 《马克思恩格斯全集》第 25 卷，北京：人民出版社 1974 年版，第 431 页。

理，协调统一国家、集体、个人相互之间的关系，根据情况变化及时调整步伐，保证共同的管理目标的实现。总体计划性是社会主义管理本质的要求和表现，是社会主义管理体制中的主导因素。总之，社会主义管理的类型特征不同，这同资本主义管理是有原则区别的。

目的不同：剥削性和服务性。"资本家所关心的是为掠夺而管理，怎样借管理来掠夺。"[①] "剩余价值的生产是生产的直接目的和决定动机"[②]，为了剥削和掠夺最大的剩余价值，赚取最高的利润，资本家可以冒一切风险，可以不择手段。为了提高生产率和利润率，资本家运用现代科学（如心理学、社会学、管理学、电子学等）进行管理，而且在 20 世纪特别是在第二次世界大战之后，愈来愈重视计划工作的意义。但是，这一切都是为了调动刺激职工的积极性，缓和劳资矛盾，削弱工人阶级意识，服从于利己主义的目的。正如列宁所指出的：资本主义"实行计划化并不能使工人摆脱奴隶地位，相反地，资本家将更'有计划地'攫取利润"[③]。资本家也讲为社会服务，"顾客至上""信誉第一"，但是，资本主义私有制的目的决定服务是经营的手段，服务得愈好则资本家获得的剩余价值就愈大。社会主义管理和资本主义管理相反，是服务性经营的管理。社会主义社会是以公有制为基础的社会，整个社会的上下左右，真正形成一个互相为人民服务的大系统，管理的最终目的不是为了私人剥削，而是为了满足社会生产和人民生活的需要。在社会主义管理中，存在着国家、集体、个人三者的利益关系，在发生矛盾冲突时，必须在全面兼顾、统筹安排的大原则下，首先顾大头、顾大局、顾大家，这是在资本主义条件下很难做到的。

方式不同：雇佣制和民主制。资本主义同一切剥削制度一样，是建立在私有制基础上的，是由资本家阶级统治的社会。号称最民主的自由世

---

① 《列宁选集》第 3 卷，北京：人民出版社 1972 年版，第 395 页。
② 《马克思恩格斯全集》第 25 卷，北京：人民出版社 1974 年版，第 996 页。
③ 《列宁全集》第 24 卷，北京：人民出版社 1957 年版，第 274 页。

界——美国，不仅在经济上主要由八大财团控制国计民生，就是国家政府官员和政策规划组织，也都为大资本家所把持。美国圣克鲁斯加州大学社会学教授威廉·多姆霍夫写道："20世纪的总统很少有不属于最富有圈子的。"他们大都"出身于上层阶级"，约翰逊、尼克松、里根在当总统之前，都已经是百万富翁了。1978年的调查表明，美国国会参议员中的95％和绝大部分众议员，除享有年薪外，还靠股票和地产投资谋取大笔红利。① 那些深远影响美国政策规划的组织，毫不例外地都由大财团出资兴办，它们的负责人和理事基本上都是大资本家。例如，戴维·洛克菲勒直接领导三边委员会和对外关系协会，毫不掩饰自己的政治野心："确定今后10年至15年中美国将受到挑战的重大问题和机会；阐明必须启发和指导接受这些重大挑战的举国一致的目的和目标；形成一套可以作为制定国家政策和决定的良好基础的概念和原则。"② 资本家的管理，在职能上的联系和他们作为生产总体所形成的统一，存在于把雇佣工人集合和联结在一起的资本之中，而在雇佣工人之外，"他们的劳动的联系，在观念上作为资本家的计划，在实践中作为资本家的权威，作为他人意志——他们的活动必须服从这个意志的目的——的权力，而和他们相对立"。因此，"资本主义的管理就其形式来说是专制的"③。随着大规模协作的发展，这种专制也发展了自己特有的形式。所以，"在西方，那里真正重要的决策不掌握在工人手里，这是制度的本质所决定的"④。

　　社会主义管理同资本主义管理不同。社会主义社会的人民群众是社会和国家的主人。社会主义的各项事业，是人民群众自己的事业。社会主义管理者，是为人民办事的公仆，而不是骑在人民头上的老爷、官僚，如果发生公仆转为主人的现象，就意味管理性质发生蜕变了。因此，社会主义

---

① 《中国青年报》1987年3月12日第3版。
② 《中国青年报》1987年8月19日第3版。
③ 《马克思恩格斯全集》第23卷，北京：人民出版社1972年版，第367、368、369页。
④ ［美］杜布林：《组织行为基础——应用的前景》，北京：机械工业出版社1985年版，第201页。

管理，本质上是人民群众的自我管理。列宁反复论述过，社会主义管理最重要的原则是民主集中制，即在民主基础上的集中、在集中指导下的民主这样一种崭新的管理方式。由于基本上消灭了剥削阶级和剥削制度，实行了"不劳动者不得食"的原则，在劳动平等的基础上，人民群众的根本利益一致，他们是在共同目标和共同理想统一指导下进行工作和管理的，因此，民主和集中是有机结合、辩证统一的。"真正民主意义上的集中制的前提是历史上第一次造成的这样一种可能性，就是不仅使地方上的特点，而且使地方的首创性、主动精神和各种各样达到总目标的道路、方式和方法，都能充分顺利地发展。""民主集中制一方面同官僚主义集中制，另一方面同无政府主义的区别是多么大。"①

任何管理，都具有普遍性、共同性，也具有特殊性、差别性，我们必须全面地看待管理的社会本性，不能只知其一不知其二。两者始终结合在一起，贯穿于所有的管理之中，同时又同管理系统运行的本质属性——封闭性和开放性，相互交织、彼此影响着。

二、管理第二"二重性"

管理第二"二重性"，就是管理的封闭性和开放性。它是在管理第一"二重性"的前提下，从任何一个具体管理系统的内部矛盾性和外部矛盾性，去观察和概括而得到的管理本质属性。

管 理 封 闭 性

管理的封闭性，是管理的本质特性之一。它并不是"闭关自守""保守""落后"的同义词，而是指管理基本矛盾内部自我运行，不受外因干扰而正常运转和良性循环的性能。在管理运行中，"输入、加工过程与输

---

① 《列宁全集》第 27 卷，北京：人民出版社 1955 年版，第 190 页。

出三者构成一个封闭系统"①。显然，没有管理的封闭性，任何管理过程都不可能存在，更不可能运行。唯物辩证法认为，世界上的事物都是"自己的运动"，是内部的开展和蓬勃的生活。不论什么管理工作，一个首要前提，就是要保证系统的完整和运转，按照自己的特定条件和目标，实行优化组合，贯彻计划决策、自我循环、自我调节、自我约束、自我发展，才能取得管理的绩效。如果管理动态系统受到外部因素的干扰和刺激，要通过管理机制进行分析判别，或吸收消化，或抵制排斥，仍然保持自我运行的连续性和完整性，就能逐步达到预定计划的目的。否则，人家一刮风，自己就下雨，没有主心骨，或疲于奔命，一天到晚去应付外来事件，那个管理就不成系统了，正常运转都不可能，更谈不上良性循环，还能实现目标绩效吗？所以，不管是宏观管理，大到一个国家，还是微观管理，小到一个单位、一个小组，道理都是如此，都要加强和巩固自己的封闭性能。所谓提高抗熵能力，排除外部恶劣影响，或增强识别和消化机制，选择和融化外来积极因素，都是管理封闭性的表现。

管理封闭性具体表现在四个环节上：一是信息封闭，就是牢牢抓住管理目标，对管理客体的各种各样的信息，采取自我识别、自我选择的机制，优先录用目标信息，对其他信息分别情况加以不同的处理，使信息群落都能为我服务，而不是被别人牵着鼻子跑；二是决策封闭，就是根据一个管理系统自己特定实际情况和可能的条件，进行自我决策，保持独立自主性，参照外部影响和条件，但不为它所左右，立足基点在于自己；三是实施封闭，在计划决策的实施过程中，内外各种因素经常变化和交织着，管理者要有能力和办法适当处置，始终保证朝着自我目标前进，即使要作适当调整和修改，也要从自己的实际出发，坚决不离或更有利于目标实现；四是调节封闭，在实施计划决策过程中，情况在不断地变化，管理要有灵敏、及时的反馈机制，这种反馈是自觉主动的主体活动，自觉地积极

---

① 美国西点军校编：《军事领导艺术》，北京：军事科学出版社1991年版，第21页。

地调节和平衡，不是人云亦云、人否亦否，而要有利于目标的总体优化。这四个封闭性机制，保证管理动态系统的正常运转和良性循环。

当然，管理要能不断提高和增强实力，单靠自我因素的封闭性是不够的，而且封闭性本身中也包含了对外来因素的处置，这就是与此相连的开放性能了。

管 理 开 放 性

"开放性"这个词愈来愈成为一个热门的时髦名词了。但是，究竟什么是开放性呢？管理的开放性表现在哪里呢？

美国著名管理学家丹尼尔·A. 雷恩说："管理不是一种与外界隔绝的活动，因为管理人员是在特定的文化价值准则和体制内管理组织和作出决定的。因此，管理具有'开放系统'的特点，管理人员会影响他们的环境，而环境反过来又要影响他们。"[①] 这就是管理的开放性。

"唯物辩证法的宇宙观主张从事物的内部、从一事物对他事物的关系去研究事物的发展，即把事物的发展看成是事物内部的必然的运动，而每一事物的运动都和它周围其他事物互相联系着和互相影响着。"[②]

现代系统科学理论进一步论证和丰富了马克思主义唯物辩证法，认为世界上的事物都是有序列、有层次的结构和功能的系统；在系统总体的网络中，大系统由子系统构成，系统与系统之间都是相互联系、相互作用的，都具有开放性，一方面受到环境的影响，同时又对环境施加影响。特别是普利高津的耗散结构理论认为，在远离平衡状态的开放系统中，由于事物不断与外界交换物质和能量，熵就不会日益增大，系统就能从无序状态走向有序状态。

管理者不仅要承认辩证规律，而且要自觉运用辩证规律。管理者要达到管理的目标和绩效，就必须根据事物系统开放性的规律，能动地创设和

---

① ［美］雷恩：《管理思想的演变》，北京：中国社会科学出版社 1986 年版，第 4 页。
② 《毛泽东著作选读》上册，北京：人民出版社 1986 年版，第 140 页。

完善开放的条件，不断地同外界客体交流信息、资金、设备、原料、材料、人才、经验。松下幸之助说："任何企业的经营活动，都涉及很多人的参与：供应商、经销商、消费者、股东以及提供资金的银行，当然当地的社区也是一分子。"他主张"企业机构乃社会之公器，必须与社会同步发展，因此，任何公司企业绝对不能与社会大众孤立而自求扩展其经营活动"①。

管理的开放性，包括管理主体系统同客体系统之间多项或单项的交流、作用、影响活动。这里讲的开放不单单是指对外单位的开放，而且包括管理系统单位间的相互联系、影响、作用。这样，我们可以把管理开放性的实现，分为本位开放、横向开放、国际开放三种类型。

本位开放是指管理主体在所属管辖的本系统内，上下之间的相互联系、影响、作用的管理活动。这主要是指上级与下级、领导与群众之间的管理关系和活动。这是管理开放性的首要的、基础的方式。首先表现在本系统即本国家、本部门、本地区、本单位所属的管理者和被管理者上下之间的关系及其活动。没有本位开放也就没有管理系统及其活动存在，当然也就谈不上任何其他的管理开放性了。本位开放的具体途径主要有三种方式：一是调查研究和信息反馈。任何一个系统的管理者及其主体机构，都是为着解决本系统的矛盾和问题而设置的，否则就没有存在的意义。管理者如果对于自己的工作内容和环境、对象的情况和规律不了解，就无从下手或没有把握。一个高高在上、闭目塞听、同群众的实践根本绝缘的人，是无从获得客观信息、产生主观认识的。二是民主集中的决策程序。管理决策是管理者的主要职责，但不是由管理者个人或少数人主观任意制定的，而是一个在调查研究和信息反馈的基础上，由群众—领导、个别——一般、民主—集中这样一个集体活动的反复的开放过程。刘少奇说，民主集中制"反映党的领导者与被领导者的关系，反映党的上级组织与下级组织

① 殷商主编：《经营事业成功之奥秘》，台北：台湾新生报出版部1979年版，第22页。

的关系，反映党员个人与党的整体的关系，反映党的中央、党的各级组织与党员群众的关系"①。三是相互依存和制约的关系。本位开放中管理主体和管理客体、管理者和被管理者之间，是处于相互联系、依存又相互制约、监督的关系。一般地说，处于领导地位的管理机关和人员，因为眼观六路、耳听八方，可以比较全面地看到大局的发展，而处于被领导地位的管理机关和广大群众，因为容易接触实际情况，能更多地看到基层问题和群众当前利益。因为我们都为一个目标：建设社会主义，为人民群众服务，所以，上层和下层、领导和群众之间是完全开放的，是相互弥补又相互监督的。周恩来说：政协委员、人民代表和人民政府之间，中央和地方之间可以唱社会主义的"对台戏"，资产阶级专政国家制度不能学，但是，"西方议会的某些形式和方法还是可以学的，这能够使我们从不同方面来发现问题"。"单靠一方面不能很好地实行领导，必须双方合作，互相影响，才能很好地领导。""中央与地方要相互影响，相互监督，不要以为只是上面对下面监督，下面同样要监督上面，起制约作用。""唱'对台戏'就是从两个方面看问题，来完成社会主义的伟大事业。""这样能够推动我们的工作，减少官僚主义。""权力过分集中时就会有偏向。""这是一个很重要的问题。"②

第二种是横向开放。本位开放主要是管理系统内部的纵向开放关系。横向开放则是指管理系统单位相互之间的横向交流、影响、作用的活动。这里包括一个国家内的各行业、各部门、各地区、各单位之间的横向开放关系及其活动。每一个管理系统单位都有自己的行业和专业，都有自己的历史和现状，都有自己的自然和社会条件，都有自己的优势和缺陷等等。因此，每一个管理系统单位的任务、目标、资源、产品、组织、经验各方面，都有自己的特点，它们相互之间的发展是很不平衡的。虽然，它们在社会大系统中，无论是生产、经营和管理，本来是不可能孤立存在和发展

---

① 《刘少奇选集》上卷，北京：人民出版社1981年版，第358页。
② 《周恩来选集》下卷，北京：人民出版社1984年版，第208、209页。

的，但是，如果人们受特定的文化和体制的影响，不能自觉地认识和运用管理开放性的原理进行工作，那么，即使近在咫尺，鸡犬相闻而老死不相往来，隔行如隔山，好似画地为牢，远若天边。这种封闭、半封闭状态，对于合理发展生产、共同协作取得经济文化高涨，是极大的障碍。因此，打破管理系统单位之间的壁垒，自觉进行互联、互参、互学、互帮的横向活动，是现代社会经济文化发展的客观要求，是管理现代化、社会化的必然趋势，也是管理开放性本质体现的显著标志之一。横向开放的主要形式有：一是比较研究。管理系统单位之间就相互的优劣、长短进行对比、分析，结合自己的特点取人之长、补己之短，取人之优、补己之劣。人们常说的：不怕不识货，只怕货比货；不比不知道，一比吓一跳，都是自觉、半自觉地贯彻管理开放性的道理。二是联合协作。这比比较研究高一层次，管理系统单位之间，为了一个共同的目标，发生相互间的各种业务联系和活动，以达合理协调和提高效率、效能、效益。但各管理单位的性质、任务、组织都不发生变化，而是在自愿基础上"扬长避短、形式多样、互利互惠、共同发展"。如原材料生产与加工企业之间的联合，生产企业与科研单位（包括大专院校）之间的联合，民用与军工企业之间的联合，工、农、商、贸企业之间的联合，铁道、公路、水运、民航企业之间的联营，地区之间、城市之间的多项或全面的协作联合，等等。联合协作可以是专业协作，也可以是全面协作；可以是紧密型、半紧密型的，也可以是松散型的；可以采取合资经营、合作生产、来料加工、合同购销等多种方式。一般都以大中型企业、经济文化科技发达的地区、城市为骨干，以优质名牌产品、全局性的重大科研项目或工程项目为龙头，用合同、协议关系确定下来，或组织经济区、企业集团、联合公司等形式的协调机构。三是结构组合。在横向开放中，不同的管理系统单位进行实质性的结构重新组合，因而形成性质、结构、功能等方面新的管理系统实体单位，这就是结构组合。如总厂、总店、合作社、股份公司等实体组织。

第三种是国际开放。如果说本位开放是一国之内的纵向开放，横向开放是一国之内平行开放，那么，国际开放的特点就是：以国内管理系统为基础、管理主体为中心，通过纵向和横向的综合运作，进行超越国界的管理开放活动。国际开放有悠久的历史，并非现代独创。古希腊罗马的城邦交流，春秋战国的"合纵""连横"，汉、唐时期的丝绸之路，明朝末年的郑成功下西洋等，都是国际开放的先例。国际开放是由人类社会生产和社会生活的社会性决定的。从原始社会的人类分工而开始交换，随着社会经济文化的发展，管理的国际开放步伐日趋进步；不过在不同的历史阶段和社会形态的生产方式和国家制度下，国际开放的性质、方向、规模、程度有不同罢了。由于资本主义经济日益商品化、竞争化并走向垄断化、世界化，现代世界不仅经济文化，就是政治军事都是具有国际联系和影响的，而且除间接的相互作用外，还有直接相互支援。A. 罗斯·谢泼德说："在一个开放经济的社会（即包括国际交易）中……国家经济活动水平的波动影响国际交易，国际交易转过来又影响一个国家的经济活动水平。"[1] 日本教育学家认为："大学不是为了大学而存在的"，大学是"为社会服务"的，而"现代社会的大学丧失了国际性，就没有存在的意义"[2]。马克思恩格斯早就指出：在无产阶级国际革命中，"工人没有祖国"，"全世界无产者，联合起来！"[3] 国际开放的管理活动方式，原则上同国内的本位开放和横向开放是一致的；所不同的，就是有跨国的关系问题。邓小平指出：中华人民共和国成立后，第一个五年计划也是对外开放，只不过是对苏联东欧开放。现在建设社会主义现代化，我们实行全面开放：一个是对西方发达国家，一个是对社会主义国家，还有一个是对第三世界发展中的国家。

开 放 性 机 制

为了保证管理开放性，朝着社会主义主体发展的方向实现，根据唯物

---

① ［美］谢泼德：《国际经济学——微观论与宏观论》，上海：知识出版社1982年版，第137、133页。

② 余立主编：《现代教育思想引论》，上海：华东师范大学出版社1986年版，第309、310页。

③《马克思恩格斯选集》第1卷，北京：人民出版社1972年版，第270、286页。

辩证法和现代系统论的要求，管理开放性实现过程中，必然要通过、必须要抓好"选择""消化""光合""同化"四个运行环节的机制。管理主体要根据管理客体的实际情况，依照自己的意图和目标，有目的有计划地打出去、拿过来。鲁迅在论及"拿来主义"时说，"他占有，挑选"，好比我们面前摆着鱼翅、鸦片和烟枪、烟灯等各式各样的东西，总之，"我们要拿来，又有辨别。"① 毛泽东明确提出"向外国学习"的口号，并规定对外开放的选择机制："我们的方针是，一切民族、一切国家的长处都要学，政治、经济、科学、技术、文学、艺术的一切真正好的东西都要学。但是，必须有分析有批判地学，不能盲目地学，不能一切照抄，机械搬运。他们的短处、缺点，当然不要学。"②

选择机制是说对开放的对象、内容有一个预先的选择，有一个事前的限制性决定。在正确思想指导下，对国内、国际的环境、条件、事项，同我们自己的对口系统进行比较研究，选取对我有益的，特别是对于社会主义主体发展有利的而不是相反的项目，并且还要考虑成本、技术、资金、质量等方面择优录取。这是开放工作的第一个步骤，它关系到开放是否对头，方向道路走正了没有，当然也是能否获取开放效益的前提条件。在此，要特别注意的是，如何把经济和政治、当前和长远的不同需求辩证地统一起来，千万不可见钱眼开、因小失大，甚至自相残杀、肥水外流。

消化机制是对开放获得的原材料加以分析解剖的过程。管理者要在开放的调查和实践的基础上，运用理性思维进行去粗取精、去伪存真、由表及里、由此达彼的研究分析、判断推理、决定取舍。例如，对电脑、网络等信息技术和产品及其相应的管理方法，要大胆引进、使用，并在实践过程中进一步考察它们的优劣之点，不断加以改进；同时，对于西方的科技至上思潮和价值暴发倾向，必须加以识别和清洗。对于纯粹技术因素还是容易看清的，而对社会制度因素就比较复杂，更须大胆开放、小心分辨。例如，所谓西方

---

① 《鲁迅论教育》，北京：教育科学出版社 1986 年版，第 130 页。
② 《毛泽东著作选读》上册，北京：人民出版社 1986 年版，第 740 页。

"现代企业制度"，对其中规定严格、职责分明、奖罚兑现、运行灵活、效益保障等社会化、科技化先进因素，应该毫无疑义地把它分解出来以备使用，而对于那些明显的资本家统治制度及其有损于社会主义主体经济发展的因素，必须加以剔除、排泄，不能开口闭口全盘"开放"、笼统"接轨"。

光合机制是借用植物光合作用的机制。植物的叶绿素吸收光能，把水和二氧化碳合成葡萄糖等有机物，放出氧气，同时把光能转变为化学能，储藏在有机物中。这是一个在消化分解基础上，对开放项目中的有用成分进行细加工和改造的过程，使开放所得有益成分转化为所用有效成分。例如，我国引进外国先进汽车生产线，并不是全部搬来就用的，而是根据中国路面、消费、零部件生产以及企业管理等情况，对相关部分的设计进行必要的对口调整，最后投入生产和管理的操作过程。

同化机制是在光合作用的基础上，生命体经过同化作用把从外界吸取的物质，经过复杂的变化，化合为自身的物质并贮存能量，同时经过异化作用把自身的物质加以分解，释放能量。这就是生物吐故纳新、新陈代谢、自强不息、主体发展的过程。例如，上述引进外国汽车生产线，在投产之后的实践中，不断发现问题、研究问题、解决问题，不断进行改进和创造，逐步做到一部分、大部分乃至全部国产化，同时逐步淘汰原有的产品、零部件及其生产工艺和管理方法，这样才能长时间地持续运行下去。引进外国的新鲜理论学说更是如此——现代西方社会理论有许多真知灼见，但不论是经济、文化、科技思想和著作，还是政治、教育、法律观念和成果，都要经过前几道工序之后，把其中的科学真理成分（基本内核或合理内核）吸收进来，同我党我国自己的具体特点相结合，并依此原则来批判、纠正教条主义和机会主义思潮与倾向，这样就会产生和形成适合我党我国的新的理论学说。

一个具体管理"系统既可看作是'封闭的'，又可看作是'开放的'"[1]。

---

[1] ［美］孔茨、奥唐奈、韦里克：《管理学》，北京：中国社会科学出版社1987版，第30页。

它是两者的有机结合和辩证统一的过程。唯物辩证法认为，内因是变化的根据，外因是变化的条件，外因通过内因而起作用，从而推动事物的运动和发展。

但是，在事物的发展过程中，尤其是管理实践中，无论人们自觉或不自觉，它的后果及其价值都不是唯一的，而是二重性的多元化的，这是应该引起我们重视的又一个管理的本质特性。

三、管理第三"二重性"

毛泽东说："我们必须学会全面地看问题，不但要看到事物的正面，也要看到它的反面。在一定的条件下，坏的东西可以引出好的结果，好的东西也可以引出坏的结果。"① 管理第三"二重性"，就是说管理实践的后果和效用具有正和负两种价值取向，即管理行为的本质具有积极性和消极性两种必然的可能性。霍金森在《领导哲学》一书中指出：管理"既可从善又可为恶的可能性"，如此令人惊奇，怪不得哲学对它一直保持沉默，其原因就在于此。②

管 理 积 极 性

管理的积极性，是说管理实践的"从善"行为及其效应具有进步、革命价值的必然可能性。它主要表现在以下几个方面：

首先，管理的"从善"行为能够自觉或不自觉地促进社会生产发展、经济繁荣。管理的本义就在于对有限的资源进行科学的分配，以达到最好的效益。任何社会制度的管理者都重视发展生产、繁荣经济，所不同的是他们的目的和道路不一样，当然所带来的直接或间接的效用也有差别。《共产党宣言》说："资产阶级在历史上曾起过非常革命的作用"，虽然它

---

① 《毛泽东著作选读》下册，北京：人民出版社 1986 年版，第 793 页。
② 霍金森：《领导哲学》，昆明：云南人民出版社 1987 年版，第 16 页。

用公开的、无耻的、直接的、露骨的剥削代替了由宗教幻想和政治幻想掩盖着的剥削，但在"资产阶级的经济统治和政治统治"下，通过各种技术革新、开发事项、完善管理、开拓市场等途径，在不到一百年的阶级统治中所创造的生产力，比过去一切世代创造的全部生产力还要多、还要大。20世纪的历史实践证明：由于无产阶级专政代替了封建资本主义统治，"用在高度技术基础上使社会主义生产不断增长和不断完善的办法，来保证最大限度地满足整个社会经常增长的物质和文化的需要"（斯大林），社会主义管理使经济飞速发展。苏联仅用了10多年时间，就从一个落后的农业国迅速发展成为世界上第二工业强国。第一次世界大战前，俄国全境的工业生产能力只相当于美国的12.5%，1929年苏联人均生产总值不到美国的1/11～1/10；而到1986年，苏联自己统计已达到美国的75%～80%。美国中央情报局则认为，苏联的工业生产能力只达到美国的65%，人均国民生产总值达美国的一半，可见这已经是个大跃进了。至于中国，美国《民族》周刊长文引用美国中央情报局的统计：从1952年到1978年，中国工业增长率年平均达到11.2%，增长速度比美国高3倍。到80年代，中国的国民生产总值增长1.36倍，年均增长率9%，增长速度比西方七国的平均数（年增长2.8%）高2.2倍。如果看工业增长率，中国更高，据联合国《统计月报》1990年8月号，公布了80年代各主要国家的工业增长指数，世界工业生产只增长27%，美国增长28%，日本增长42%，而中国增长2.04倍；苏联、民主德国的增长速度高于美、英、法、意和联邦德国，仅次于日本。综合起来，到1989年我国国民经济的增长速度，大致比美国高3倍，比印度高2倍，我们用40年时间，走完了西方资本主义国家120～150年的路程。这一切，充分显示了社会主义制度及其管理相较资本主义及其管理具有极大的优越性①。

　　管理是非常自觉的能动行为，所以管理的一般后果都是（计划决策）

---

① 喻权域：《论"三个时间差"——与两代人谈社会主义》，沈阳：辽宁人民出版社1993年版，第115、118—125页。

题中应有之义。但是，也有些管理实践的计划决策中本来没有估计到的良好收获。例如，"在农村改革中，我们完全没有预料到的最大的收获，就是乡镇企业发展起来了……这不是我们中央的功绩"①。从这里我们发现一种情况，就是尽管人们发挥了主观能动性，但是在管理实践中还是存在或多或少的盲点——出乎意料的额外效应——可能是收获，也可能是损失。

其次，管理的"从善"行为自觉或不自觉地完成社会拨乱反正、扶正祛邪。管理工作本身就是为了按照客观规律和人民意愿，对社会生产、生活、工作过程进行规范、协调和整顿的过程。没有规矩，不成方圆。资本主义企业为了获取最大利润，采取措施来激励职员和工人，调整与缓和劳资关系，以便调动大家的积极性。红军的"三大纪律、八项注意"，不仅是管理革命军队自身的行为规范，而且也是协调革命队伍中党军、军政、军民等方面关系的准则，达到官兵一致、军政一致、军民一致，"军民团结如一人，试看天下谁能敌"！我们在改革开放过程中制定一系列法律、法规，大抓社会治安，严打、整顿、综合治理，加强思想政治工作，本意就在于打击犯罪、纠正歪风，弘扬英模本色和社会主义正气，使社会环境井然有序，人民安居乐业，各项事业兴旺发达。

再次，管理的"从善"行为自觉或不自觉地推动社会文化灿烂、人才辈出。优秀的管理都是充分解放思想、发动群众、弘扬民主，在实现国家、社会和企业目标的过程中，不断开展观念更新、技术革命和制度创新，积累经验和知识，诞生一批又一批的文献，培育一批又一批的人才。中华民族历史悠久，源远流长，管理经验和学术非常丰富。三皇五帝、春秋战国、秦皇汉武、贞观之治、康乾盛世……《二十四史》《资治通鉴》……毛泽东曾指出："在中华民族的开化史上，有素称发达的农业和手工业，有许多伟大的思想家、科学家、发明家、政治家、军事家、文学

---

① 《邓小平文选》第 3 卷，北京：人民出版社 1993 年版，第 238 页。

家和艺术家，有丰富的文化典籍。"① 尤其是，到今天为止，我们可以自信地说，党政军民"不但锻炼出来了一条坚强的马克思主义的政治路线，而且锻炼出来了一条坚强的马克思主义的军事路线。我们不但会运用马克思主义去解决政治问题，而且会运用马克思主义去解决战争问题；不但造就了一大批会治党会治国的有力的骨干，而且造就了一大批会治军的有力的骨干。这是无数先烈的热血浇灌出来的革命的鲜花，不但是中国共产党和中国人民的光荣，而且是世界共产党和世界人民的光荣"②。这是管理积极性的光辉篇章。

我们在研讨了管理积极性——管理的"从善"行为及其正效应之后，发现了一种情况，就是尽管人们发挥了主观能动性，但是在管理实践中还是存在着或多或少的盲点，即出乎意料的额外效应——可能是收获，也可能是损失；可能出现良性循环，也可能是恶性循环。这就不能不唯物辩证地同时看到管理还有消极性的一面。

管 理 消 极 性

管理消极性，是说管理实践的"为恶"行为及其效应的消极、破坏价值的必然可能性。这也是管理实践行为及其效应的一种必然的可能性。因为，一切坏人坏事也是人的有意识、用智谋、耍计策的社会行为；此外，还有一些管理实践中的认识盲点——如"大跃进"中的好心办坏事等。常见的管理消极性大致有如下几种：

第一种，直接行为负效应。这是说，管理者策划计谋的行为标的本身就是落后、消极、反动、破坏性质的行为及其后果。例如，为掠夺而侵略，为赚钱而造假，为升官发财而欺上瞒下，为报复私仇而违法犯罪，为诈骗而宣扬迷信，为拉帮结派而阴谋诡计……这一类事情本身就是不正义

---

① 《毛泽东选集》第 2 卷，北京：人民出版社 1991 年版，第 622 页。
② 同上书，第 548 页。

的，是不正之风，是违纪犯规、违法犯罪、破坏党纪国法的行为。

第二种，对立行为负效应。这是说，管理行为中有对立、对抗、对干的举措及其后果所带来的消极性。例如，"两点论""两手抓"，有"相辅相成"和"相反相成"两种情况。"相辅相成"是对立面相帮相补的关系，是同一理念、同一目标的矛盾系统；这种系统也有两种效应——如果是积极的性质和效应（正确、进步、革命）系统，那么，就会愈论愈好、愈抓愈强，而如果是消极的性质和效应（错误、腐朽、反动）系统，那么，就会愈论愈坏、愈抓愈糟。而"相反相成"则对立面本身就是对抗性质、南辕北辙的关系，不是同一理念和目标的矛盾系统，而是对立、对抗的两类、两种、两点、两手的成分、属性、功能，主观地拼凑起来、折中地结合在一体，那么，愈论就必然愈正邪辨明、分道扬镳，愈抓就必然愈彼此消长、你死我活，不可能达到"两手抓两手都硬"的效果，必然是一手真一手假、一手硬一手软、一手强一手弱、一手实一手虚，甚至导致正不压邪、愈演愈烈、恶性循环。

第三种，循环行为负效应。《熵：一种新的世界观》中说："我们每天都发觉世界比前一天更加杂乱无章……当局日复一日救了燃眉之急，然而他们解决问题的方法又带来了比先前要解决的更重大的问题。"[①] 而且，如俄罗斯各地区一致认为，金融危机"再一次证明中央软弱无力，造成的问题要比解决的问题多"[②]。邓小平曾多次指出："在改革过程中，难免带来某些消极的东西"，"肯定会带来一些消极因素"，"开放必然进来许多乌七八糟的东西"，"风气如果坏下去，经济搞成功又有什么意义？""腐败现象很严重，这同不坚决反对资产阶级自由化有关。"[③]

可见，"重视管理""加强管理"并不能解决问题，问题在于分析管理的本质属性。

---

① ［美］里夫金、霍华德：《熵：一种新的世界观》，上海译文出版社 1987 年版，第 1 页。
② 俄罗斯《消息报》1998 年 6 月 2 日文章。
③《邓小平文选》第 3 卷，北京：人民出版社 1993 年版，第 142、90、182、154、325 页。

必要的分析

管理效用价值的积极性和消极性问题不是绝对的，而是辩证的，但又是有原则界限的。

第一，管理的积极性和消极性不是分离的，而是统一的。"世界上一切事物都是对立统一。所谓对立统一，就是不同性质的对立的东西的统一……社会上的事情也是这样。""社会上的事情总是对立统一的。社会主义社会也是对立统一的……基本原因就在于社会上仍然有各种对立的方面——正面和反面，仍然有对立的阶级，对立的人们，对立的意见。"① 管理"同世界上一切事物无不具有两重性（即对立统一规律）一样"②，不管哪个时代哪个地方的哪项管理行为，也无不具有两重性。例如，隋炀帝大开运河（通济渠、江南河），本意是要尽量消耗江南的财富，满足自己的淫侈生活；开永济渠是要对高丽进行侵略战争。"他伤害大量民命，罪恶极大。但运河修成后，南北交通有显著改善，对经济联系、政治统一都起着广泛的作用，从长远利益看来，当时人民所受伤害是取得了补偿的。"③《关于建国以来党的若干历史问题的决议》指出：我党领导新中国的社会主义革命和建设，32 年来我们取得的成就还是主要的，"我们的成就和成功经验是党和人民创造性地运用马克思列宁主义的结果，是社会主义制度优越性的表现，是全党和全国各族人民继续前进的基础"；同时，由于经验不多，党的领导对形势的分析和国情的认识有主观主义的偏差，"文革"前就有过把阶级斗争扩大化和经济建设上急躁冒进的错误，后来，又发生"文革"这样全局性、长时间的严重错误，这就使得我们没有取得本来应该取得的更大成就；而"坚持真理，修正错误"，这是我们党必须采取的辩证唯物主义的根本立场。可见，管理的两种本质属性，总

---

① 《毛泽东选集》第 5 卷，北京：人民出版社 1977 年版，第 319、320、351 页。
② 《毛泽东选集》第 4 卷，北京：人民出版社 1991 年版，第 1191、1192 页。
③ 范文澜：《中国通史简编》第三编第一册，北京：人民出版社 1965 年版，第 27 页。

是在一定的具体管理行为和后果中显示出正负价值的结合和统一。

第二，"中国的东西也好，外国的东西也好，都是可以分析的，有好的，有不好的。每个部门的工作也是一样，有成绩，有缺点。我们每个人也是如此，总是有两点，有优点，有缺点，不是只有一点。一点论是从古以来就有的，两点论也是从古以来就有的。"① 因此，我们对问题要作全面的分析，才能解决得妥当。进还是退，上马还是下马，都要按照辩证法。

第三，"成绩有两重性，错误也有两重性。成绩能鼓励人，同时会使人骄傲；错误使人倒霉，使人着急，是个敌人，同时也是我们很好的教员。""坏事有两重性，一重是坏，一重是好……坏事里头包含着好的因素……坏人坏事一方面是坏，另一方面有好的作用。比如，像王明这样的坏人，就起着反面教员的好作用。同样，好事里头也包含着坏的因素。比如，解放以后七年来的大胜利，特别是去年这一年的大胜利，使有些同志脑筋膨胀"；坏事"所谓'失败是成功之母'。凡是失败的事，倒霉的事，错误，在一定的条件下，会产生好的结果……我们就要从这些事情中得到教育。这类事情是题中应有之义，永远也会有的"。"坏事有个教育作用，有个借鉴作用。"②

第四，"统一物的两个互相对立互相斗争的侧面，总有个主，有个次"③。比如，中华人民共和国成立以来的成就是主要的，错误是次要的，"建国头七年的成绩是大家一致公认的"，"'文化大革命'前十年，应当肯定，总的是好的，基本上是在健康的道路上发展的"；"'文化大革命'同以前十七年中的错误相比，是严重的、全局性的错误"。④ 不分主次，相互折中，就把握不了管理的本质。

---

① 《毛泽东选集》第 5 卷，北京：人民出版社 1977 年版，第 320 页。
② 同上书，第 315、355、356、318、299 页。
③ 同上书，第 350 页。
④ 《邓小平文选》第 2 卷，北京：人民出版社 1994 年版，第 302 页。

第五，不同条件下主导价值是不同的，关键在于方向路线要端正。毛泽东说过："思想上政治上的路线正确与否是决定一切的。"我党我国曾总结了深刻的经验教训："四十年来的成就，是在我们党的正确领导下，依靠全国人民的努力取得的。错误和挫折的发生，问题也往往主要出在党内。党的状况如何，对于国家和民族的命运具有决定的意义。"① 要能保持管理的积极性，避免管理的消极性，最主要的是管理的核心力量本身的思想和作风坚强、端正，才有优良的管理效应及其价值。

第六，"事情的发展，无非是好坏两种可能。无论对国际问题，对国内问题，都要估计到两种可能……要放在最坏的基础上来设想……'七大'的时候，我讲了要估计到十七条困难，其中包括赤地千里，大灾荒，没有饭吃，所有县城都丢掉。我们作了这样充分的估计，所以始终处于主动地位。现在我们得了天下，还是要从最坏的可能来设想。""总是要估计到有两种可能性。除了好的可能性，还有一种坏的可能性。""从最坏的可能性着想，总不吃亏。不论任何工作，我们都要从最坏的可能性来想，来部署。无非是这些坏得不得了的事……而且不只一个，而是十个，一百个。尽管那么多，我们都先准备好了，就不怕了……我们都估计到了。"② 所谓"都估计到了""都先准备好了"，不是消极地干瞪眼、等着瞧，而是不仅积极"着想"，更是积极"部署"——物质的、精神的、组织的各种必要条件，只有这样，才能立于不败，扬长避短，防止或减少负效应。

对于以上管理的三对本质属性，需要全面地辩证地正确理解，而且只有在管理实践中经过矛盾及其机制充分实现后，才能完全实现管理的价值。

四、管理本质的实现

管理本质的实现，是指如何通过管理行为和机制，把管理的本质正确

① 江泽民：国庆 40 周年讲话。
② 《毛泽东选集》第 5 卷，北京：人民出版社 1977 年版，第 352、353、153 页。

地体现出来。这就要研究管理本质的固有矛盾、管理本质的主要倾向和管理本质的总体机制。

固 有 矛 盾

"唯物辩证法的宇宙观主张从事物的内部、从一事物对他事物的关系去研究事物的发展……事物发展的根本原因，不是在事物的外部而是在事物的内部，在于事物内部的矛盾性。任何事物内部都有这种矛盾性，因此引起了事物的运动和发展。"[①] 管理的运行和发展，就是管理本质所规定的固有属性，即第一"二重性"和第二"二重性"之间的内在矛盾性辩证运动的结果。

管理第一"二重性"反映了管理的社会历史本质，是普遍性、共同性与特殊性、差别性之间的矛盾性。它们两者有明确的不同含义，有原则区别，不可含混；但是，两者又是紧密联系、不可分割的。每一种具体管理总是处在一定的历史阶段和社会制度下，不同的管理显然具有特殊性和差别性，但是，这种特殊性、差别性之中，又包含了普遍性和共同性，个性中包含共性，共性寓于个性之中。当我们着眼于管理的普遍性和共同性时，不能忘记它不是一般的抽象物，而是依附于具体条件下的管理特殊性和差别性的；当我们着眼于管理的特殊性和差别性时，不能忘记它不是孤立的个别体，而是联结着人类活动中的管理普遍性和共同性的。但要明确，我们是立足在具体的社会历史条件下，而不是悬在抽象的人类真空里，是以管理特殊性和差别性为前提，才发生两者的矛盾，才去找管理的普遍性和共同性的。例如，列宁对待泰勒制的态度，认为它"有两个方面：一方面是资产阶级剥削的最巧妙的残酷手段，另一方面是一系列最丰富的科学成就"。列宁立足于苏维埃共和国的立场上，提出"社会主义实现得如何，取决于我们苏维埃政权和苏维埃管理机构同资本主义最新的进

---

①《毛泽东著作选读》上册，北京：人民出版社 1986 年版，第 139、140 页。

步的东西结合的好坏"①。这样，从矛盾双方的总体上全面正确地看待管理，才能避免主观性、片面性和表面性、盲目性，才能真正把握管理的内在社会本性。

管理第二"二重性"反映了管理具体发展规律，是封闭性与开放性之间的矛盾性。它们两者是管理具体系统内部和外部的两种关系、两个侧面，不是同一的东西。封闭性是内部矛盾性，开放性是外部矛盾性；但是，两者是互相联结、互相渗透的，封闭性中有开放性，否则，孤立无援，无以从外部吸取养料来完善自己；开放性中也有封闭性，否则，单纯开放，不能达到以外辅内之目的。必须明确，两者矛盾和结合的基点，在内部封闭性而不在外部开放性，否则，管理不能正常运转，形不成良性循环，一切就都是空谈了。例如，毛泽东对待马列主义外来文化的态度，他认为马列主义来到中国之所以发生这样大的作用，是因为中国的社会条件有了这种需要，是因为同中国人民的革命实践发生了联系，是因为被中国人民掌握了。"任何思想，如果不和客观的实际的事物相联系，如果没有客观存在的需要，如果不为人民群众所掌握，即使是最好的东西，即使是马克思列宁主义，也是不起作用的。"② 这样，才能立牢管理运行的根基，推动管理的优化发展。

管理第三"二重性"反映了管理的效应价值，是积极性与消极性之间的矛盾性。它们两者是对立的两个侧面，有着相反的含义。积极性说的是正面效应及其价值，而消极性则说的是负面效应及其价值；但，两者是辩证统一的而非各自孤立的，两者是相对的而非绝对的，是相互渗透的，即积极性亦包含着消极性，消极性亦包含着积极性。在一般情况下，管理的积极性是管理本身自觉追求的价值目的，没有人是要有意搞负面效应的。但是，这个问题关系到价值观，由于社会人群的复杂性，不同阶级、阶

---

① 《列宁选集》第 3 卷，北京：人民出版社 1972 年版，第 511 页。
② 《毛泽东选集》第 4 卷，北京：人民出版社 1991 年版，第 1515 页。

层、集团、派别，有不同的利益和思潮，当然也就对管理的效应和价值有不同的看法和态度。例如，资产者和剥削者认为好的理论、体制、举措及其效果是有价值的，而无产者和劳动者则不一定会认同；投机者、造假者、暴发者所追求的效益价值愈大，那么，对消费者、忠实者、勤奋者来说必然就是受苦甚至灾难。因此，管理者，尤其是高层决策者、谋划者、理论者，如何站在革命者、劳动者、创造者的立场上，唯物辩证地全面正确对待管理的积极性和消极性问题，事关管理的根本目的和方向，切切不可等闲视之。

管理的本质决定了管理的运行和发展，就是第一"二重性"和第三"二重性"的有机结合和辩证统一的运动过程。这三对矛盾以及各个方面的复杂交叉和渗透，勾画出管理动态系统的总体图案和本质表象，不然，唯心主义、形而上学看待管理及其本质，就会发生各种错误倾向。

主 要 倾 向

在管理本质问题上，由于不能全面正确认识和把握管理的固有矛盾性及其总体，往往表现出以下三种错误倾向。

(1) 关门排外和崇洋媚外。在对待外来文化的态度上，特别是对待西方管理经验和管理科学的态度上，明显存在这样两种偏向。一种是片面强调管理的特殊性和差别性，产生关门排外；另一种是片面强调管理的普遍性和共同性，产生崇洋媚外。

(2) 崇古非今和虚无主义。在对待民族传统问题上，有一种脱离和歪曲管理二重性的倾向，把几千年来的文化主要是封建社会的文化，不作具体分析而一概说成"国粹"，不是引导人们向前看，而是老是向后看。与此相反的，是把我国民族文化说得一塌糊涂，一无是处，一言以蔽之："落后""保守"，对我国光辉灿烂的科学文化和管理经验也一概加以否定，这是历史虚无主义。

(3) "凡是既定"和"彻底否定"。在对待我们党领导的无产阶级革命和社会主义建设的经验教训问题上，"左"倾教条主义用肯定一切的观点看待，凡是党的领导人说过的和做过的一切都得肯定，都是正确的，都不能动。"凡是既定"就是用肯定一切的办法，继续维护实践证明是错误的东西。另一方面，右倾自由主义则用否定一切的方法对待经验教训，借口否定极"左"，乘机彻底否定四项基本原则，鼓吹资产阶级自由化，实行一切西方化、一切商品化、一切私有化、一切自由化。"彻底否定"不符合辩证否定的规律，也是形而上学的方法，会干扰和搞乱社会主义四化建设和改革开放的步伐。

总 体 机 制

管理本质的实现，是通过管理的实践和认识活动来完成的。社会主义管理改革与建设，是社会主义管理制度的自我完善和发展，是社会主义管理主体的辩证发展过程。社会主义管理本质的实现，从总体上看，主要机制有三个。

（1）传统分析机制。传统是历史传承下来的思想、文化、习俗、制度等积淀物的总称。管理作为一种社会现象，有自己特有的传统。管理传统的形成是由管理的内在本质决定的，同时也受历史条件、社会环境、民族特点等客观因素的影响。马克思主义对传统的态度，历来采取批判地继承的方针。在社会主义改革开放过程中，对待社会主义管理传统，要少些形而上学的历史反思，多些唯物辩证的科学分析，认真区别三个层次：一是基本点，即对于社会主义管理传统中的基质和主体，必须坚持和发扬，如社会主义公有制、按劳分配、为人民服务、民主集中制、实事求是、群众路线、独立自主、党的领导、艰苦奋斗等；二是过时点，即曾在某些具体条件下和范围内适用和正确的政策、制度、理论、办法，随着形势和任务的变化而已经过时了的东西，要加以改变，如战争年代需要一元化领导，而经济建设时期就要用坚持四项基本原则前提下的行政首长负责制、智囊团等来代替和补充等；三是错误点，就是本来就不符合社会主义管理的基本原则，不符合民族国情的具体特点的，某些人为的附加的东西，应该废止、改正，如在社会主义改造基本完成之后继续执行阶级斗争"为纲"，搞阶级斗争绝对化、扩大化、庸俗化、白热化，把有利于搞活经济、发展生产的个体经济、家庭副业、自由市场等，一概作为资本主义尾巴加以割去等。总之，只有对社会主义管理传统进行这样的科学分析，才能对坚持什么、保留什么、改革什么、克服什么作出正确的结论。

（2）中外比较机制。实现社会主义现代化管理的建设和改革，必须实行对外开放，学习、借鉴外国的先进的发达的管理经验和管理科学。但是，这种开放、学习、借鉴，绝不是照搬照抄，而是从我国的实际出发，在进行比较研究的基础上，实行唯物辩证的拿来主义。例如，西方国家重视计划和市场相结合，经济手段、法律手段和行政手段相结合，企业管理中重视人的因素、人的作用、人的需要、人的价值等等，我们可以引进来结合我们的实际加以运用；对于权变理论、风险经营、权力制约等等，我们要吸取其辩证的、积极的因素，不能全部照搬；某些落后、腐朽、消极的东西，则必须加以抵制和批判。

（3）主体发展机制。社会主义现代化改革和建设，是社会主义主体的自我健全、完善和发展。社会主义的主体发展包括两个方面：一是社会主义主体自身的完善和发展，即社会主义物质文明和精神文明、经济制度和政治制度、文化设施和意识形态，要进一步实现工业化、社会化、科学化、民主化；二是适应社会主义现代化的实际需要，在社会主义主体经济、政治、文化的主导下，允许多种成分、多种形式的有利、有益、有度的存在和发展，提高文明化、多样化、国际化、现代化的程度，以马列主义、毛泽东思想为指导，在中国共产党领导下，建设中国特色社会主义，实现社会主义现代化。

管理本质实现的总体机制，只是提出一个大概的方向，要真正实现管理的本质，还必须通过管理动态系统的全面展开来完成。

第六章　管理系统论

　　管理及其本质，是通过管理系统及其活动来实现的。在本章中，我们将从系统的总体出发，分解系统的各个部分，然后综合起来，又归结于总体系统。

一、管理总体系统

　　管理总体系统，是指管理过程是一个多方面、多因素、多层次、多阶段的矛盾统一体。管理系统是事物系统在管理领域的特殊表现和具体形态。所以，要了解管理系统的特点，还得从一般系统原理说起。

一般系统原理

　　韦伯斯特词典解释，"系统"（system）是"有组织的和被组织化的全体"，"以规则的相互作用又相互依存的形式结合着的对象的集合"。这种以网络立体为特征的事物形态和思维方式，自古以来就存在并发展着。

　　古希腊朴素自发辩证法奠基人赫拉克利特（约前 530—前

470）在《论自然界》一书中说过，"世界是包括一切的整体"。朴素唯物主义原子论的创始人德谟克利特（约前460—前370），在其一本没有流传下来的著作《宇宙大系统》中，最早采用了"系统"一词。亚里士多德（前384—前322）被马克思和恩格斯称为"古代最伟大的思想家""最博学的人"，其"论点'整体大于它的各部分的总和'是基本的系统问题的一种表述，至今仍然正确"①。

在我国古代文化典籍中，早就有关于系统观念和方法的记载。《易经》《洪范》《老子》等书中"阴阳""五行""八卦"矛盾运行衍生万物的学说；《荀子·天论》、周敦颐的《太极图》、邵雍的《先天图》等，提出了解释宇宙发生发展的系统模型；《黄帝内经》等医典，对人体生理解剖问题作出了辩证整体的见解。公元前250年秦国蜀郡太守李冰父子主持修建的都江堰，由"鱼嘴""飞沙堰""宝瓶口"三大主项和120个附属渠堰，构成相互关联、制约、调节的有机整体，是集灌溉、防洪、航运等多功能、多效益于一体的水利枢纽工程。南宋沈括的《梦溪笔谈》中记载了丁谓重建皇宫的作业方案：把挖沟（取土备料）—引水（运入建材）—填沟（处理垃圾、修复大道）三个阶段，互相紧扣衔接起来，结果"一举三役济"，"省费以亿万计"等等。

恩格斯说："在这里辩证的思维还以天然的纯朴的形式出现……在希腊人那里——正因为他们还没有进步到对自然界的解剖、分析——自然界还被当作一个整体而从总的方面来观察。自然现象的总联系还没有在细节方面得到证明，这种联系对希腊人来说是直接的直观的结果。"②

建立在实验基础上的近代科技的发展，对自然现象分门别类的部分和细节认识深化了，但对总的联系反而被割裂而模糊了。当新的科学研究，"首先是三大发现使我们对自然过程的相互联系的认识大踏步地前进了"，

---

① 贝塔朗菲：《普通系统论的历史和现状》，见《科学学译文集》，北京：科学出版社1980年版，第305、306页。
②《马克思恩格斯选集》第3卷，北京：人民出版社1972年版，第468页。

"即可以过渡到系统地研究这些事物在自然界本身中所发生的变化的时候，在哲学领域内也就响起了旧形而上学的丧钟"①。马克思和恩格斯总结了科技发展的成果，批判地继承和改造了德国古典哲学，于19世纪中叶创立了唯物辩证法，并明确提出了唯物辩证的系统观："我们所面对着的整个自然界形成一个体系，即各种物体的相互联系的总体……这些物体是互相联系的，这就是说，它们是互相作用着的，并且正是这种相互作用构成了运动。"② "世界不是一成不变的事物的集合体，而是过程的集合体。"③ "人的本质并不是单个人所固有的抽象物。在其现实性上，它是一切社会关系的总和。"④ 他们用唯物辩证法研究了人类社会形态，特别是详尽地解剖了资本主义社会的系统过程，也研究了自然系统和思维系统的辩证规律，按照系统方法，"思维既把相互联系的要素联合为一个统一体，同样也把意识的对象分解为它们的要素。没有分析就没有综合。"⑤

马克思主义辩证法为现代科技所证实，并进一步向广度和深度发展。现代系统论的著名学者，美籍奥地利生物学家贝塔朗菲在论述系统概念的发展时，曾多次提到马克思这一光辉的名字。20世纪人类跨入了系统科学的时代。20年代贝塔朗菲创立机体论生物学，后来到1937年芝加哥大学的哲学研究班上，首先提出了一般系统论，1945年3—4月在《德国哲学周刊》第18期上发表了《关于普通系统论》，提出了"存在着适于综合系统或子系统的模式、原则和规律"，"确立适用于'系统'的一般原则"，"它将比各专门科学具有更高的普遍性"。1968年3月，他又在加拿大埃德蒙顿·亚尔塔特大学出版《普通系统论的基础、发展及其应用》一书，1972年又发表了《一般系统论的历史和现状》，为系统科学奋斗了一生，是年告别了人世。20世纪30年代巴纳德的组织经营学和贝尔纳的科学

①《马克思恩格斯选集》第4卷，北京：人民出版社1972年版，第241页。
②《马克思恩格斯选集》第3卷，北京：人民出版社1972年版，第492页。
③《马克思恩格斯选集》第4卷，北京：人民出版社1972年版，第240页。
④《马克思恩格斯选集》第1卷，北京：人民出版社1972年版，第18页。
⑤《马克思恩格斯选集》第3卷，北京：人民出版社1972年版，第81页。

学，40 年代美国贝尔电话公司和丹麦哥本哈根电话公司采用的系统工程学，美国兰德公司的系统分析法，以及维纳的控制论，申农和维沃尔的信息论，诺依曼和摩根斯坦的对策论，普利高津的耗散结构理论，哈肯的协同学，福瑞斯特和米都斯的系统动力学等等，标志着系统科学发展的主要阶梯。

中国科学家对系统科学的研究和应用，作出了重大贡献。我国科学组织管理工作的先行者、著名数学大师华罗庚教授在 20 世纪 60 年代初期就对"统筹方法"进行了系统研究，并在大庆油田、黑龙江省林业战线、山西省口泉车站、太原铁路局、太钢，以及一些省市的农业生产中推广应用，取得良好效果。70 年代中期，中国武汉数字工程研究所数理系统科学研究室研究员、世界一般系统与控制组织理事吴学谋创立了泛系理论，源出于中国古代哲学的现代研究与新的数学概括，同西方学者的系统理论与方法相比有很大的特色。它着重研究事物机理中广义的系统、转化与对称，特别是研究泛对称或泛系关系（一些广义的关系及其内外转化：宏微、动静、局整、形影、因果、观控、串并、模拟、集散、异同、主次、生克），有关的相对普适的一些数学结构，正在朝泛系逻辑、泛系网络分析、泛系识别理论、大系统泛系运筹学以及生态学、医学与诊断学的泛系元理论等专业性研究的方向发展，得到了许多数学性新成果，包括 750 个以上的新的数学定理，而且更具有方法论的普适性。1982 年，华中工学院著名学者邓聚龙教授首创灰色系统理论，从西方系统控制的黑箱、灰箱学说而来，又一改它们的缺陷，"灰色系统则主张打破'箱'的约束，主张着重事物内部（结构、参数、总的特征）研究，尽量发挥现有白信息的作用"，是既含有已知信息又含有未知的或非确知信息的系统，研究成果已在农业及其他方面初步应用，比如：1982 年湖南双峰的区划，镗床控制系统动态分析，陕西农科院棉花害虫的生物防治灰色模型，河南人民胜利渠的灌溉决策，我国粮食长期预测模型，河南灰色气象预报等。1985 年 2 月，国防工业出版社出版了《灰色系统（社会·经济）》一书，得到国内外政界、学界的推崇和支持。饮誉世界的工程控制论著名专家钱学森教授，为推动社会主义现代化事业，一直带头研讨和阐发系统科学及其在我国的应用，十分强调系统管理的总体职能。1979年他提出建立国民经济总体设计部的建议，1989年他又提出了社会主义文明建设的总体设计部体系的建议，他在《组织管理的技术——系统工程》一文中指出，"系统工程"是组织管理"系统"的规划、研究、制造、试验和使用的科学方法，是一种对所有"系统"都具有普遍意义的科学方法[①]。

管理系统特点

唯物辩证法和现代系统论认为，事物系统是具有一定的结构和功能的矛盾统一体。管理系统是一般系统在管理领域的特殊表现和具体形态，它有事物系统的普遍共性，又有管理系统的显著特点。

管理是社会现象，属于社会系统。最早从系统的角度来看管理的人，是美国新泽西州贝尔电话公司的总经理切斯特·巴纳德（1886—1961），1938年他写了一本《管理人员的职能》，1948年又发表了《组织和管理》，他认为：由于个人受生理条件的限制，为了达到某些目的，必须与他人协作，这种协作行为导致协作系统的建立；组织就是协作系统的核心部分，主管人员要同他经营的包括物理的、生物的、社会的、心理的要素在内的整个系统打交道。

任何一个有组织的管理单位，不论是家庭、大学还是政府、企业，公司、部门、处室、店、社、作业组、司令部等，都是一个系统。管理系统的具体单位怎样划分，边界何在呢？哈罗德·孔茨与西里尔·奥唐奈、海因茨·韦里克合作的名著《管理学》认为："我们应围绕主管人员的工作确定我们系统的主要界限。"还写道："把任何一个研究领域或任何一个问题当作系统来探讨的优点在于，它能使我们看到一些重要的可变因素和限

[①]《文汇报》1978年9月27日。

定条件以及它们彼此间相互作用。它促使管理学者和实业家经常了解到，在探讨单一的要素、现象或问题时不应当不看到它与其他要素相互作用的后果。"①

管理系统主要是由人群组成的人与事物系统，所以是有机组织系统，它有以下四个不同于一般系统的优点和长处。

1. 综合总体性

任何事物系统都是矛盾统一的整体。管理系统的整体同矛盾构成方面、因素、部分不可分离，在量上等于部分的总和，而在质上又不同于各个部分的机械相加之和，都具有新的特性和功能，产生新的力量的放大与升华——或正或负两个方向和两种结果的总体。例如，1＋1＋1＝3，但组成具体系统后，就发生性质和功能上的新变化，"三个臭皮匠，赛过诸葛亮"，总体就大于总和，而"三个和尚没水吃"，则是总体小于总和了。

这里，我们强调一下"总体"概念，这个"总"字里面大有文章，有大文章。一般习惯，包括许多文献提法，总体＝整体＝全部＝总和，如统计总体等，其实，这种解释是不正确、不恰当的，因为这不是辩证的系统观念，还是机械的算术观念。我们说，总体和整体是既有联系又有区别的。马克思说："一个骑兵连的进攻力量或一个步兵团的抵抗力量，与单个骑兵分散展开的进攻力量的总和或单个步兵分散展开的抵抗力量的总和有本质的差别，同样，单个劳动者的力量的机械总和，与许多人手同时共同完成同一不可分割的操作（例如举重、转绞车、清除道路上的障碍物等）所发挥的社会力量有本质的差别。在这里，结合劳动的效果要么是个人劳动根本不可能达到的，要么只能在长得多的时间内，或者只能在很小的规模上达到。这里的问题不仅是通过协作提高了个人生产力，而且创造了一种生产力，这种生产力本身必然是集体力。"是"由于许多力量融合

① ［美］孔茨、奥唐奈、韦里克：《管理学》，北京：中国社会科学出版社 1987 年版，第 34、35 页。

为一个总的力量而产生的新力量"①。所以，第一，整体＝总和，而总体≠总和。总体是在总和的整体基础上，又产生的新质和新力。如"社会群体"当然是个体的总和，但它又恰好具有不能归因于个体及其总和的总体性质；又如"国民生产总值"不是劳动成员产量之总和；"社会历史"也不只是其成员传记的堆砌。所以，总体≠整体，总体＝整体之和＋新力量。第二，整体、总和是数量集合、机械相加的表现和结果，而总体显然要以总和的整体为前提，但并非仅是数量集合、机械相加可得，必须是为着一定的目标、按照一定的规则组织化、系统化运动的结果。第三，总体不是整体、全部，而是在矛盾的"联结上"、系统的全局上的那个包括整体又超出整体的部分、因素，比如运行着的火车系统的车头，一个国家机器或政府系统的首脑机关等等。总之，按照辩证法、系统论的观点来看，总体是具体的，"因为它是许多规定的综合，因而是多样性的统一"②。这也就是毛泽东在《矛盾论》中多处提到的"在其相互联结上""在其总体上"的总体。

马克思说，管理就是执行总体职能。管理系统不同于一般其他系统，而是一个人为的事物系统，管理系统的总体更具有非现成性，需要管理者在多方面、多因素、多层次、多阶段的复杂多变的矛盾系统中，在整体总和前提下分析各种子系统，并更要将系统的矛盾综合起来，"在其总体上、在其相互联结上"，揭示和把握整体面貌和全局规律。这里，综合功夫是个关键。辩证的综合并不是一切都兼容并蓄，而是去粗取精、去伪存真、由表及里、由此达彼，在联结的总体上综合起来。这种综合，是人类理性的逻辑思维，对管理各种子系统及其本质和规律的创造性再现。经过辩证综合的总体，不是凑合的总和，不是现成的整体，而是既同整体区别又同整体不可分离，在总和的整体基础上，为着特定目标，按照一定原则、规

---

①《马克思恩格斯全集》第 23 卷，北京：人民出版社 1972 年版，第 362 页。
②《马克思恩格斯全集》第 46 卷〔上〕，北京：人民出版社 1979 年版，第 38 页。

范、程序产生出来的新的更高级的性能和力量，并且是代表和领导总和的整体之全局因素，比如总统、总理、总书记、总经理、总司令、总参谋长、总委员会等等。其实管理者不论职位高低、权力大小，共同的本质在于都是管总体事务的，犹如打仗一样，指挥员的主要任务是依据情况，照顾部队和兵团的组成问题，照顾两个战役之间的关系问题，照顾各个作战阶段之间的关系问题，照顾我方全部活动和敌方全部活动之间的关系问题，这些客体和主体系统（和它们的活动）之间的关系问题，就是总体任务、全局使命。"任何一级的首长，应当把自己注意的重心，放在那些对于他所指挥的全局说来最重要最有决定意义的问题或动作上，而不应当放在其他的问题或动作上"[①]。如果丢了这个总体使命去忙一些次要的任务，那就难免要失职了。

2. 可调序列性

事物系统的共同特征在于，它由子系统组成，同时它又隶属于一个更大的系统。等级分层不是人类组织所独有的特点，实际上，从宏观到微观，从无机界到有机界，全部复杂系统都是普遍存在的。系统的本质和属性何以不同？区别在于有不同的结构，因而功能各异。如子系统及各因素的排列组合方式不同，系统的性能就显出差别来了。拳头之所以有力量，是因为手指与手指、手指与手掌之间具有合理的配合；双眼所以比两只单眼有高得多的视敏度，取决于两眼之间的相对位置；串联结构的系统只要有一个元件失效，整个系统就无效，而并联结构不同，即使有若干元件失效，也可能并不影响整个系统正常运行。系统及其活动都具有一定的层次和程序，高级程序控制、支配低级程序。"事有先后，物有本末"，人类组织和一切系统在这点上都是相同的。

管理系统同一般事物系统的区别点，在于可以人为调节，即在保持系统相对稳定状态或变动过程中，系统的结构和功能，包括它的层次和程

---

①《毛泽东选集》第 1 卷，北京：人民出版社 1991 年版，第 176 页。

序，人们都可以进行调整、修改、补充，这就是可调序列性。例如，军事行动中先锋和后卫的地位和作用，可视具体情况而变动，即先头部队可以变成后卫，后卫部队可以改为先锋；日常生活管理中，泡茶待客，总得先烧开水，然后拿杯子、倒茶叶，最后冲茶，如果已有开水的情况下，找到茶叶就成关键步骤了；大工程管理，一般必须经过勘察调查、设计方案、采购设备、组织施工、检查验收等相互联结、渗透又依次先后顺序进行的阶段，但在具体情况变化时，管理的体制和步骤可快、可慢、可大、可小，可以交叉也可以把某些工作提前或推后。管理系统这种序列性的可调性，原因在于管理系统及其活动本身乃是人为设计的系统和人群自身的活动。其他非人为系统的序列性，在系统稳态情况下，一般是确定不变的，不能随意调节，即便是能够模拟人工智能的电脑，它的程序也是人给定的，除非硬件或软件另外改变其结构和程序，系统的序列性才会改变。

管理系统的可调序列性，使我们懂得：管理工作必须按照一定层次和程序的逻辑办事，不能任意颠倒和混淆，也就是说，只能遵循，不得违反；同时，人为的管理系统可以由人进行调节和修改，问题是要看具体条件的情况来进行塑造。正如赫伯特·A. 西蒙所说："不同的决策要由不同的组织级位来制定，而制定某类决策的最佳组织级位又会随着环境的改变而改变。"①

3. 自觉目的性

凡事物系统都具有普遍的本性——自己运动的导向性，朝着一定目标方向发展。现代系统论、控制论、信息论认为，事物系统由于内部和外部矛盾运动变化，活动结果达到一定量的信息反馈回到系统运动的输入原因一端，使系统运行稳定地向一定目标前进，好像人们的目的性行为一样，这就突破了生命与非生命的界限，把目的性行为的概念赋予了非生命的机

---

① ［美］西蒙：《管理决策新科学》，北京：中国社会科学出版社1982年版，第101页。

器系统。

但是，不同系统的目的性行为有其不同的性质。无机界的机械运动，不论自在自然（例如天体）还是人化自然（例如机器、设施），其导向运行都是自发进行的。生存竞争达到生态平衡，虽然有动物意识参与，但还是一种本能的行为。只有人类社会的系统，才是真正有意识的行为。尤其是管理系统，完全是管理主体根据管理客体的情况所作出的反映，是高度有计划、有组织的目的性行为。管理就是为一定绩效目标自觉奋斗的过程；可以这样说，没有自觉的目标行为，也就失去任何管理的意义。一个管理系统，都有一个整体系统的总体目标，它像一个小太阳那样，照耀子系统的各个角落，指引人们为共同理想去奋斗。

4. 积极平衡性

现代大系统理论认为，一个系统的矛盾运动朝着一个目标导向前进，但总是受到内部和外部各种因素的刺激干扰，其结果是不可能完全达到理想状态的，必然发生目标差。克劳修斯的热力学第二定律告诉我们：任何自发过程总是朝着使体系越来越混乱、越来越无序的方向变化，熵不断增加。19 世纪末和 20 世纪初，法国生理学家贝纳德发现，"一切生命机制不管它们怎样变化，只有一个目的，即在内环境中保持生活条件的稳定"，即使在外界发生改变时，生命体内组织液、血浆、淋巴，能够保持不变，故"内环境的稳定性乃是自由和独立生命的条件"。到 20 世纪 30 年代，美国生理学家坎农进一步发现：有机体是在活动的磨损和裂解中不断地解体，并且又借修复作用不断地重建，这种内稳态还适用于一切组织系统。他说："生物机体还提示，稳定的破坏有其早期征候……这种警告信号在社会机体中还几乎不为人们所知，如果有一天人们能发现这些信号并证明它们的真正意义，那将是对社会科学具有头等重要性的贡献。"[①] 1977 年，诺贝尔奖获得者、布鲁塞尔学派的带头人伊·普里戈金及其同事们，把生

[①]〔美〕坎农：《躯体的智慧》，转引自金观涛：《整体的哲学》，成都：四川人民出版社 1987 年版，第 7—10 页。

物学和物理学、自然科学和人文科学、必然性和偶然性，甚至把昆虫学和文艺评论等领域的研究都重新装在一起，提出了耗散结构理论：非平衡（即物质和能量的流）可能成为有序的源泉；在远离平衡的开放系统中，熵愈趋增大，但由于同外界不断交流物质、能量、信息，通过系统内外和内部各因素之间的相互作用——涨落，——必自发地自组织地达到新的有序稳定结构。[①]

关于人类社会系统的运动，虽然是人们自己有意识的活动，但也有其同自然过程一样的客观规律。恩格斯说，社会的发展是经济、政治、文化"这一切因素间的交互作用"，历史事变"是从许多单个的意志的相互冲突中产生出来的"，"有无数互相交错的力量，有无数个力的平行四边形，而由此就产生出一个总的结果"，"这个结果又可以看作一个作为整体的、不自觉地和不自主地起着作用的力量的产物"，"各个人的意志……虽然都达不到自己的愿望，而是融合为一个总的平均数，一个总的合力，然而……每个意志都对合力有所贡献，因而是包括在这个合力里面的。""所以以往的历史总是像一种自然过程一样地进行而且实质上也是服从于同一运动规律的"[②]。

社会组织的管理系统，无疑具有一切系统的普遍矛盾性，既具有对立面的斗争性，又具有对立于对立面的同一性，矛盾的统一体在一定条件下就要破裂，矛盾就发生性质和作用的转化而变成新的统一体。那么，管理系统有什么特点呢？是积极平衡性，就是意在"主管人员的任务是要去协调这些彼此矛盾的需要和目标"，"把这些不同的合理要求结合起来"[③]。这就是说，管理系统的平衡和稳定，不是等着它们自发自来，而是管理者自觉贯彻管理总体目标，主动协调系统的各种矛盾的积极行为。否则，不

① ［比］普里戈金、［法］斯唐热：《从混沌到有序：人与自然的新对话》前言、序，上海：上海译文出版社 1987 年版。
② 《马克思恩格斯选集》第 4 卷，北京：人民出版社 1972 年版，第 477、478、479 页。
③ ［美］孔茨、奥唐奈、韦里克：《管理学》，北京：中国社会科学出版社 1987 年版，第 36、37 页。

去积极调节和创造平衡，系统会长期失衡甚至走向混沌，管理必将付出更大的损失和代价。

管理系统结构

管理总体系统，是由特定主导因素支配的色括各方面、各层次、各阶段的矛盾统一整体。管理总体系统的结构，同一切系统一样，首先都是由各种子系统组合而成的整体；其次，这个整体不是简单的总和，而是有机地结合，在这个结合点上，还有产生于整体总和的总体——新的起支配作用的主导因素。例如，简单地说中国，那当然是指各个省、市、区之总和的整体，但这样表述显然还不能说明一个系统的总体性能，而中国共产党领导的中央人民政府为代表的中华人民共和国，才能完整准确地表达中国总体性能的观念。

就结构实体来说，管理总体系统是特定管理机构领导的、包括管理主体系统和管理客体系统的矛盾统一体。我们在下面将要详细地研讨管理客体系统和管理主体系统。

就构成要素来说，管理总体系统包括为着实现特定目标的人、财、物、时、空、机构、信息等。

就运行职能来说，管理总体系统是特定任务所要求的供、产、销、盈、亏、改革、开发等各个环节。

就组织层次来说，管理总体系统包括管理总指挥下的高层、中层、基层在内的整个管理系统的整体。

就实践过程来说，管理总体系统是总体方案指导下的包括准备阶段、执行阶段、总结阶段在内的相互衔接、配合又相互区别、制约的全部管理行为的总和。

由上可见，管理总体系统是管理总体、全局、最高的主导因素支配下的全方位、全功能、全过程的整体。管理实证科学，具体地研究管理系统各要素、各环节、各层次、各阶段的管理理论和技巧；而管理哲学的任务，则是从管理客体和管理主体及其相互关系的总体、全局、高层上，阐明管理全方位、全功能、全过程的根本问题和普遍规律，为管理实践和管理科学提供世界观和方法论。

二、管理客体系统

管理客体概念

辩证唯物主义认为，"除了我们的头脑以外，一切都是客观实际的东西"①。这是我们研究管理客体含义的理论根据。由此可见，管理客体是一个很广泛的概念，它包括管理主体思维以外的一切同管理过程有关的客观实际的东西。管理客体是指管理过程的客观对象及其环境和条件的系统。管理对象是管理客体的主要部分。管理对象是指已经直接进入管理过程的被管理主体所认识、影响、作用的客观实体及其规律。管理对象大致包括八项内容：① 人力：管理过程中的直接从事生产和工作操作的劳动者，管理者属下的管理人员，以及管理者自己的身心状况。② 物力：管理过程中为实现目标、完成任务所使用的原料、材料、能源、土地等物质资源。③ 财力：管理过程中参与实现目标任务的货币和有价证券资源（包括外汇的现金和票据的储备、借贷、收支）。④ 设备：管理过程中在生产、生活和管理活动中所使用或后备的厂房、机械、仪器、仓库及办公用品、劳防用品、消防设备、生活设施等。⑤ 时间：管理过程中的运行速度和连续方式，一般都用天文时钟的度数作标志。⑥ 空间：管理过程中客体对象的广延程度、置放地点、排列方式，如规模大小、幅度宽窄、密度紧松、距离远近等。⑦ 信息：管理过程中各种直接间接反映管理对象、环境、条件的文字、语言、图表，样品等。⑧ 关系：管理过程中人财物和产供销各方面、各因素相互之间的、固有的内在联系，即相互影响和作用的规律性，这也是管理客体对象中的重要组成部分。

---

① 《毛泽东选集》第 1 卷，北京：人民出版社 1991 年版，第 182 页。

管理环境指未直接进入具体管理过程，而作为具体管理过程的间接对象和外部条件的总和。管理的客观环境包括：① 自然环境：天文、地理、气象、生态、矿藏等；② 物资环境：工、农、林、牧、渔、副各行各业物质资料的生产和流通状况；③ 技术环境：社会的科学技术的研究和应用能力和水平；④ 经济环境：社会经济制度和运行情况；⑤ 政治环境：国家和社会的政治制度和运行情况；⑥ 文化环境：指文化观念、意识形态、社会心理、大众舆论等。管理环境就其范围看，可以分为单位环境、地区环境、部门环境、国家环境和国际环境。

管理客体特征

在哲学认识论范围内，客体是相对于主体而言的，即主体（头脑思想）以外的一切物质实体的总称。

管理客体是一般客体的一部分，是一般客体在管理领域中的特殊表现。所以，管理客体既有一般客体的普遍属性，又有管理过程的特殊本质。管理客体同一般客体相比，具有以下特点。

1. 间接客观性

管理活动不同于直接操作劳动，是管理者的知识工作，是通过他人的劳动同客体打交道。在直接操作者、直接劳动者的实践活动中，主体的人是直接同客体的生产资料、对象进行物质变换和作用；而由于管理实践是管理者的间接实践活动，管理者一般不直接同管理客体发生物质变换和作用关系，而是通过信息工具、下属管理人员以及直接操作劳动者这些中间环节，间接地同管理客体发生相互关系。管理客体的客观性，即不依人们（管理者）意志为转移的本性，是通过一系列的中间环节影响管理主体的。因此，客体的本质和规律不是直接为主体所反映，而是经过物质的、信息的、他人的各种因素的曲折过滤，才达到管理主体。这种间接客观性，增加了管理主体认识活动的复杂性和艰巨性。尤其是高级领导，更需要深入实际、深入群众，体察民情，掌握实情，否则，主观主义和官僚主义就很容易产生。

2. 实践价值性

马克思主义哲学是以实践为中心的辩证唯物主义，认为"从前的一切唯物主义——包括费尔巴哈的唯物主义——的主要缺点是：对事物、现实、感性，只是从客体的或者直观的形式去理解，而不是把它们当作人的感性活动，当作实践去理解，不是从主观方面去理解"①。以实践为标志，物质世界的事物可以区分为两类：自在自然和人化自然。自在自然，指不依人们意志为转移而独立存在，人们的实践还没有介入的纯粹的自然。人化自然，就是人们的实践已经介入，已被纳入人类实践视野的自然。我们平常总是说，凡是客观存在的事物都是人们认识的对象，这话是不确切的。因为，物质世界及其各种现象，可分为未成认识对象和已成认识对象两大部分。人们的认识活动，是在改造世界的实践基础上发生发展的，离开实践就不可能有认识。真正成为人们认识对象的，是人化自然，就是人类实践活动已经介入其中，它已进入人类实践活动范围，经过实践同人类主体发生了联系的事物。"这就是说，我们是把那些在主体的对象性活动中，同主体一起构成（实践的和思维的）活动的两极，并发生了相互作用的功能关系的外部客观事物叫做客体"②。

人化自然，就是人们实践着的客观事物，因而才真正成为认识的客体。"只有当物按人的方式同人发生关系时，我才能在实践上按人的方式同物发生关系。"③ 这样，我们"按人的方式"又可以把人化自然分成两种：一种只有认识对象的意义，暂时还没有开发的意义，例如，已发现的原始森林，没有被利用的山川湖泽，还未被开采的矿藏，用射电望远镜观测到的星体等等，这些自在的自然已转变为观察研究对象，但还没有变成管理的客体；另一种不仅是认识的对象，而且是开发利用的对象，纳入了人们实践改造活动的范围，就成为了管理的客体。管理的客体，是作为主

① 《马克思恩格斯选集》第 1 卷，北京：人民出版社 1972 年版，第 16 页。
② 夏甄陶：《认识论引论》，北京：人民出版社 1986 年版，第 88 页。
③ 《马克思恩格斯全集》第 42 卷，北京：人民出版社 1979 年版，第 124 页。

体实践的客体，作为社会生产的资源，作为社会管理的直接的、积极的、必需的客观要素。它是被管理主体从已被认识的对象中，经过分析研究而选择出来的那一部分，即环境中的某些人力、物力、财力等资源条件，对满足社会生产和社会生活需要，完成管理主体的目标和任务，具有密切的关系和重要的价值。例如，人间仙境、童话世界般的四川省黄龙、九寨沟，自然风光可供人们观赏和研究，但是，一旦作为旅游开放场所而开发时，它就具有直接的经济价值和社会价值，成为实践价值性很强的管理客体。

西蒙说得好：经济人同"真实世界"的一切复杂事物打交道，而管理人则认为，他的头脑所感知的世界，"是对纷繁躁乱的真实世界做过重大的简化处理后所得到的一个模型"。他将那些在一定时间看来与他无关的部分现实置于不顾（而这意味着忽视大多数现实），也就是只包含他认为是"最要紧、最关键的因素的一幅图景"①。

管理客体功能

管理客体在管理总体系统过程中，处于客观的大前提条件的地位。如有煤矿才要矿务局、要建房才有工程队等。整个管理过程，包括管理主体系统的构成和变化的依据，都是从管理客体的本性和条件中引申出来的；没有管理客体，即使有管理主体，也不可能产生管理过程。所以，管理客体对管理过程具有客观的决定意义。

1. 管理客体的对象作用

管理客体是管理主体认识和变革的对象，是管理者认识和实践管理过程的客观前提。整个管理过程，就是管理主体对管理客体的认识和改造过程。没有管理客体，就失去了管理的客观前提，有再好的管理者，也是英雄无用武之地，管理就成了无的放矢、无标之举了。管理客体的对象作用，集中体现在对管理目标、任务、方式的决定作用上。马克思说过：

---

① ［美］西蒙：《管理行为》第三版导言，北京：北京经济学院出版社 1988 年版，第21 页。

"人类始终只提出自己能够解决的任务，因为只要仔细考察就可以发现，任务本身，只有在解决它的物质条件已经存在或者至少是在形成过程中的时候，才会产生。"① 陈云提出："建设规模的大小必须和国家的财力物力相适应。适应还是不适应，这是经济稳定或不稳定的界限。"②

总之，管理客体的对象作用，要求我们"按照实际情况决定工作方针，这是一切共产党员所必须牢牢记住的最基本的工作方法"③。

2. 管理客体的动力作用

管理是一种实现特定目标的活动。管理目标不是单靠主观确定的，而是根据管理客体的价值情况，如可能提供的原料、材料等条件，顾客、用户、读者、观众等提出需求的量度，来进行预测和制定的。管理客体的客观资源和社会需求，是管理机器的发动和运行的原动力。例如，马尾松观赏价值高，吸引了不少经营管理者去培植和贩卖，成了一时的抢手货；流行型肝炎一度为患，板蓝根之类的药物生产厂家产、销量倍增，效益也翻番。物质刺激和金钱诱惑，可以使人们为国家和集体创汇创收，当然也可能成为某些人迷途失足的渊源。恩格斯说："科学的发生和发展一开始就是由生产所决定的。""社会一旦有技术上的需要，则这种需要就会比十所大学更能把科学推向前进。"④ 总之，管理客体是管理活动的动力源泉。正是这种基于客体作用于主体，引起主体的欲望和要求，转化为动机，升华为目标，才促使和推进管理者的经营思想与行为的发生、变化、发展。

3. 管理客体的信息作用

尽管信息概念的含义，在国内外都有几十种说法，观点也很混乱，但是，一切客观事物都有信息属性和功能，对这点的理解却是共同一致的。人们认识客观事物，是通过信息来完成的。成为人们认识对象的客体，这

---

① 《马克思恩格斯选集》第 2 卷，北京：人民出版社 1972 年版，第 83 页。

② 《陈云文选（1956—1985）》，北京：人民出版社 1986 年版，第 44 页。

③ 《毛泽东选集》第 4 卷，北京：人民出版社 1991 年版，第 1308 页。

④ 《马克思恩格斯选集》第 3 卷，北京：人民出版社 1972 年版，第 523 页；第 4 卷，第 505 页。

种客体的信息就是人们反映的内容。信息是客体的形象、属性、本质、规律的信号，是客体刺激主体而经过主体选择其有价值意义的知识。客体是信息源，主体对客体的认识、运用、处理，是主客体之间的物质流、能量流和信息流的运行过程。信息有两种表现形式：直接信息，即客体运动现象直接告诉人们的知识；间接信息，即关于客体运动形象和性质的陈述——语言、文字、数据、图表、影像、音响等。管理过程，就是管理者搜集、研究、处理、传递信息的过程，综合认识和运用物质流、能量流和信息流的过程。管理客体的信息作用，在于为管理决策的制定和实施提供科学的前提，打下坚实的基础。如果客体没有信息作用，管理者就得事事物物都要直接去接触，那就变成一个昏庸忙碌、疲于奔命的事务主义者，那就根本谈不上现代化的科学管理。

4. 管理客体的资源作用

资源是社会生产劳动的客观物质材料，没有资源就无从谈起社会生产的可能，那么，管理也成了"巧媳妇难为无米之炊"了。管理本身就是对客体资源的发现、挖掘、认识、运用、改造，以便创造出满足人民需要的产品（或服务）来。在我国社会主义建设中，曾经犯过批判所谓"唯条件论"的"左"倾错误，大搞无条件也硬上的唯意志论，结果损失惨重，教训深刻。大庆人说："有条件要上，没有条件创造条件上"，这是符合唯物论和辩证法的，这是充分认识和掌握管理客体资源作用的表现。

三、管理主体系统

管理不是个人活动，而是社会性的群体活动。所以，管理主体不是单纯个体，而是复杂的社会组织群体系统。

管理主体概念

管理主体不仅是指管理者个人，而且包括管理组织机构以及管理运行制度在内的整个系统。管理主体系统包括五个方面：

1. 管理人员

管理人员是指居于一定管理职位、履行一定管理职能的工作人员。如总统、主席、部长、经理、院长、厂长、科长、办事员、工段长、小组长等，都是管理人员。不论大小的管理主体系统，管理人员所处的能级职责不同，一般可分为三个层次：一是领导层，居于某一管理主体系统最高层次，总揽全局大政方针的管理人员，例如国家元首、政府首脑，一个部门、地区、单位的主要领导者；二是中间层，即相对于高层和基层的居中负责上情下达、下情上达，组织贯彻领导决策的负责人员，例如一个国家的部门、地区的负责人，一个部门或一个地区的部、委、司、局和地、盟、县、旗，一个单位的处、科负责人；三是工作层，管理主体系统中具体办事的人员，一种是领导机关的秘书、干事、打字员、服务员等，一种是基层直接面向群众和生产的班组长、工段长、保管员、检验员等。管理主体系统，一般都有这么三个层次，不过叫的名称不完全一样。以研究管理著称的美国斯隆管理学院，提出了一个"安东尼结构"，分别称作战略规划层、战术计划层和运行管理层。著名管理学家赫伯特·A. 西蒙的"组织等级结构"，将组织看成一块"三层的蛋糕"：最下层，是基本工作过程——在生产性组织里，是指取得原材料，生产物质产品，储存和运输的过程；中间一层，是程序化决策制定过程——指控制日常生产操作和分配的系统；最上一层是非程序化决策制定过程——这一过程要对整个系统进行设计和再设计，为系统提供基本目标和目的，并对其活动加以监控。

2. 管理机构

管理机构也属于管理主体系统。有的书上把管理机构划为管理客体，这是不妥当的。前面我们说过，管理客体包括管理者的下属人员和机构，管理机构本身也是需要管理的，所以相对于某些具体管理者来说，管理机构当然也是管理客体。但是，从管理总体系统上分，设置管理机构是为实现管理目标、以管理人员有机构成的组织，这显然是属于管理主体系统。由于管理职能的区别，一般管理主体系统可分为四类机构：一是决策机构，担负决策之职权责的组织，如政治局、国务院、全国人大常委会、中央全会、全国党代会、全国人代会，各地区相应的党政决策机构，一个单位的行政、党委决策机构；二是谋划机构，专事信息反馈、参谋咨询之职的智囊组织，如政策研究室、研究所、行业办公室、专门委员会等；三是指挥机构，负责行政、调度、控制职能的机关，如司令部、指挥部、各级政府及其部门，企业事业单位的专业指挥和生产、经营调度机构；四是监督机构，对决策和指挥进行监察、督促、检查的机关，如纪委、监察部门、审计部门、司法机关等。

3. 管理制度

管理制度是管理人员和管理机构行使职权责利活动所依据的工作规范。没有规矩不成方圆，没有制度就无法运行管理。管理制度包括：① 根本法规，总的章程，如宪法、党章；② 国家法律，如民法、刑法、经济法、选举法、教育法等；③ 行政法规，由国家行政机关颁布的行政命令、治安条例、交通规则等；④ 工作规章，各项活动、各个行业的专门性或群众性的规范，如比赛规则、生产公约、安全制度、办公须知等。

4. 管理技术

管理技术是管理主体系统实施运行操作的方法，例如现场管理、系统工程、数学模型、运筹学等。管理技术是管理活动转化为效果的直接保证，否则，管理过程及其效果都无法实现。具体应用何种技术，要根据管理的具体情况来进行选择。

5. 管理设施

管理设施是指为保证完成任务和提高工作效率而置办的物质设备和办公条件。这是管理工作得以顺利进行的物质基础。例如，电子计算机被愈来愈广泛地引进和应用于办公自动化，"把组织内人的部分和电子部分的结合体，构成一种先进的人—机系统"①。

上述五个方面都是管理主体系统的构成部分。其中当然以管理人员为基本要素，因为管理机构、制度、技术、设施等等，都要靠人来设计、制定、运用的，所以，这同管理人员的思想、能力、作风、知识等素质条件有直接关系。但是，这五个方面是相辅相成、缺一不可的，是紧密结合、互为补充的完整系统。

管理主体特征

管理主体主要是由管理人员构成的。以管理人员为核心的管理主体，在管理过程中显示了其特有的本性：

1. 社会性强

马克思主义认为，人类实践是社会活动，那么，管理实践的社会性就更为明显。这是因为，管理的主体和客体的主要成分都是人，管理主要是人对人的管理，是管理者同被管理者的相互联系、相互作用，绝非孤立的个人的活动。管理活动本身是一种社会性的人群活动，是由管理主体的上下左右各种能级人员构成的系统，按一定的法规制度相互依赖、相互制约而共同进行的过程，任何单独的个人都是无法实现管理工作的。而且，管理主体的主要人员，一般是作为社会的特殊阶层（注意，不能说成是特权阶层，换一个字意思就大不相同了）——管理阶层而存在，无论是不是阶级社会，管理都是权力活动，管理阶层都是统治力量的核心部分，尽管其内部有不同的思潮、集团、派别之分，但作为同一阶层又有其共同的利益和倾向。因此，管理主体是社会性很强的人群系统，有它特殊的社会本质和发展规律。

2. 目的性强

人类社会是一个自然历史过程，是按客观规律发展的客观过程。但

---

① ［美］西蒙：《管理决策新科学》，北京：中国社会科学出版社1982年版，第92页。

是，社会历史同自然历史有一个突出的不同点，就是它是通过人们有目的有意识的活动构成的。人们生活在一定的社会经济、政治、文化条件下，客观的环境和主观的需求使人们产生一定的动机，动机转化为一定的目标，目标指示人们的行为，这在管理过程中就表现得更为集中更为明显。管理活动就是管理者根据客体的信息，产生管理动机，追求和实现管理目标的行为。夏甄陶指出："目的是实践的一个必不可少的内在因素，它是主体实践活动的发起点，决定着实践活动的方式、方法和性质，并表现于实践活动的过程和归宿。诚然，目的从属于主体。但是，同样的主体可以从事不同性质的实践活动，而不同性质的实践活动又要采用不同的方式、方法，达到不同的结果，这都是由不同的目的决定的。目的是实践的一个内部规定和内控因素，没有目的就不成其为实践，或像马克思所说的，'行动如果没有目的就是无目的、无意义的行动'。"① 如果没有管理目标，那就没有管理行为的动因，也就不会有管理主体的行为过程。管理主体的目的性，不仅表现为管理者个人行为的规定性和方向性，更重要的是表现为管理系统行为的确定性和导向性。因此，管理主体的目的性，不仅是管理者个人意识动机的表现，而且是管理主体系统的自觉的社会目标的实现。

3. 能动性强

毛泽东在谈到人类特点时指出："思想等等是主观的东西，做或行动是主观见之于客观的东西，都是人类特殊的能动性。这种能动性，我们名之曰'自觉的能动性'，是人之所以区别于物的特点。"② 人类这种"自觉能动性"，在管理过程中，管理主体的表现尤为突出、强烈。因为，管理是管理人员为实现目标而做出的主动行为。管理者不是消极被动地反映客体信息，而是积极主动地寻求、接受、研究、处理信息，并作出相应的决策；管理人员不是等待生产和经营的成果到来，而是必须主动计划、组

---

① 夏甄陶：《认识论引论》，北京：人民出版社 1986 年版，第 130 页。
②《毛泽东选集》第 2 卷，北京：人民出版社 1991 年版，第 477 页。

织、协调生产资源，以便有理有效地实现管理目标。管理就是管理主体为实现目标而充分发挥自觉能动性的行为，如果有管理人员和机构，却没有自觉能动性，那就等于没有管理行为，也就是说这种管理者本身是不合格的。

管理主体的三个特点，不是孤立存在和表现的，是有机结合、辩证统一的整体性能，在管理实践过程中是综合的全面的本质体现。

管理主体职能

管理活动的具体职能，管理学界有各种不同的说法。管理学鼻祖费尧（Henzi Fayol）在 1916 年提出管理四大职能说：计划、组织、协调、控制。被称为"法国经营管理之父"的法约尔认为，管理的职能是计划、组织、指挥、协调、控制五项。著名管理学家古利克把古典管理学派有关管理职能的理论加以系统化，提出了有名的 POSDCORB，即管理七职能说：计划、组织、人事、指挥、协调、报告、预算等。

根据管理的概念、本质、特点，从管理哲学角度来看，管理主体对管理客体的认识和变革，具有三种基本职能：

1."加工厂"职能

这是毛泽东用辩证唯物主义和历史唯物主义相结合的观点，提出的"领导机关是加工厂"的著名原理。他说："中央领导机关是一个制造思想产品的工厂，如果不了解下情，没有原料，也没有半成品，怎么能够制造出产品？""中共中央好比是个加工厂，它拿这些原料加以制造，而且要制作得好，制作得不好就犯错误。"①

所谓"加工厂"职能，就是管理主体获取、研究、处理管理客体信息的作用。这是管理者的头脑、机构对信息原材料、半成品，进行调查研究、科学分析，去粗取精、去伪存真、由此达彼、由表及里的改造制作工

① 《毛泽东选集》第 5 卷，北京：人民出版社 1977 年版，第 91、454 页。

夫，以便生产出知识产品——理论、政策、计划、方案。在这个"加工厂"中，只有遵循辩证唯物主义认识规律和逻辑过程，才能得出科学的正确结论，否则，就要犯错误。

2."司令部"职能

管理是执行权力的活动，依照一定能级体制，进行指挥、调度、协调、控制活动，以便按最佳路线达到最优效果。在这里，管理主体的能动性得到集中的体现，管理者的智慧和品格得到充分的发挥和检验。在革命过程中，革命党是群众的向导，未有革命党领错了路而革命不失败的。在社会主义建设过程中，由于外行、瞎指挥、官僚主义，以其昏昏，使人昭昭，有过惨重的损失和沉痛的教训。实事求是、民主集中、又红又专、有勇有谋，才能实现管理主体"司令部"职能的重大作用。

3."检察院"职能

管理主体的活动是否正确有效，还需要经过实践的检验。管理主体不光要执行"加工厂""司令部"的职能，还不可缺少"检察院"职能，就是对管理实现的情况和效果进行反馈、检查、评估，以便坚持真理、修正错误、发扬先进、转变后进，使管理系统过程协调、有序地发展。只开药方、熬药汤，不管是否能治好病，不是好医生。只布置不检查，只号召不督促，这不是好的管理者。实事求是、公道无私地做到是非、功过、奖惩三分明，发扬包公、济公、海公精神，实践证明效果灵验、人们赞佩，否则，即使成功了也不是真正有效的管理。

四、管理综合系统

前面我们从管理总体系统出发，进而分析了管理客体、管理主体、管理体制等子系统的成分、结构、功能。现在我们再回到管理总体系统上来，但这一次不是简单重复总体系统的叙述，而是从分析走向综合。

综合系统概念

唯物辩证法认为，对事物总体的本质和规律的全面认识，需要"分析和综合的结合——各个部分的分解和所有这些部分的总和、总计"①。而为了要暴露事物发展过程中矛盾总体的本质，就必须暴露过程中矛盾各方面的特殊性。"人们总是首先认识了许多不同事物的特殊的本质，然后才有可能更进一步地进行概括工作，认识诸种事物的共同的本质。"②

管理综合系统是指在管理总体系统基础上，各子系统及其特性、功能之间相互联系、相互作用的矛盾综合体。"单纯的过程只有一对矛盾，复杂的过程则有一对以上的矛盾。各对矛盾之间，又互相成为矛盾。这样地组成客观世界的一切事物和人们的思想，并推使它们发生运动。"③ 管理综合系统就是这样一个复杂的矛盾系统的整体。

综合系统矛盾

管理综合系统是一个复杂的矛盾综合体，这个综合体中存在的基本矛盾主要表现是：

（1）管理客体的客观性和管理主体的能动性的关系。在人类的社会生产和生活实践中，首先碰到的第一个矛盾就是主观和客观的关系、思维和存在的关系。在管理过程中，管理客体的客观性是第一性的，是管理主体赖以生存和发展的客观现实条件，所以，无条件的幻想和蛮干行为是完全错误的。但是，在一定的客观现实条件下，管理的绩效在很大程度上取决于管理主体的自觉能动性。毛泽东说得好："军事家不能超过物质条件许可的范围外企图战争的胜利，然而军事家可以而且必须在物质条件许可的范围内争取战争的胜利。军事家活动的舞台建筑在客观物质条件的上面，

---

① 《列宁选集》第2卷，北京：人民出版社1972年版，第607页。
② 《毛泽东选集》第1卷，北京：人民出版社1991年版，第309、310页。
③ 同上书，第327页。

然而军事家凭着这个舞台，却可以导演出许多有声有色威武雄壮的活剧来……这里就用得着而且必须用我们的主观指导的能力。"① 守株待兔、无所作为，是管理者无能的表现。

（2）管理环境的变动性和管理体制的适应性的关系。管理及其整个体制的运行，都是依一定的社会历史环境为背景的。管理的客观环境是不断变化发展的，而且，随着现代科技和社会的变动，会发生某些"突破"性的新事物和新现象。管理要求得高效率和好成绩，就要以变应变，使整个管理体系和机制适应管理环境的状况和需求，及时加以调整和变革；在复杂的环境中，也存在积极因素和消极因素，也需有好的管理体制加以过滤和引导。管理体制的适应性，并非如动物的消极适应，也不是人为的框框硬套，而是根据客观环境的现实状况和发展趋势，加以能动的反映和改造，以促进管理目标顺利实现，同时，也使环境本身不断优化。

（3）管理行为的绩效性和管理思想的科学性的关系。凡是管理都追求绩效，没有一个管理者会说：我就是要把事情搞坏、搞糟、搞乱。但是，实践的结果却大不一样，为什么有的成功，有的失败？德鲁克说：凡是身为管理者，都力求工作有效，但只有"做正确的事"和"正确地做事"，才能使管理工作有效能和效率②。从这里可以看到，管理的绩效同管理的思想是否科学、正确，有密切的关系。如果没有科学的正确的管理思想，管理目标就不可能制定得恰当、对头，即使目标得当，也不可能有正确的行为来实现。在我们的管理过程中，一再出现目标的失策、工作的失调、宏观的失控，这同一再出现的错误思潮和不正之风有直接关系，归根到底，从根本上说，是因为管理指导思想上有偏差和失误，管理理论方针上不明确、不准确、不正确，理论上差之毫厘，实践上谬之千里。要使管理

---

① 《毛泽东选集》第 1 卷，北京：人民出版社 1991 年版，第 182 页。
② ［美］杜拉克（德鲁克）：《有效的管理者》，台北：中华企业管理发展中心 1977 年版，第 10、2 页。

工作最优化，就要首先使管理指导思想科学化，而且要不断地总结经验，吸取教训，坚持真理，修正错误。

管理综合系统的矛盾，是管理总体系统的具体内涵，是管理动态系统的内在动力，正是这些矛盾的对立统一，推动管理向优化方向运动发展。

第七章 管理循环论

我们在管理系统论的研讨中，就像把一部电影中的一幅画面停了下来，详细考察其中各部分的内容和矛盾，即相对静止的系统观察，而只有当我们放映整部电影时，将一幅一幅的画面连续起来，才能看到动态系统的全部实质。本章将专门研讨管理动态系统——管理循环的内容和形式。

一、管理动态系统

物质系统运动

宇宙间一切事物，从巨大的天体到微细的夸克，从无机物到有机体，从动物世界到人类社会，从人体结构到思维过程，都处于系统运动之中。恩格斯指出："当我们深思熟虑地考察自然界或人类历史或我们自己的精神活动的时候，首先呈现在我们眼前的，是一幅由种种联系和相互作用无穷无尽地交织起来的画面，其中没有任何东西是不动的和不变的，而是一切都在运动、变化、产生和消失。"[1]

---

①《马克思恩格斯选集》第3卷，北京：人民出版社1972年版，第60页。

人类社会历史，是一个复杂有机体的系统运动过程。有机体一般是指人和动物、植物这类生命物体而言，它的基本特征是：由于内部矛盾和外在联系，自身能不断吐故纳新、新陈代谢、自我调节、自行完善，一旦这些活动停止，生命也就结束了。社会有机体，是把社会群体系统作为有机动态整体来研究。马克思早在《哲学的贫困》一书中就提出了"向我们说明一切关系在其中同时存在而又互相依存的社会机体"的概念。① 恩格斯在《家庭、私有制和国家的起源》一书中，始终把社会作为一个活的发展着的有机体看待，在分析人类社会进化到家长制家庭时，认为 familia "这一用语是罗马人所发明，用以表示一种新的社会机体"②。列宁更明确地概括了"社会有机体"的范畴，他说："马克思和恩格斯称之为辩证方法（它与形而上学方法相反）的，不是别的，正是社会学中的科学方法，这个方法把社会看做处在经常发展中的活的机体（而不是机械地结合起来因而可以把各种社会要素随便配搭起来的一种什么东西）"，"辩证方法是要我们把社会看做活动着和发展着的活的机体的。"③ 在谈到人口问题时又说："马克思把人和动植物加以对比是根据前者生活在各种不同的、历史地更替的、由社会生产制度因而由分配制度决定的社会机体中。人类的增殖条件直接决定于各种不同的社会机体的结构，因此应当分别研究每个社会机体的人口规律，不应当不管历史上有各种不同社会结构形式而去'抽象地'研究人口规律。"④

　　研究社会有机体，对于认识和掌握管理系统运行过程有直接关系和指导意义。社会有机体理论，是唯物辩证历史观的基本观点，当然也是管理动态系统过程观的理论基础。任何社会有机体都离不开管理系统，管理系统的活动实际上就是对社会有机体的管理。恩格斯说："历史是这样创造

①《马克思恩格斯选集》第 1 卷，北京：人民出版社 1972 年版，第 109 页。
②《马克思恩格斯选集》第 4 卷，北京：人民出版社 1972 年版，第 53 页。
③《列宁选集》第 1 卷，北京：人民出版社 1972 年版，第 32、54 页。
④《列宁全集》第 1 卷，北京：人民出版社 1955 年版，第 430 页。

的：最终的结果总是从许多单个的意志的相互冲突中产生出来的，而其中每一个意志，又是由于许多特殊的生活条件，才能成为它所成为的那样。这样就有无数互相交错的力量，有无数个力的平行四边形，而由此就产生出一个总的结果，即历史事变，这个结果又可以看作是一个作为整体的、不自觉地和不自主地起着作用的力量的产物……所以以往的历史总是像一种自然过程一样地进行，而且实质上也是服从于同一运动规律的。但是，各个人的意志——其中的每一个都希望得到他的体质和外部的、终归是经济的情况（或是他个人的，或是一般社会性的）使他向往的东西——虽然都达不到自己的愿望，而是融合为一个总的平均数，一个总的合力，然而从这一事实中决不应作出结论说，这些意志等于零。相反地，每个意志都对合力有所贡献，因而是包括在这个合力里面的。"[①] 恩格斯唯物辩证地描述和论证了社会有机体运动，是一种错综复杂、变幻莫测而又有规律、可认识、能自调的总体矛盾过程，这样，我们就从理论上完整准确地认识和掌握社会机体的总体面貌，避免主观片面的形而上学观点。同时，在实践上更全面正确地反映和运用社会机体的总体规律，使社会主义现代化建设和改革的大系统工程提高预见性和有效性，避免盲目被动的失控失调局面。

静态系统和动态系统

事物都是运动的，运动都有两种状态：一种是稳定静止，即在一定时间和空间条件下，事物的性质和形态基本上没有变化，如一个学生在学校期间始终是个学生，一项制度在未改变以前还是要照常执行等等；另一种是变动转化，如火车运行、雷电风雨、社会变革、军事战争、思想斗争等。唯物辩证法揭示，事物运动都是由于内部矛盾引起的，没有矛盾就不可能有运动，有矛盾就必然有运动。这样看来，变动转化是绝对的，包括

[①]《马克思恩格斯选集》第4卷，北京：人民出版社1972年版，第478、479页。

显著的量变和质态的转换；而稳定静止是相对的，不过是细微的看不出的变动而已。

所谓动态，这一术语是指能产生时变曲线的现象，与随时间演变或变化的曲线几乎是同义语。动态系统是包含了许多相互联系的变量的矛盾统一体。"多变量与随时间演变的结构的这种组合代表了动态系统的现代理论的方向。"①

在管理实践过程中，相应采取静态管理和动态管理两种方式。静态系统用静态模型描述，即假设系统处于静止状态，不考虑时间因素。静态模型是研究静态系统处于平衡状态时，各种因素相互作用的系统规律，如果情况发生了变化，也可以通过静态模型来分析和比较前后的平衡状态。静态模型应用广泛，并且是构造动态模型、进行动态分析的基础。静态管理就是用静态模型来进行管理，其基本要求是：以稳应变。稳不是绝对不变，而是在动态管理前提下，相对于具体管理过程或阶段的相对静止，具体表现在：① 方法的稳定性。虽然管理过程中的具体情况之随机性很强，但同类条件下的同类事物，具有大致相同的性质和状态，解决问题可以采取通用的方法。② 策略的稳定性。相对于一定时空条件范围内，管理的政策和谋略要有连续性和一致性，无原则或纯主观地政策多变，必然出现失信、失调、失控局面。③ 战略的稳定性。相对一个没有结束的具体管理过程来说，虽然其间也有不少变化，但只要大局不变，战略配置和对策就不能大变。④ 目标的稳定性。在管理过程中，会不断发现新情况新问题，需要纠正计划目标误差。但如果不足以动摇和改变原有的理论原则与总体目标，就不能轻率变动基本目标。

动态系统是用动态模型来描述在运动变化过程中各种因素相互作用的规律，它与静态模型的主要区别就是加进了时间因素，把系统中某些变量在某一点的数值表述受以前时刻变量制约，利用时差概念把系统的运动过

---

① ［美］鲁恩伯杰：《社会动态系统引论》，上海：上海科学技术文献出版社 1985 年版，第 3 页。

程划分为连续的时间序列，考察变量在各个时刻的状态和变化情况，以及在变化过程中各种因素的相互影响和相互制约的复杂关系。动态模型对客观经济情况的描述，要比静态模型更真实，当然，由于其复杂程度大，求解计算也更困难。

动态管理是 Dynamic Management 的意译，它主张适应社会经济的不稳定性和市场的多变性，根据经营业务的变化情况，随时检查、修正、改进计划方案，使企业管理活动保持一定的弹性。动态管理的基本要求是以变应变，包括：① 方法的应变性。管理过程中根据日常情况的随机性，采取因时、因地、因事制宜的办法。② 策略的应变性。根据管理过程一定阶段的局部变化，采取相应的修改、补充对策措施。③ 战略的应变性。管理过程中出现全局性的大变动，必须相应采取改变或补充原有战略配置计划，例如动乱、灾害、战争等大事变，而不是指局部性的问题。④ 目标的应变性。在管理动态过程中发现基本情况的估计和理论原则的方针有偏差，例如计划指标的高低等，必须重新确定或修正管理目标。

在管理实践中，静态管理和动态管理不是截然分开的，而是有机结合、辩证统一的。动态管理是静态管理的基础，而静态管理是动态管理的前提，两者是紧密联系又相互交织在一起的。

在实际生活中，由于一切事物都是运动的，所以，一切系统本质上都是动态系统。泰勒说过：在科学管理中，任何东西都不是一成不变的。管理者的主要任务是动态管理，要把工作基点放在管理动态系统的过程及其规律上。

管理循环概念

西方管理学者对管理的内容及其步骤加以动态观察，得到一个新的观念：管理循环。有的把管理过程划分为计划、执行、控制三个阶段；有的则分为决策、设计、准备、执行、考核五个步骤；美国西点军校编的《军事领导艺术》中提出群体发展四阶段：明确目标，解决内部问题，成长与生产率，评估与控制。这些都值得我们研究、借鉴。

管理循环作为管理动态系统，是唯物辩证法运动观在管理过程中的具体化。事物的矛盾引起运动，是一个量变与质变互相转化、否定与肯定交替运转的过程，整个过程呈现为波浪式前进和螺旋式上升运动。管理循环并不是简单的再来一次，它具有三个明显的辩证运动的特征：重复性、反复性、回复性。重复性，是指管理职能的普适性和通用性，因此，在不同的管理过程或阶段上，经常重复出现，当然，并非具体内容和形式是完全相同的。反复性，是指管理步骤前后相互衔接又相互交替，来回多次，不是一步或仅一次就能完成的。回复性，是指一个管理过程的起讫点具有同一性，其终点状态似乎是回到原来的始点状态，当然也不是倒退回去，而是在新的条件、新的基础上的回复。管理循环及其三个特征，不是孤立、单纯地表现在某一职能和步骤上，而是展示在管理动态系统的小阶段、全过程以及超过程的宏观辩证运动中，也就是说，表现为小循环和大循环两种运动过程。

二、管理小循环过程

以管理具体职能、步骤、目标为标志的循环运转过程，就是管理小循环过程。根据国内外管理学说和管理经验，我们的管理小循环过程，大致包括引发动机、调查研究、计划决策、贯彻实施、检查评估、总结提高六个阶段。

引 发 动 机

有些人往往把做计划作为管理过程的起点，这显然是不妥当的，因为在计划之前还有相当多的准备工作。一个完整的管理过程，应当从管理者在社会实践中由于接受客体的刺激而引起动机算起。巴甫洛夫的"条件反射"学说认为，人和动物都能接受客体的刺激，引起大脑及有关器官的生理和心理反应，直接刺激物引起的叫无条件反射，用实验条件引起的叫条件反射。在人类社会的管理实践中，一类是通过实物、商品、顾客等直接刺激，一类是通过会议、展览、信息等间接条件，引起某种管理活动的欲望和需要，经过分析选择，结合主客观条件，形成确定的目标意向和管理动机，有高尚的、正确的，也有低级的、偏颇的，只有那些崇高的科学性动机，才能成为巨大的精神力量。

调 查 研 究

像军事行动一样，一旦形成某种战略或战斗意图后，首先就是组织侦察队，进行实地的、资料的、理论的种种侦查考察工作。许多管理论著中，总是把组织任务放到确定计划决策之后的实施阶段中去，其实早在调查组、考察队、筹备处等组建时候就已经开始着手了，不过到实施阶段的组织工作面对大部队，更集中更直接罢了。唯物辩证法的管理哲学非常重视调查研究，认为它是实事求是的前提，"实事，就是要弄清楚实际情况；求是，就是要求根据研究所得的结果，拿出正确的政策"①。因此，"没有调查就没有发言权"②，"调查就像'十月怀胎'，解决问题就像'一朝分娩'。调查就是解决问题"。"一切结论产生于调查情况的末尾，而不是在它的先头"③。陈云多次强调，"所有正确的政策，都是根据对实际情况的科学分析而来的……片面性总是来自忙于决定政策而不研究实际情况"，"难在弄清情况，不在决定政策。我们应该用百分之九十以上的时间去弄清情况，用不到百分之十的时间来决定政策。这样决定的政策，才有基础"。④特别是军事侦察中，毛泽东把调查研究运用阐述得炉火纯青："指挥员的正确的部署来源于正确的决心，正确的决心来源于正确的判断，正确的判断来源于周到的和必要的侦察，和对于各种侦察材料的联贯起来的

---

①④《陈云文选》（1956—1985），北京：人民出版社1986年版，第35、38、179、180页。
②《毛泽东选集》第3卷，北京：人民出版社1991年版，第791页。
③《毛泽东选集》第1卷，北京：人民出版社1991年版，第110页。

思索。指挥员使用一切可能的和必要的侦察手段，将侦察得来的敌方情况的各种材料加以去粗取精、去伪存真、由此及彼、由表及里的思索，然后将自己方面的情况加上去，研究双方的对比和相互的关系，因而构成判断，定下决心，作出计划，——这是军事家在作出每一个战略、战役或战斗的计划之前的一个整个的认识情况的过程。"① 调查研究的根本要领是："不唯上，不唯书，只唯实。"② 要不带框框，不避艰险，不辞辛劳，不耻下问，好话、坏话、对话、错话、反话都要让人说完，耐心虚心热心听取，切莫上谣言、谎言、逸言的当，真正暴露第一性信息，拿到第一手材料。不要以为下到实际中去，身在群众里头，就一定会调查得到东西。那种钦差大臣满天飞，前呼后拥，走马观花，吃吃喝喝，以个人好恶取材，有哗众取宠之心，无实事求是之意的做法，是绝对做不好调查研究工作的。

计 划 决 策

过去西方的"管理革命"，一个重要方面就是各种企业、事业单位（工商企业、政府机关、教育机构和其他各种组织）都非常重视计划工作。这就是适应现代化、社会化大系统生产的需要，为了避免和减少资本主义私有制带来的盲目竞争和垄断中"看不见的手"的消极破坏作用，在第二次世界大战后，它们都在企业内部推行严格的计划，并且加强国家干预和政府调节，发布有关计划进行指导和控制。社会主义国家本来就是以公有制为基础的制度，为了适应和实现高度社会化、工业化、科技化的大生产，更需要自觉地"按预定计划"进行社会管理工作。正如孔茨等人编著的《管理学》中所说："我们正处于这样一个经济的、技术的、社会的和政治的时代：计划职能像主管人员的其他职能一样，已成为企业生存的必

---

① 《毛泽东选集》第 1 卷，北京：人民出版社 1991 年版，第 179、180 页。
② 《陈云同志同浙江省领导谈怎样做到实事求是》，载《人民日报》1991 年 1 月 18 日第 1 版。

要条件。变革和经济发展带来了机会，同时也带来了风险；尤其是在当今全世界为争夺市场、资源和势力范围而斗争的时代，更是如此。计划工作的任务就是在利用机会的同时，使风险降到最低限度。"①

在写出调查考察报告后，在知己知彼的基础上，就要进行计划决策工作，即预测前提，制订方案，分析论证，选择决定。在制订计划之前，人们往往忽视一个重要步骤，就是预测前提。中国古代早就有"凡事预则立，不预则废"的名言。预测是计划工作的重要组成部分，估计未来计划及其实施的预期环境，包括未来的假设，会影响计划实施进程的一些已知条件和未知条件，包括人、财、物的准备和供、产、销的趋向，以及社会政治、心理、文化、教育、科技环境等前提条件。这是正式方案的先决条件，只有这样才能使计划和决策具有坚实的科学的基础。拿瞎估估、急躁性、等着瞧当作从事的根据，是没有不跌跤的。

计划工作的主体部分是拟订各种可供选择的方案。计划工作的实质就是预期管理过程及其效果，从而决定行动方针。故计划工作"最重要的任务是明确总目标和一定时期的目标，以及实现目标的方法"，也就是说，"预先决定要去做什么，如何做，何时做和由谁做"。② 可见，计划工作具有超前性和普遍性。计划方案是一项多项内容的综合职能，它包括：总体目标、具体任务、策略、政策、规则、规划、程序、预算等，一般都须有两种或更多的设计和打算，以便比较、选择其中最适宜的方案。

制订方案并不是计划工作的结束，更重要的是进行分析论证，比较各种方案的优点和缺点，核算它们的成本和效益，才能作出最后的抉择。一般都要经过民主讨论，重大项目必须经过长时间的，有领导、专家和群众共同参与的研讨，以及局部试验、模拟实验等方式，进行反复的论证和选择。中国长江三峡工程，从20世纪50年代开始，在党和国家领导人毛泽

---

① ［美］孔茨、奥唐奈、韦里克：《管理学》，北京：中国社会科学出版社1987年版，第183页。
② 同上书，第181、182页。

东、周恩来直接参与下，有关部门和广大科技人员进行了大量的勘测、科研、设计和试验工作。1984年，国务院组织专家论证审查后，曾原则批准三峡工程可行性研究报告。此后，有关部门、地方和社会各界人士又提出不少意见和建议，中央又要求水电部门在广泛征求意见、深入研究论证的基础上，重新提出可行性研究报告。1986年，原水电部组织全国各方面专家412人，分14个专题进行论证，同时，国家科委配合行动，组织全国300多个单位3 200多名科技人员，对45个专题进行科技攻关，取得400多项科研成果，经过三年努力，14个专家组陆续完成专题论证报告。1989年，长江水利委员会根据论证成果，重新编制可行性研究报告。1990年7月，决定成立国务院三峡工程审查委员会，对可行性研究进行审查，分10个预审组，共聘请163位专家，其中未参加过三峡工程论证工作的占62%，现任各有关部门行政、技术职务的占73%。各预审组进行了实地考察，召开了预审会议，于1991年5月都提出了预审意见，7月又召开第二次预审会议，听取10个预审组的预审意见，至8月，召开最后一次预审会议，一致通过了可行性研究报告，认为三峡工程建设是必要的，技术是可行的，经济是合理的。1992年1月17日，国务院常务会议认真审议了审查委员会对三峡工程可行性研究报告的审查结论，同意兴建三峡工程，3月，提请全国人大会议审议决定。三峡工程规模之大、时间之长、研究和论证的程度之深，在国内外都是少见的，它是成千上万的专家、工程技术人员、行政管理人员不辞辛劳、埋头实干、团结协作的结晶，也是发扬民主、听取不同意见、反复研讨论证的结果。① 这里需要说明分析论证的关键，一是要充分发扬民主，认真听取各种意见，特别是不同的意见，"有钱难买反对自己意见的人。有了反对意见，可以引起自己思考问题"②，经过不同意见的争鸣辩驳，最后得出的一致意见才是真正

---

① 参见《邹家华关于提请审议兴建长江三峡工程议案的说明》，载《人民日报》1992年4月6日。
② 陈云：《身负重任和学习哲学》，载《求是》杂志1990年第8期。

科学的结论；二是要掌握合理的标准，即总体优化的效率、效能、效益，没有明确的标准，势必长期扯皮、议而不决，这同科学的分析论证是无缘的。

计划工作最后是选定拍板——决策。比科·戈茨说，计划工作"基本上是抉择"，"只是在出现需要抉择的行动方针时，才会产生计划问题"①。孔茨《管理学》认为："决策就是从体现某种工作方针的各种抉择方案中进行选择，它是计划工作的核心部分。只有拟定了决策，即对资源、方向和声誉承担了义务之后，才能说有了计划。"② 要提起注意的是，我们是在动态系统中进行动态管理，"在动态条件下的中心问题是计划人员对未来所作的估测要准确"③，包括计划的前提条件和实施步骤，都要从变动的实际出发，把预期原则和随机制宜紧密结合起来，避免和防止毫无计划和框得过死的偏向。

贯 彻 实 施

在计划决策之后，一个管理实践过程就完整地存在于管理者的头脑里和方案上了。接下去贯彻实施，并不是要管理者事事亲赴现场进行生产或服务操作，而是要履行下列管理职能：动员、组织、准备、指挥、控制、协调。

如果说在计划决策阶段的难点是明确和决定目标的话，那么，在贯彻实施阶段，首要的艰巨任务就在于进行动员，让下属和职工都明确计划内容、决策意义和实施方法、工作步骤。"我们的政策，不光要使领导者知道，干部知道，还要使广大的群众知道……群众知道了真理，有了共同的目的，就会齐心来做……马克思列宁主义的基本原则，就是要使群众认识自己的利益，并且团结起来，为自己的利益而奋斗。"④

---

① ［美］孔茨、奥唐奈、韦里克：《管理学》，北京：中国社会科学出版社 1987 年版，第
182 页。
② 同上书，第 279 页。
③ 同上书，第 288 页。
④ 《毛泽东选集》第 4 卷，北京：人民出版社 1991 年版，第 1318 页。

除了宣传群众外，还要组织群众，组织不落实，无人去干，计划再好，讲得再美，也是白搭。"有了政治路线，组织工作就决定一切。"① 组织工作包括挑选领导干部、配备专业力量、确定体制系统等项，这些工作做好了，才能召之即来，来之能战。组织工作的另一方面，就是教育和培养人，提高管理者和劳动力的素质，学校育人、上岗培训、轮流学习、技术比武、智力竞赛等，都是常用的有效方式，更大量更经常的则是通过本职业务实践来考察人锻炼人。

准备工作就是调集人、财、物到相应的时间和空间，以便随时启航赴战，做到"万事俱备，只欠东风"。当然，各种行业的性质和任务不同，准备的要求也不完全一样。但是，"不打无准备之仗，不打无把握之仗，每战都应力求有准备，力求在敌我条件对比下有胜利的把握"②。这是有普遍意义的。在实践计划的运行过程中，管理者也要经常深入现场并参加一些劳动，但管理者的主要职责是观察运行情况，以便随时采取措施解决问题。指挥说的是调度权，不能各自为政、多头领导，只能按章程法规，由相应能级的管理主体下命令、作决定。协调就是平衡不同部门之间的关系。控制则是按照计划规定，实施目标引导和压力，主要有两点：一是总体目标，如军事中"保存自己、消灭敌人"这个战争的总目标，就是战争的本质，就是一切战争行动的总根据，所有技术、战术、战役、战略原则，一点也不能离开这个战争的总目标，它普及于战争的全过程，贯彻于战争的始终；二是财务预算，在动态浮动变化之中，必须掌握八九不离十的分寸，过于节支或透支都是不正常的。

检 查 评 估

检查评估是指一项任务或总体目标基本完成或全都完成时，按计划指标进行系统的考核和验收，也可以参照国内国际有关规定和纪录，评

---

① 《周恩来选集》上卷，北京：人民出版社1980年版，第130页。
② 《毛泽东选集》第4卷，北京：人民出版社1991年版，第1247页。

选优劣。现代检查评估，不论是经济的、技术的，还是政治的、心理的，都有一套指标和程序，尤其是对大系统大工程来说，都是一项系统工程，单项指标不论优劣，对总体效应和综合能力都不能完全说明问题。检查评估是一项经验性与理论性、技术性与社会性都很强的工作，必须认真、仔细地做好，敷衍了事、挟嫌挑疵、瞎唱赞歌，于人民有害，于管理也无益。

总 结 提 高

这是一个具体管理过程的最后阶段，它要求从实践的结果对全过程进行回头看和向前着，从中总结出带规律性的东西来，以作为新一轮管理过程的向导。这样，干一件事一个脚印，无论成功的经验还是失败的教训，都是宝贵财富。

小循环的意义

管理小循环就是以一个具体管理的完整过程而言，其中六个阶段都不是孤立、单独存在和运动的，而是在一定时间和空间条件下，既相互区分、前后相继，又相互联系、前后交叉。在一个具体管理过程的某一阶段，可能有几项职能、几个步骤交织在一起，又成为一个更小的循环。例如，前述长江三峡工程的计划决策工作，几乎包含了六个阶段的相互渗透和反复轮转；不论大过程和小阶段，都是循环运动的系统过程，一个接着一个，一个交叉几个，一直反复多次，循环往复，无穷发展。所以，管理小循环理论，帮助人们对微观具体管理过程，建立一种管理循环运动的辩证观念，使一个优秀的管理者，既懂得并掌握管理的基本过程、基本职能、基本规律，又不死记硬背管理条文和步骤，而是领略和抓住管理循环的要旨，在实践运动中放射出"活的灵魂"之能量与光彩。

三、管理大循环过程

管理大循环过程，是指超出一个具体管理过程，进入世界宏观大系统的管理循环运动。它同管理小循环过程比较起来，具有自己显著的特点。

大循环的特点

循环论鼻祖、苏联经济学家康德拉季耶夫发现世界经济的长期波动存在着超长期的大循环，此后，循环理论、周期理论跃然兴起，到如今几乎遍及自然科学、社会科学、技术科学的诸多学科。这种大循环的动态系统，对于管理者来说，是更复杂、更混沌、更渺茫的宏观过程，其变异性、或然性、模糊性更广、更大、更多。正因为如此，它是更高级更深远的规律，因而更具有总体和全局的意义。管理工作要高屋建瓴、高瞻远瞩，从总体的全局上认识和掌握宏观动态现象的本质与规律，又迫使我们必须去"伤脑筋""用心思"。毛泽东说："学习战争全局的指导规律，是要用心去想一想才行的。因为这种全局性的东西，眼睛看不见，只能用心思去想一想才能懂得，不用心思去想，就不会懂得。但是全局是由局部构成的，有局部经验的人，有战役战术经验的人，如肯用心去想一想，就能够明白那些更高级的东西。"① 他还说："我们承认战争现象是较之任何别的社会现象更难捉摸，更少确实性，即更带所谓'盖然性'。但战争不是神物，仍是世间的一种必然运动，因此，孙子的规律，'知彼知己，百战不殆'，仍是科学的真理。错误由于对彼己的无知，战争的特性也使人们在许多的场合无法全知彼己，因此产生了战争情况和战争行动的不确实性，产生了错误和失败。然而不管怎样的战争情况和战争行动，知其大略，知其要点，是可能的。"② 战争过程如此，管理过程同理。

---

① 《毛泽东选集》第 1 卷，北京：人民出版社 1991 年版，第 177 页。
② 《毛泽东选集》第 2 卷，北京：人民出版社 1991 年版，第 490 页。

管理大循环是大系统的辩证运动过程，也就是管理系统在宏观系统中的形成和演化过程。下面我们将大略研讨系统耦合、协同工作、周期波动三个问题。

系 统 耦 合

在唯物辩证法看来，系统论和矛盾论是一致的，矛盾论是系统论的前提和基础，系统论是矛盾论的精确和深化。在管理系统论中，我们引用过《矛盾论》中的一段话："世界上一切事物的过程里和人们的思想里，都包含着这样带矛盾性的方面，无一例外。单纯的过程只有一对矛盾，复杂的过程则有一对以上的矛盾。各对矛盾之间，又互相成为矛盾。这样地组成客观世界的一切事物和人们的思想，并推使它们发生运动。"[①] 事物的矛盾运动，就是系统的动态过程。那么，首先要搞清楚，矛盾是怎么构成的？系统是怎样形成的呢？

马列主义奠定了唯物辩证矛盾论、系统论的理论基础，尤其是列宁明确提出了事物矛盾运动是由于"内因""固有""自己的运动"，毛泽东又加以继承和全面阐发了唯物辩证法的核心——对立统一规律。我们要坚持和掌握这些基本原理，并进一步加以具体分析和运用。

唯物辩证法认为，世界上的事物都是普遍联系和运动的，根本原因在于事物内部的矛盾性。但是，并非任何具体事物都构成矛盾、形成系统。在这张宇宙动态大网络上，不是每个纽结之间都具有同等的联系和运动，而是有直接联系和间接联系、表面关系和本质关系之分。只有因某种条件、在一定的时空范围，具有直接联系和本质关系的事物，才构成矛盾、形成系统，例如一堆乱石散沙，相互也有某种联系和作用，但不成组织系统，如果因建筑需要而加入水泥和水，它们就发生本质联系和理化作用，凝结成有组织的建筑物体了。从整个物质世界来说，它们都是物质内部而

---

① 《毛泽东选集》第 1 卷，北京：人民出版社 1991 年版，第 327 页。

不是非物质的不同部分的结合，是不同事物的属性和功能的互相耦合，即互相依赖、互为因果、互推运动。从具体事物的耦合来看，有两种类型：一类是自组织，不需要外来因素的作用而靠自身内因耦合，并能自动调节趋向平衡有序运动，例如，高级生命活动能保持内稳态，人类社会历史能自行变革、自我完善；另一类是他组织，例如，无机体的组织系统的矛盾运动，也是事物自身的属性和功能的耦合，像转动齿轮、蒸汽机系统，但必须有某一外部矛盾因素来组合、引导和推动。

社会管理系统，也是管理客体和管理主体各方面、各层次、各要素的属性和功能的耦合系统，而且综合了自组织和他组织两种类型，故既有客观规律性，又有主观能动性。如：为了争取和创造良好的国际环境，在和平共处五项原则基础上同其他国家建立外交关系；出于提高生产和经营效益，在自愿、平等、互利的条件下，互相横向联合；由于某种政治需要，以一定目标和章程为条件，成立某种群众团体等。在一个管理系统中，耦合方式和程度不同，反映其各部分之间的经济、技术联系的性质和相互作用的程度不同。

协 同 工 作

在矛盾基础上形成系统，组织就进入了不可逆的演化过程。系统的各种事物之间的联系的空间从大变小，在时间上从混沌无序走向稳定有序，并逐步壮大和发展。"矛盾着的对立面又统一，又斗争，由此推动事物的运动和变化。"[1] 德国科学家 H. 哈肯的协同学——协同工作之学，阐明了支配生物界和非生物界许多完全不同的领域中，"在结构的发展中有着相同的规律性"，是由不同的主导因素（序参量）的"共同协作或竞争"以及它们的"统治更替"来说明系统的性质和状态，因而，用现代科学的大量材料证实和丰富了唯物辩证法。尤其是"在经济理论或社会学中，不断

---

[1]《毛泽东著作选读》下册，北京：人民出版社 1986 年版，第 766 页。

出现共谋这一概念"，这种思考和观察是"违背自由市场经济传统理论的"。他指出："我们已经得出相反的结论：存在两种可能的平衡态。从整个经济角度来看，从一个平衡态跳到另一个平衡态是极其困难的。因为这只有通过共同行动才有可能做到。"经济过程中矛盾的解决，靠一个压倒另一个不行，唯有"集体行为起着决定性的作用"。[①]

比利时科学家伊·普里戈金则有《从混沌到有序：人与自然的新对话》，因创立耗散结构理论而获得 1977 年诺贝尔化学奖。他的理论认为，"在远离平衡的条件下，我们可能得到从无序、从热混沌到有序的转变。可能产生一些物质的新力学态，反映了给定系统与其周围环境相互作用的态"[②]。这就是开放系统不断和外界交流物质、能量、信息，从而逐步自动地从"混沌行为"向有序发展演化的过程和规律。

美国管理学家赫伯特·A. 西蒙研究了广泛的人为系统，在社会系统的动态关系中，每个成员都相互联系和相互影响着。在正式组织中，正式的权力关系把一个直接上级和少数几个下级联结在一起，当然，也通过其他非正式权力链的渠道，发生相互关系[③]。例如我们常见的志趣、义气，也有宗族、金钱等，虽然人数有限，但作用不可忽视。管理系统运行正常与否，究竟是开红灯还是绿灯或黄灯，往往有正式和非正式两种关系的动因。

在系统的各种矛盾中，由于内外各种条件的变化，相互之间必然呈现此起彼伏、此消彼长的趋势，在科学上叫作涨落，不论天然系统还是人为系统都是如此。"涨落驱使系统去探索新的状态，"在这些新的状态中，会有一些状态使系统更适应它的环境。当我们考虑到这种不同状态并容许竞争时，管理者就要权衡利弊并进行选择。因此，"这个在涨落和选择之间

<hr>

① ［德］哈肯：《协同学——自然成功的奥秘》，上海：上海科学普及出版社 1988 年版，第 224、110、122、123、132、133 页。

② ［比］普里戈金、［法］斯唐热：《从混沌到有序：人与自然的新对话》，上海：上海译文出版社 1987 年版，第 46 页。

③ ［美］西蒙：《关于人为事物的科学》，北京：解放军出版社 1985 年版，第 194 页。

的作用导致系统的演化。"① 管理过程和一切过程一样，就是在波浪式和螺旋形的运动中不断向前发展。

周 期 波 动

在超长期大循环中，典型的表现形式就是周期波动。1847 年，英国物理学家克拉克第一个发现长期波动现象，他在调查英国经济史时，发现饥馑和恐慌每隔 10 年至 11 年就有规律地重复一次。1926 年，苏联经济学家康德拉季耶夫从英、美、法三国的批发物价指数，名义工资指数，固定利息证券的最高价格、利率，对外贸易总额，还有煤的产量和消费量，生铁和铅的产量等 9 种变动平均值中，得出了平均 53.5 年的长期循环。奥裔美籍经济学家约瑟夫·阿罗斯·熊彼特把它叫作康德拉季耶夫循环，并与自己的"创新"理论结合起来，把近百年资本主义经济发展过程分为三个长周期或三个长波：18 世纪 70 年代至 1842 年的产业革命，1842 年至 1897 年的蒸汽机和钢铁时代，1897 年至 20 世纪 40 年代末的电气、化学和汽车时代。熊彼特总结了前人研究周期的成果，根据大量的历史和统计资料分析，认为资本主义历史发展过程中，大致存在长、中、短三种不同的经济周期，都是以主要的发明和生产技术发展为标志的。中波需要 9 年至 10 年，是法国经济学家朱格拉于 1860 年提出的周期，这是和纺织机、发电机、电冰箱的"创新"相关的。短波大约需要 3 年至 4 年，它是由美国经济学家基钦于 1923 年提出的周期。在熊彼特看来，这三种周期都证明了他的"创新"理论的正确性，并且认为三种周期是相互并存和相互联系的，一般来说，一个长周期包含 6 个中周期，而一个中周期大约包含 3 个短周期。但除长周期外，很难说中、短周期的波动和某一项"创新"正好相关。熊彼特的周期理论证明，资本主义经济增长正是通过这样的周期波动实现的，其结果必然"向社会主义过渡"，但他没有从资本主

---

① ［德］哈肯：《协同学导论》，西安：西北大学科研处 1981 年版，第 163 页。

义生产方式的基本矛盾上揭示根本原因，尽管如此，他的周期理论对于研究资本主义经济发展过程及其规律还是有一定参考价值的。其他许多著名学者，如凯恩斯、萨缪尔逊以及诺贝尔经济学奖获得者阿瑟·刘易斯等都研究过经济周期问题，这里就不一一叙述了。

值得注意的是，近年来，科学家们很注意对大自然和人类活动进行宏观类比研究，发现从生物繁殖、疾病流行到天体运行，从市场价格、社会心理到人的感情变化等等，都有一些周期性规律，尽管这些研究还是初步的甚至是粗糙的，但由于它能揭示事物发展相当普遍的规律，因而日益引起人们关注。于是，寻找、预测并掌握、运用这些规律的一门新兴科学——"周期学"便应运而生了。例如，德国学者菲里斯最早发现人体体力强盛周期为 23 天，正是运动员出成绩的时期，而人的病亡多在衰弱期内；巴什曼教授发现人的感情周期为 28 天。伊克切尔则发现人的记忆力周期为 33 天，在高潮时乐观兴奋，记忆力最强。美国哈佛大学教授把周期学用于研究社会和经济活动，意外地发现许多惊人的结果：美国小麦丰收周期是 9 年，造船业每 54 年大发展一次，世界金融波动周期为 41 个星期，众说纷纭的飞碟每 4 年出现一个高潮，太阳黑子周期是 22 年，地球干旱周期也是 22 年等。自然、社会、政治、经济周期波动理论，现在已经成为一门综合性科学。富有节奏和诗意的周期波动规律，理所当然地要进入哲学和管理领域，作为一种事物对立统一、量变质变以致否定之否定的完整过程，对于理论工作和实际工作，尤其是管理工作的科学预见、未雨绸缪，该具有多么重大的意义。

大循环的意义

大循环的思想，并不是科学家和理论家的创新，其实在劳动人民的革命实践和生产活动中，早就有所认识和有所把握了。中国古典精品"第一才子书"《三国演义》开卷第一句就是"分久必合，合久必分"；《周易》上的八卦图；民间俗话"九九归一"；亚德里亚海的渔民在 20 世纪初就观察到鱼群数的周期变化；还有候鸟的往返，角马的长途跋涉，季风，昆虫生命的周而复始……丰富的实践经验、浩瀚的科学材料都证明，周期大循环是事物发展的普遍形式，是事物过程的基本规律。它使现象世界在混沌中显出次序，如日地运转、四季轮回，如果没有周期大循环，事物不是死寂不动，就是杂乱无章，我们既不能认识，更无法支配，那么，管理活动就根本不可能进行。

如果说管理小循环，主要使人们对微观管理过程建立一种辩证动态观念的话，那么，管理大循环的意义，就在于帮助管理者面对宏观运动过程，树立起长期的总体的战略头脑。要瞻前顾后，向光明前途努力，准备走迂回曲折的道路，"总而言之，我们要有准备，有了准备，就能恰当地应付各种复杂的局面"①。

四、管理过程的规律

至此，我们对管理动态系统，即管理循环过程，分大循环和小循环两部分，已作了详细研讨。现在，我们再把它总括起来，从循环过程的内在本质上，探求一下它有些什么基本规律。恩格斯曾经指出，机械唯物主义的局限性就在于"它不能把世界理解为一种过程，理解为一种处在不断的历史发展中的物质"。而在辩证哲学面前，"除了发生和消灭、无止境地由低级上升到高级的不断的过程，什么都不存在"②。辩证过程论的这些特点，对于管理动态系统——管理循环过程，具有重大的理论和实践意义，主要表现在它是反对和防止骄傲自满、思想僵化、固步自封，避免和克服急功近利、急于求成、急躁冒进，预察和医治悲观失望、惊慌失措、无所作为的思想武器。当客观条件和群众觉悟还不具备时，要注意反对和防止急性病；当客观条件和群众觉悟已经具备时，则主要避免和克服慢性病。

① 《毛泽东选集》第4卷，北京：人民出版社1991年版，第1134页。
② 《马克思恩格斯选集》第4卷，北京：人民出版社1972年版，第224、213页。

这就是过程论的总体含义。

管理活动是管理主体和管理客体的矛盾运动，中心问题是一个投入—产出的过程。围绕投入—产出这一中心，展开千姿百态的大循环和小循环运动，从动态系统的总体发展过程看，有三个基本规律。

必然性随机过程

管理实践中，系统的各种矛盾无时无刻不在发生变化，呈现着纷繁复杂、变幻莫测的现象。但是，偶然性中有必然性，在随机振荡、涨落、得失中有其客观规律性。在一个目标确定的具体管理过程中，或是给定条件的大系统的长时期的宏观管理过程中，"事物发展过程的根本矛盾及为此根本矛盾所规定的过程的本质，非到过程完结之日，是不会消灭的；但事物发展的长过程中的各个发展的阶段，情形又往往互相区别。这是因为事物发展过程的根本矛盾的性质和过程的本质虽然没有变化，但是根本矛盾在长过程中的各个发展阶段上采取了逐渐激化的形式。并且，被根本矛盾所规定或影响的许多大小矛盾中，有些是激化了，有些是暂时地或局部地解决了，或者缓和了，又有些是发生了，因此，过程就显出阶段性来"①。这就是随机性和规律性的根据。管理过程中的根本矛盾规定了必然的规律性，贯串于整个过程的始终；而管理过程中各种具体矛盾的变化发展，又显出各种阶段上的偶然的随机性。不注意各阶段上具体矛盾的随机性，就不能适当地处理好日常事务，而如果忘记和忽视了贯串全局的根本矛盾的必然性，那就不能最终达到管理目标。这就要求管理者在管理实践中，善于将管理的原则性和灵活性结合起来，以原则性去规范和指导灵活性，用灵活性来贯彻和落实原则性，这样，就会既不离谱逾矩，又能潇洒自如。

价值性补偿过程

管理工作投入、产出，是一个价值补偿过程。这不仅是经济意义上的

---

① 《毛泽东选集》第 1 卷，北京：人民出版社 1991 年版，第 289 页。

价值补偿，而且具有普遍的哲学功能。

自然科学判明，世界上物质是不灭的，能量转化是互相守恒的。中国古代的太极图，一个圆形用一条反"S"线分成两半，一白一黑，各呈鱼形，象征着宇宙万物无不对应相连。西方埃舍尔的"双手互画图"，非常生动有趣地表明事物矛盾双方相互限制、相互推动的关系。尼尔斯·玻尔的互补性原理，深有体会和中国阴阳概念接近，以致他把阴阳作为他的标记。在世界事物的普遍之网中，事物的联系有两种常见的情形：相辅相成和相反相成。事物的矛盾无一不是一分为二或合二而一，自然现象是如此，社会现象也一样。"世界上的事情，总是一物降一物，有一个东西进攻，也有一个东西降它。看《封神榜》就知道，哪有一个'法宝'是不能破的呀？那样多的'法宝'都破了。"① 佛教哲学"缘起"论认为，"此有故彼有，此生（起）故彼生（起）"，大千世界，生化变幻，无一不是因缘和合而成，即都是处于因果关系之中，是互为因果的。佛学"因果"论强调"已作不失，未作不得"，而且主张"善种生善的结果，恶种生恶的结果"这样一种报应说②。以上这些科学和宗教的例证，充分说明价值补偿是具有广泛意义的辩证过程。社会生产和经营的管理过程，本身就是一个价值性因果变换的循环运动。"靠山吃山，靠水吃水"，"种瓜得瓜，种豆得豆"，就是社会和经济管理补偿过程的形象写照。产出必然有两种，即正和负代偿性变化或交叉性效应，其二是无论正负两种补偿过程，都可能是价值增值和放大的结果。一般地说，投入一产出是成正比例的，但是，由于人的主观因素，可能会出现播下龙种而收获的却是跳蚤，当然也可能从亏损中引出积极的后果，变失败为成功之母。"当崇高目标和强烈的务实精神结合在一起时就能产生卓越。这差不多是全部的真理，虽然还不完全是。我们认为酷爱卓越也需要付出代价。"③ 而"社会主义社会日

---

① 《毛泽东选集》第 5 卷，北京：人民出版社 1977 年版，第 153 页。
② 方立天：《佛教哲学》，北京：中国人民大学出版社 1986 年版，第 153、155、185 页。
③ ［美］彼得斯、奥斯丁：《领导艺术》，北京：科学普及出版社 1987 年版，第 130 页。

益增长的完整性反过来又加强了它的补偿的特性"，即在变化不定的条件下，灵活适应的能力和消除个别环节的偏离现象的能力。[①] 人们"不可能不劳而获"，即使付出劳动还是会"得到一定的惩罚"——熵就是不能再被转化做功的能量总和的测定单位。只有不断开展增产节约、开源节流，使我们的组织系统机体本身增强抗熵能力，才能愈益获取积极有效的正补偿。

总体性优化过程

我们在管理系统论中已经阐明，总体是在系统整体总和基础上产生的，不等于整体总和而大于整体总和，能够代表和超越整个系统的新的性能和力量。总体优化是相对于系统整体中各子系统的次优化而言的，是系统整体合力的升华和放大。

管理实践表明，由于价值补偿不仅仅是一维导向，往往可能出现两种后果：一种是总体性能和力量大于部分之和，即是说，因为路线正确，目标明确，管理得当，运作协调，干部、群众的积极性、主动性、创造性都得充分发挥，工作效率、效能、效益都达到总体目标的成功；一种是总体性能和力量小于部分之和，即是说，由于路线不对，目标不明，风气不正，措施不当，"上梁不正下梁歪"，"上有政策，下有对策"，尔虞我诈，彼此内耗，人心涣散，怨声载道，工作效率、效能、效益不断滑坡，完不成总体目标的任务。管理者的职责，在于力争和确保达到总体优化，避免和防止总体劣化。

总体优化不是次优化的简单总和，也不是整体上理想化的最佳效应，而是系统总体合力平行四边形中矛盾统一总体上的合适价值和满意成就。西蒙的"有限理性"学说认为，管理人的职责在于"寻求满意而非最优"，理想的最优实际上达不到，因而是不存在的。满意方案就是最适境界，这

---

① ［苏］波波夫、休休卡洛夫：《社会认识和社会管理》，上海：上海译文出版社 1986 年版，第 177 页。

个观念最早是在战争中提出来的数学问题。一枚导弹，应打得越远越好，但要飞得远，弹头就不能太重，而弹头小了，爆破力就要削弱。这就产生一个求解弹头最合适重量的问题，既要飞得远，又能爆破力强，在对立统一中寻找合适满意的优化答案。这就是总体优化的原理和方法。

总体优化不等于次优化之和，但不是说两者没有关系。总体优化是以次优化之和为基础的，各部门各单位搞不好，系统整体也无法优化。但又说总体优化不等于次优化之和，这是什么意思呢？这是说，总体优化不是次优化机械相加的结果，作为总体还有超出部分的整体之和的新东西，就像全国各部门、各地方之和还不等于全国的总体，还有最重要的中央领导集体及其机关是否优化的问题，这个真正起总体作用的新因素不能忽视。还有一点，就是总体优化以次优化的总和为基础，但并不是次优化的平均总和，而是指次优化的不平均之和，其中有些部分是超限优化，有的部分则可能是个别劣化，有的为了总体优化还作出了牺牲。例如，战国时齐威王和田忌赛马的故事，双方各出上中下三匹马，齐威王实力较强，田忌三战三败，后来田忌听从孙膑建议，改变对阵方案，以上马对中马，中马对下马，下马对上马，结果以 2∶1 获胜，这就是说，他为了总体优化，牺牲了一匹下马，否则无法取胜。而那个"滥竽充数"的例子，则说明个别不合格以致劣化，并不影响总体优化；就是一个卫生先进城市，并不等于没有薄弱环节甚至死角。明白这个道理，就是要求树立全局一盘棋思想，为了总体优化目标，次优化要服从全局利益，甚至作出牺牲。当然，总体优化既然是建立在次优化总和基础上的，那就要求各部分也要把次优化搞好，以便从数量和质量上都使总体优化有确实保证。

还有一层，既然个别的缺陷和局部的牺牲，并不影响反而包括在总体优化的题中应有之义，那么，又使我们得到一种辩证的思想，就是可以允许有决策错误和"错误"决策，即要预计错误、准备错误，决策时明确把错误算计在内，就像打仗，计划中包括部分败仗和牺牲，这并不是有意犯错误，而是：一可以少一点纯而又纯、直而又直的形而上学，多一点辩证法的矛盾系统是对立统一的两点论思想，二不是消极地让它出错误，而是准备两手抓，尽量避免、减少、防止、克服错误和损失，这叫作容错思想或容错技术。这种"容错"，是以总体优化为前提的，如果没有总体优化，它就变成纯粹的错误了。例如，"齐宣王使人吹竽，必三百人"，由于是并联结构，其中虽有南郭先生根本不会吹，却硬躲在里面"滥竽充数"，但无碍大局，不影响总体音响。假如反过来，主竽手或多数人都是这样，那就不成乐调了。在现代计算机技术中，能容许元件出差错而整机仍能正常工作，叫作容错计算机。容错不是明知故犯、消极无奈，而是清醒自觉的辩证意识，既然知道总体优化不等于次优化的全体与总和，其中不可避免地可能包含错误和损失，那就索性把它包括到决策中去，准备一笔"错误"的预算，以便尽快发现错误、控制错误、弱化错误、纠正错误；另一方面，就是为了实现总体优化，明确允许局部"错误"决策，准备损失，以便暂时打烂某些坛坛罐罐，赢得根本的大局的胜利，如军事上的冗余技术、经济工作中留有余地等，就是容错的实际运用。

总体优化规律在管理实践上要求：第一，必须抓住总体目标以及为实现它的工作重心，以保证全局效果；第二，既抓总体优化，同时也抓次优化工作，其中做好两者之间的协调工作是关键；第三，自觉运用和改进管理手段和工作方法，如抓住重点带动一般，学会"弹钢琴"，计划协调技术，编制管理总体关系图、管理流程图等，使管理系统的各方面、各层次、各要素，朝着协调、稳定、持续方向发展，不然，就会出现不平衡、不稳定的起伏曲折，甚至由周期波动走向混沌状态。

第八章　管理混沌论

　　管理过程是一种复杂多变的动态系统，它有决定论的必然规律，却具有多向性和多样态。如果出现周期波动，那就是无序的前兆、躁乱的边缘，再向前跨一步就是混沌状态。那么，什么是混沌现象？混沌运动是否也有规律呢？管理又如何从混沌走向有序呢？这就是本章要专门研讨的内容。

一、管理混沌现象

　　混沌现象，是自然、社会、思维运动发展中的一种普遍状态和过程。西方的科学家和哲学家认为，中国的思想文化"始终是启迪的源泉"①，在我国典籍中就描述过，"浑浑沌沌，离则复合，合则复离，是谓天常"②。随着科学技术的进步发展，混沌成了多门学科关注和探索的热点，被称为继相对论和量子力学问

---

① ［比］普里戈金、［法］斯唐热：《从混沌到有序：人与自然的新对话》"作者
　为中译本写的序"，上海：上海译文出版社1987年版，第1页。
②《吕氏春秋·大乐》。

世以来，20 世纪物理学的第三次革命，其覆盖面广，涉及自然科学和社会科学的几乎所有领域。它不仅改变了天文学家看待太阳系的方式，也开始改变企业家的保险决策方式，而且改变战略家分析紧张局势导致武装冲突的谋划方式等。不过，混沌科学还是一门年幼的不够成熟的新兴学科，从 20 世纪六七十年代才展开全面研究，但是，已经显示出它的理论的普适性和应用的广泛性。目前，混沌现象和混沌科学，正在引起哲学界和管理界的兴趣和重视；特别是联系我们的历史经验和现实教训，对管理混沌现象及其规律加以科学探讨和哲学思考，以便稳定、协调、持续地进行社会主义现代化事业，实是非常必要而有益的一股给人新启示的清泉。

混沌，亦作浑沌。在我们日常生活中，混沌说的是昏暗、杂乱、糊涂等意思。在中国古代典籍中，"混沌"一词主要有三种解释：一是指自然的原初状态。如《易乾凿度》中"气似质具而未相离谓之混沌"；传说盘古氏分天地，未分之前就是混沌一片。二是指社会的黑暗状态。司马迁《史记·五帝本纪》中说，"昔帝鸿氏有不才子，掩义隐贼，好行凶慝，天下谓之浑沌。"三是指人们的愚昧状态。如张守节引杜预曰："浑沌，不开通之貌。"在英语中，Chaos 这个词是混沌、混乱、无序的意思。日本《国语辞典》对"混沌"一词的解释是："宇宙形成初期没有天壤之别模糊一团的状态"；还有"势均力敌者针锋相对，无法预料形势将如何变化的状态"。

由上可见，混沌，就是指不稳定、不规则、不清晰的无序状态，虽然它是在决定论前提下也是有原因和规律可循的，但是一般来说，其变化和后果难以准确预言。

混沌现象，在世界上到处可见，比比皆是。如：生活中的烟雾，开始时保持一定形状，慢慢变形，最后烟消云散了；繁华街道上的车流；散会、散场时的人流；人体脉搏正常是每分钟 72 跳，但有时它却或快或慢；等等。自然中，空中的飞尘，自由自在，四面八方，随处乱扬；闪电，从来不走直线；珊瑚虫，究竟是动物还是植物？不少奇异生物界限难分；河水本来正常流动，如果遇到障碍，或山洪暴发加大流量，它就出现旋涡，变成乱流、紊流；等离子体的运动就不稳定了，有百来种不同形式；等等。社会中，经济失调，市场混乱，尤其是股市很难捉摸，如1987年10月，纽约股市出现的"黑色的星期一"；日本已故原首相大平正芳1978年就说过，资本主义国家支持高速发展的基础崩溃了，"世界经济好像打翻了的玩具箱，一片混乱"；军事中，近现代史上的世界大战，新、老军阀混战；思想文化中，最明显是"朦胧诗"和"过渡性文学"，既有不满和觉醒，又有迷惘，有的作品讲了"一切"，而"一切"都不知讲什么。最后，甚至在科学研究中，也有混沌现象，如潜意识，就是专门研究"连本人也没有直接明显的觉察，没有或不须经过深思熟虑的"意识的，量子力学中的测不准原理，就是微观粒子在特定情况的特殊定量测不准关系的反映；模糊逻辑、模糊数学，研究事物中那些界限不清的关系问题；概率论，就是研究事物运动的随机过程。

管理过程是社会现象，是有思想意识的人有目的有组织有计划的群体运动，其本身就是一个随机系统运行过程。所以，管理混沌现象，除了同一般的混沌现象有共同性以外，还带有自己的特殊性。不过，我们先来叙述管理混沌现象的表现，再来分析管理混沌的特点和规律。

管理混沌现象，指管理中那些不稳定、不规则，不清晰的信息、思想、计划、机制、行为和效果。要注意的一点，就是先不要管是正常的还是非正常的，这样的价值评判要放在事实之后。

管理信息混沌

管理信息混沌，是指管理主体和管理客体的情况不明，信息不灵。由于基本情况没有掌握，情况又在不断变化着，有些有书面材料，有些只是口头传闻，有些则什么也没有，在信息流转的渠道上又有这样那样的摩擦和障碍，有说是的，有说非的，一会儿又说直，一会儿又说曲，到底是东南西北，还是 ABCD？搞不清，说不准，或明或暗，甚至两眼一团黑，对管理主体和客体的各方面、各因素的状况，及其相互关系与变化的本质和规律，混沌不定、不准、不清，这就是管理信息混沌现象。

管理思想混沌

管理思想混沌，是指管理者对管理指导思想和方针政策，搞不清、吃不准、拿不稳的情形。例如，上级意图不清、方向不明，没有确定性的原则和方针；管理理论五花八门，哪种正确、哪种错误，或部分有效、部分无效，究竟应用哪种观点才对？对人财物的掌握尺寸和界限模糊，划不清；等等。如有的说，没有把握，再等一等看；有的却认为，边干边看，在实践中来搞清楚；有的则不管三七二十一，干，只要有利就行。这些都是管理思想混沌的表现，因为由于种种主客观的原因，管理者的思想和精神状态为许多问题和矛盾所缠绕，一时理不出头绪来，计划难订，行动很难下手，不干又不行，表现出苦闷、犹豫、烦躁、谨慎、乱上等情绪。

管理计划混沌

管理思想混沌，工作还要照干，就必然反映到管理计划中去。目标不明，要求不具体；措施原则化，不易贯彻执行。或者指标高低失当，措施相互矛盾。还有法律、纪律、规章、制度，规范不清楚，主次、强弱、明暗、软硬失调，甚至互相抵消。目标、政策、措施、法纪等，缺乏一致性、系统性、配套性等等，这都是管理计划混沌的表现。有时计划迟迟发不出，有时一个指令还没有发，就要收回修改了，有时指标、法令下达了，又收回了或作废了，或修改了或重发了。计划下达后，在干部和群众中引起了反应，提了各种意见，管理者等待观望，或犹豫不决，或置之不理。在实施计划过程中，证明有些可行，有些不可行，管理者不及时反馈，而是一意孤行，或三心二意，捉摸不定，不知所措，等等。这些也是计划工作中的混沌现象。

管理机制混沌

管理机制混沌，包括体制系统各部分、各层次的职能、关系、程序上，经常不断地、时起时伏地、明暗结合地、软硬兼施地发生各种各样的紊流现象。例如常见的有：

职责不明，权限不清，或有事无人管，或有人无事干，"踢足球""托排球""双推磨""太极拳"，或互相争夺，或互相推诿，或互相钳制，或互不理睬，矛盾重重，纠纷连绵。对上级文件、会议、指示不传达，不研究，不贯彻，不反映，或"上有政策，下有对策"，或"差之毫厘，谬之千里"，或拖下去，顶回去。

不按规定原则和细则办事，"截流""插队""开后门""飞过海""锁频""倒流"。以权谋私，以职捞钱，拉帮结派，争权夺利，两面三刀，欺上压下，明争暗斗，甚至公开争，窝里斗。迟到，早退，不请假，不上班，上班不干事，干事不出力，传小道，泄机密，做私事，山海经，打老K，搓麻将，有错误，不认账。工作马虎，工间差错，吃喝浪费，损公肥私，失职渎职，敷衍塞责，责任事故，工伤事故，无事生非，得过且过。贪污盗窃，行贿受贿，堕落腐化，违法乱纪，等等。这些都是管理机制混沌的表现。

管理行为混沌

管理行为混沌，主要是指管理人员的言行举止，没有原则、没有规范、没有控制的表现。如：以其昏昏，使人昭昭，模棱两可，考虑考虑，研究研究，商量商量，再看看，再等等，再查查，不置可否，不知所措；察言观色，趋炎附势，吹吹拍拍，拉拉扯扯，以职位唬人，以权势压人，吹胡瞪眼，指桑骂槐，不讲道理，动辄训斥等，这些行为都是管理中的混沌、乱谱的行为。

管理效果混沌

管理效果混沌，是说管理在经济、政治、文化、思想各方面所引起的变化和后果而言。包括经济结构失调、运行失控、生态失衡，政策失灵、民心不定、政治动乱，文明无据、思潮混杂、风化失主，显现错综复杂、变幻莫测的局面和趋势。

有很多科学著作有各种各样的描述，例如，杰里米·里夫金、特德·霍华德在《熵：一种新的世界观》的导言一开头就说："我们每天都发觉世界比前一天更加杂乱无章"，"无论是社会主义还是资本主义，都犯了同样的毛病。同一种不可抗拒的分崩离析的力量在吞噬着我们，无一例外。"[①] 毛泽东在《星星之火，可以燎原》中形容当时中国的情况，是处在"一种皇皇不可终日的局面之下"，"一种混乱状态之下"。[②] 这就是不稳定、不规则、不清晰的混沌现象，由此同样可以想象管理混沌是怎样一种情形了。

管理混沌，是管理信息、思想、计划、机制、行为、效果等，一个方面或几个方面或综合整体混乱的表现，在不同的条件下有不同的性质和状态，所以不能一概而论，要对具体情况进行具体分析。

二、管理混沌类型

混沌现象，严格地讲，目前还无法从本质特征的区分上分类，因为混沌科学的发展还很不充分。

管理混沌类型，也有多种划分视角，不同的视角就有不同的分类。从时间角度划分，有持续型和阵发型。从空间角度划分，则有整体性和部分

---

① ［美］里夫金、霍华德：《熵：一种新的世界观》，上海：上海译文出版社 1987 年版，第 1、2 页。
②《毛泽东选集》第 1 卷，北京：人民出版社 1991 年版，第 101 页。

性之别。从管理主体系统角度划分，有全局性和局部性的混沌。从管理客体系统角度划分，则有经济、政治、军事、文化等不同类型。从形式上划分，有连珠炮式，一个接着一个爆炸；有传染病式，一块一块地波及；有放烟花式，一炮一散即自行熄灭；有发卫星式，火箭发射后还要长时间盘旋；有神鬼妖式，不知不觉，潜移默化。

从性质和内容结合上划分，则可分为：失误型、变革型、创造型。这种划分，有较大的理论意义和实践意义。例如，管理奇才李·艾柯卡挽救即将倒闭的克莱斯勒汽车公司的过程，比较典型地集中体现了三种类型的混沌现象，有许多经验教训对我们有很强的启发性和参考性。

失 误 型 混 沌

失误型混沌，就是因为管理错误而引起的混沌后果。其中的各种错误的原因直接引起混沌的后果以外，各种原因和各种后果之间又发生交互效应，导致综合性的整体素流的混沌运动图形。

54 岁的李·艾柯卡，在为福特汽车公司做出了 20 年的汗马功劳之后，突然被无故解除了总经理职务，在伤痛欲绝又踌躇满志的一年以后，于 1979 年又被聘为"景况如此糟糕"的克莱斯勒汽车公司的总主管。本来是美国三大汽车公司中除通用、福特而数老三的克莱斯勒公司，后来超过福特公司上升为第二位，它原是沃尔特·克莱斯勒于 1923 年创立的，1925 年改名的全国最富有的十大公司之一，拥有设计和工程技术革新的强大实力和优秀传统。但是，眼前这个公司是完全另一个样了，正如艾柯卡所说："由于多种多样的原因，克莱斯勒公司的困难要比我意料的多得多。"[①] 1970 年春天，伊朗发生政治动乱，接着又是能源危机，还有压轴的 50 年来最严重的经济衰退的来临。公司内外交困，濒于破产。1978 年 11 月 2 日，《底特律自由报》上两条醒目大标题：《克莱斯勒公司出现历史

---

① ［美］艾柯卡、诺瓦克：《艾柯卡自传》，石家庄：河北科学技术出版社 1986 年版，第 169 页。

上最大亏损》《李·艾柯卡加入克莱斯勒公司》，就在艾柯卡到任那天，公司宣布有史以来最严重的亏损，连续三个季度达 1.6 亿美元。从艾柯卡踏上这只沉船起，就陆续发现公司一系列不祥之兆和自杀因素：

　　△ 公司董事长约翰·里卡多和总经理吉恩·卡菲罗之间的不和，全城人都知道。

　　△ 无政府状态：总经理办公室像一间过堂屋，不时有些经理端着咖啡杯推门穿进穿出；董事长的女秘书偷懒，花好多时间用专线电话谈私事，你就会想象得出这地方有多糟了；根本不像一个公司在发挥作用，公司里有许多各自为王的小集团，在这些独立王国里，没有人关心别人在做什么；35 个副总经理各自为政，没有真正的委员会机构，没有统一的计划，也不按一定制度召集会议交换看法，大家都各干各的，似乎处在真空里，显然，这些人不相信牛顿第三定律——任何作用都会有其反作用。"这时我才认识到，自己处在无穷的麻烦之中。"

　　△ 公司里的人好像都不懂得不同工种之间的相互联系多么重要，工程技术部门和制造部门的人应该睡在一个房间里才是，可是这里连互相打招呼都很少；打电话叫工程技术部门的人来，告诉他设计和关系有问题，他也许会惊讶得说不出话来。

　　△ 又如一个副总经理负责管理销售和制造两个部门，这是不可思议的；更糟糕的是，同属一个人管，两个部门平时都没有任何联系，最后存货大量堆积，财务发生困难。

　　△ 公司的人们好像都不懂得要想获得成功，每次搞新产品之前，都必须专门开些预备会议，使每个人都了解他的职责及同其他部门工作如何配合。

　　△ 缺少一套控制财务的完整制度，更为糟糕的是，当需要订计划时，全公司没有一个人真正掌握公司目前的财务情况，即使最基本的问题都答不上来，这里提出要个名单、投资和回收率等报表，就像对人说一种外国语，得不到回答。"这是我在企业生涯中遇到的最吃惊的问题。"

△ 林恩·汤森一直享有管理专家的好名声，但是，他作出一些决定，跟生意人一样，更多的是考虑下个季度的利润，而不是公司长远利益。多年来，克莱斯勒公司由一些并不真正热爱汽车事业的人经营着，如今他们自食其果。

△ 在汤森的领导下，本来一直作为公司一张王牌的工程技术却被削弱了，公司利润开始下降后，工程技术部和产品发展部成了牺牲品。

△ 以汤森为首的领导班子，不是把力量集中在造好汽车上，而是设法向海外发展，由于急于想成为一个国际汽车公司，甚至购进了一些破产的欧洲公司，在世界性交易中经常受骗上当。

△ 汤森在股东中享有名气，他是靠买股票发的财，但并未真正懂得公司最重要的事是什么，在他领导下，丢掉了所有大陆的生意。

△ 董事会消息闭塞，既不放幻灯简报，也没有财务检查制度，只是里卡多念一遍写在一个旧信封背面的几句话算是一种通报。这根本不是经营全国第十大公司的办法！

△ 全公司的人不是诚惶诚恐，就是心灰意懒，所有的副总经理都不称职，每一个人的工作都不那么合适，公司里的人都不能发挥自己的专长：北美负责零件服务的人，调来当主管财务的副总经理，连本人也不满意；一位负责欧洲事务又从未干过采购的人，调上来担任负责采购的副总经理，这多么可悲！

△ 问题总是接踵而来；一个人工作能力不强，他最希望有一个能力同样也不强的却自以为是的人支持和拥护他，他想：如果手下的人水平太高，他会显得比我强，最后会顶替我的位置。结果一个无能的经理就会带出一个无能的助手。他们利用公司的弱点栖身其间。

△ 在人们眼里，这家公司的一些经理打高尔夫球的技术倒远远超过他们经营汽车的本领。公司里自然士气不高，一旦士气低落，就像个大漏勺一样，各种机密不胫而走，而且往往是，大家担心公司破产、丢掉饭碗的情绪低落时，泄密的事也就更多。这种状况都严重地表现在资产负债表

上，这就是其他汽车公司都干得很出色，而这家公司偏偏办得很糟糕的原因所在。1978 年三大公司中，通用和福特宣布销售额和利润都创了纪录，出售量分别达 540 万辆和 260 万辆；而克莱斯勒还不到 120 万辆，仅一年内，国内销量从 12.2％下降为 11.1％，卡车销量从 12.9％下降为 11.8％，更严重的是，顾客指定型号车购买率两年内减少 7％。调查表明，有 2/3 的顾客从感兴趣后至不满意，顾客更多是蓝领工人、上了年纪的人和文化程度低的人，较多集中在东北部和中西部的工业区，他们不买竞争性强的汽车。克莱斯勒的产品缺少生机，已有些令人厌倦，丢掉了加利福尼亚州这样的好市场。

△ 不只是式样不新，质量也有问题。最差劲的"阿斯彭"和"沃拉雷"车，用不上一两年就坏了。这是 1975 年为着急要用钱，提前了六个月，没有完成设计、测试和制造的全过程，就匆匆忙忙上市，实际还处在试验阶段，所以纯属粗制滥造，一踩油门，发动机就不动了，闸会掉下来，引擎盖会关不拢，顾客抱怨甚多，最后 350 万辆车被退回给汽车商免费修理，公司只好认赔。另外，"沃拉雷"车因挡泥板生锈，1980 年就为此花去 1 亿多美元，当时正是公司拮据之时，修理后的车价值大为下降，而且公司名声严重损害。

△ 又发现一个严重的问题，一个非正式会议，决定停止生产 1 万辆车；一个星期以后，一次较为正式的会议，决定立刻取消 1979 年第一季度交货时刻表上的 5 万辆车的生产任务。为什么这样随随便便取消生产任务？出于什么利益考虑？很可怕地发现，公司不是根据汽车商订货情况生产的，已没有地方停放日益增多的库存车辆了。公司是由制造部定期通知经销部将生产什么车型和多少数量，至于卖不卖得出去，他们是不管的，这简直是本末倒置！大部分库存车停放在底特律地区的大片空地上，数量大大超过我们预期的销售量，这是公司组织薄弱的有力证明。曾经一度库存高达 10 万辆，表明有 6 亿美元存货冻结在那里。苦于收不回现金，国内利率又高，维持这批存货的成本已达天文数字了。更糟的是，露天停

放，风吹雨淋，日趋损坏。造汽车成了一种大猜谜游戏，关在办公室里作决定，那不太遗憾了吗？

△ 库存的汽车总得处理吧，因此每月月底，各区负责管理存货的人就举行一次拍卖会来清仓，要花一个星期时间打电话找买主，到时常常可以用优惠的比正常批发价便宜得多的价钱，买到 10 辆一批的车子。公司要摆脱这种拍卖制度，否则永远赚不到钱。可是，公司里的人习惯以此为生，甚至有点上瘾了。人们难以设想，一旦废除了它，公司如何生存，汽车仓库制度正在毁灭克莱斯勒公司。

△ 库存车已经够头痛的了，又发现克莱斯勒公司居然是世界上最大的租赁公司，向两家汽车出租公司出租小汽车，半年后又买回来，汽车商不要这些旧车子，又不得不以廉价拍卖，第一年就为此销账 8 800 万美元的损失费。

△ 除了汽车仓库、租车业和各种其他问题外，还不得不为由于管理错误而勾销 5 亿美元。

克莱斯勒公司濒临破产，而无人能够挽回局面的事实表明，失误型混沌的主要特征是：① 由管理系统领导层决策思想、方针、作风上的错误所引起；② 导致全面系统的腐败和损失；③ 由来已久、积重难返、恶性循环、实难自救，可以说一般都是撤换领导人员，由别的人来纠正和扭转的。虽然在不同条件下，失误型混沌还会有不同的具体内容和形式，但是，不管是古今中外，不分是原任班子还是新上人马，只要是发生失误型混沌，就一定具有它的几个主要特征，并且必然预示着新的变革迟早到来。

变 革 型 混 沌

变革型混沌同失误型混沌不同，它不是由管理错误所引起，而是因为正确的、进步的、革命的管理实践，必然引起的系统变革过程中，所难以清晰、准确预测的混沌现象。这种现象往往集中表现在社会革命和历史转折时期，或一个部门、地区、单位的改革和变换关头，那些难以避免的偏离和超限的颤动。这是指预拟常规以外的，或者同时交织的思潮矛盾、利益冲突、关系纠葛中，既偶然又必然的事件和现象。"转折是一种严重的事情。转折对于那些在党的车子上坐得不稳的人是很危险的。并不是任何人都能在转折时保持平衡的。"① 由于不平衡，就可能发生心理的、行为的形形色色的漫反射现象，经常出乎意料而无法完全按常规控制。当然，这类混沌现象有时很难同失误型混沌界限分明，如果主因是管理失误所引起，则就转化为失误混沌，比如，对偶发事件认识和处理不当，从而激化矛盾而不可收拾，就是这种情形；但是，从管理的基本指导思想和决策措施上，因果联系还是有客观标准可以依据分析的。

艾柯卡上任以后，着手进行一系列的调整改革，在人事、质量、广告、关闭一些工厂、保障供给、适时运货、节省开支、增加现金、缩短战线、裁减人员、开拓市场、银行贷款等方面，经过艰辛反复的奋斗，都收到了明显而成功的效果。这证明他认为"公司的癌症还没有扩散到全身"，立足于避免破产全力挽救的指导思想和方针是正确的。但是，尽管如此，他并没有想到公司的经济会崩溃，更没有料到伊朗问题、石油危机和全面经济衰退，所以，在不稳定的局面下起死回生，仍然是难题和危机一个接着一个。比如说：

△ 领导调整后有了新体制，但也有分歧，那是不可避免的工作关系中的一部分。

△ 广为传说公司就要倒闭的恶毒谣言，需要面对各种难题。公司成了大家笑话的目标，漫画家大肆渲染。

△ 1979 年 1 月 16 日，伊朗国王下台。几个星期后，汽油价格涨了一倍。克莱斯勒公司生产耗油量大的大型车和兜风车，首先成了能源危机的牺牲品，轻型货车销售量下降一半。

———————

① 《斯大林全集》第 10 卷，北京：人民出版社 1954 年版，第 318 页。

△ 国家陷入了经济衰退，一波未平，一浪又起，公司招架不住，全国汽车销售量下降一半，投资加倍而收入减半，这种情况前所未有，又无规律可循，也无赌注可下，前途未卜。

△ 关闭一些工厂，市内一家老厂关闭引起了当地居民的强烈抗议，公司实在没有办法。

△ 根据政府贷款规定，工人享有股票所有权。这使公司每年花费4 000万美元，长达四年时间。

△ 退休工人特别多，成了一个社会问题，冲击了社会保险制度，致使没有足够的劳动力支持。

△ 工会主席参加董事会，但有些工人认为他是变节分子，而又引起企业界一片哗然。

△ 公司欠400家银行和保险公司47.5亿美元。银行界所有的人都希望克莱斯勒宣告破产，尤其是花旗银行享有死硬派的声誉。更糟糕的是，贷款利率各不相同。各银行之间又存在许多意见分歧。公司花了几个月才制订出一项银行可以接受的计划。同银行谈判十分复杂，付出了极大的精力。

△ 1980年6月10日，公司再一次滑到破产的边缘，不得不停止对供应商付款了。停止供应材料，等于公司破产。幸好，供应商还是送货来了。

△ 1980年6月，所有银行的工作都做通了，但公司的事则更复杂，一万个单独文件，叠起来足有7层楼高，光印刷费就花了200万美元。但临签署的头一天，存放大部分文件的纽约曼哈顿公园街299号西瓦科大楼突然起火，幸好在20层以下，凌晨2点半大家在30层以上的几层抢救出全部文件。克莱斯勒公司可以指望重新开张了。

艾柯卡挽救克莱斯勒公司的变革实践证明，在艰巨复杂的变革过程中，难以预料的混沌现象是不可避免的。这不仅仅是一种挑战，而且是一种冒险。高明的管理者不仅要求具有坚强的意志和应变能力，而且，为了整体目标的实现，在有条件的必要关头，还要敢于创造混沌以取得更有利的新时机。

创 造 型 混 沌

创造型混沌，是指管理者在一定的主客观条件具备必要性和可行性的基础上，敢于冒风险闯难关，主动创造一定时空范围的可以控制和消化的混沌现象，以便进一步暴露矛盾的本质和规律，争取更有利的改革与发展的新时机和新条件。例如，对某些消极顽症，采取以毒攻毒或风险手术的治疗方法，这叫作创造危机，以化解和消除之；对某些必需的但又极端匮乏的生存条件，就要像白素贞和小青那样刀山敢上、火海敢闯，不怕天灾人祸、艰难险阻去盗取仙草，这叫作有条件上，没有条件创造条件上；还有像《孙子兵法·九地篇》"投之亡地然后存，陷之死地然后生"，《史记·淮阴侯列传》中"陷之死地而后生，置之亡地而后存"，放在不决战就会陷于灭亡的死地，敦促奋勇杀敌，从九死一生中闯过鬼门关而转危为安，这叫作置之死地而后生。这里三种情况，管理者都是明知山有虎，偏向虎山行，自讨苦吃，自寻"短见"，必然经历复杂艰险、生命攸关的遭遇战。这种创造型混沌的出现和踏破，才是管理活动的最高能动性的最佳发挥。这同坐享清福的懒汉哲学有鲜明对照，也同胡想蛮干的冒险主义有原则之别。

艾柯卡挽救克莱斯勒公司的艰难历程中，最要紧最壮观的一幕，就是"非常措施：向政府求援"。公司的经济状况越来越坏，亏损越来越大，处境十分险恶，没有能力自救，要想生存就得求援。但这样做，就同自由企业制度的传统相悖，面对同事的异议、社会的讽言、政府的阻力等等这样的"大合唱"，必然有一场提心吊胆、怒发冲冠的混乱恶战。艾柯卡分析了几百次投资者会议的"空话"，阿拉伯大富翁的欺骗，同其他公司合作的风险，副总经理的反对，免税计划的不行，实在没有余地了，终于不得不向政府求援。他又回顾了要求这样做并非第一家，而向国会两次交涉都被打回，到 1979 年 8 月，获悉新任财政部部长表示支持，到这时才决定申请贷款保证。即使这样：

△ 公司内部还经过激烈的思想斗争，尤其是了解全盘情况的斯帕利希持反对态度，他认为政府插手会毁了公司。

△ 这个申请将会引起很大争议。最激烈的反对来自企业界大多数领导人的强烈态度，认为这样做违背美国精神，各种忠告像流水一样涌来，种种陈词滥调死灰复燃，还有其他各家说法应有尽有。

△ 全国制造业协会强烈反对，1979 年 11 月 13 日的一次会上通过了形势声明：办企业的一个重要前提是允许失败也允许成功，既可亏损也可盈利……现在是重申"不要政府帮助"的原则的时候了。"这项声明使我十分恼火"，于是写了信件逐条驳斥。

△ 一些主要的原料供应商也加入了反政府援助大合唱。"我们受到孤立，遭到旧观念的围困。如今，自由企业必须进一步调整。"

△ 在国会内外展开了激烈的争论，首先是思想领域，涉及竞争问题、工人就业问题，但最为重要的是经济问题。如果公司破产，公司工人、汽车商和材料供应商总共 60 万人有失业的危险，国家仅第一年就要支付失业保险费和福利费 27 亿美元，这将是一场大灾难。一旦破产，牵一发而动全身：银行和金融公司切断对汽车商的资金供给，估计公司的汽车商 1/2 也会被迫导致破产，市场阵地被通用和福特夺去；使几千家依靠公司为生的材料供应小企业难以维持，其中许多家也只得宣告破产，反过来公司又失去了重要机械部件的供应；这种美国历史上最为严重的破产对国家会有什么益处？据有关资料估计，将使美国公民增交失业、福利等税金 160 亿美元。宣告破产将付出如此重大代价！

△ 在开展争论过程中，几乎人人都对我们肆意抨击。《纽约时报》专栏作家、漫画家，《华尔街日报》尤其冷酷无情，发表社论使人难以忘却，把贷款保证称为"救不活的克莱斯勒"，还充分报道每个坏消息，而有意忽视许多充满希望的迹象，甚至在公司得到贷款保证以后，还继续预言经

济形势将更加糟糕、汽车销路更走下坡路等。这些使人不得安宁的舆论，让我们不得不用一部分有限的精力设法减少它们的不良影响。

△ 在众参两院作证的滋味，那是世界上我最不愿意干的事，但只要存在着得到贷款的一丝希望，我还非得亲自出马不可。听证会场的设计就是为了吓唬证人的。议员们居高临下，证人必须抬起头来才能看到提问者，从心理上就处于不利地位，更糟糕的是，那些电视摄像机的强烈灯光总是照射着你的眼睛。我被称作证人，实际上成了被告，我得一小时一小时地坐着，听国会和新闻界对我的审判，有真的也有凭空想象出来的。问题突如其来，经常是多种含义。只有我孤军作战，应付一切。这简直是谋杀！

△ 在国会听证会期间，我们成了向全世界表明美国工业一无是处的活生生的典范。报纸社论版经常羞辱我们，未能体面地关门了之。我们成了漫画家讽刺的目标，真想置于死地而后快。妻子女儿在商店、学校成了被人耻笑的对象。我们付出了比关门和一走了之更大的代价，它变成了个人间的恩怨，而且有针对性的，因此是十分痛苦的。

△ 无休止的提问，无休止的非难。有些委员会成员根本不相信公司如今已推行一套全新的管理制度，绝大部分人根本不考虑联邦政府的种种法令和规定如何束缚人们的手脚，并继续指责公司前任领导的错误，还要求我为之辩护。每个人都在找替死鬼，可是我不愿意把所有的责任一股脑儿推到前任身上。例如，1939 年第三季度，三大汽车公司都有巨额亏损，难道三家公司领导同时变成白痴了？很明显，这里还有更重要的因素。因此，我在作证时把重点放在政府设置的障碍上。

△ 我的大部分时间还是花在小型的秘密会议上。幸运的是，有些议员支持我们。

△ 在 1979 年的最后三个月里，我承受了沉重的压力。我一星期要去华盛顿两三次，还要维持公司的正常运转。我每次去华盛顿，一天都要安排 9 至 10 次会见，每到一处，都要提出同样的重点，面对同样的争论，

重复、重复再重复。当我走在国会铺着大理石的走廊上，突然头昏目眩，视线重影，差一点昏倒，有人把我送进众议院医务室转卫生所，检查结果是头晕症，20年前曾经犯过一次。紧张和压力使我觉得脑袋里装满了石头，不过我总算熬过来了。

△ 在这段含辛茹苦的日子里，公司销售情况大幅度下降，一夜之间顾客比例从30％降到13％。如何对待这种危机，公司里有两派意见：有的主张沉默，稳定不慌，自然过去；代办广告的公司的人却反对，建议大叫一声死去，至少有人听见你要死了。公司采纳后者，直率、坦诚的广告，"花钱的公共关系"，也澄清了一些似是而非的说法，使人相信申请贷款保证绝不会造成一个危险的先例。对于那些不真实的新闻报道，光是不理睬是不够的，不妨面对挑战，并以事实取代谣言。广告运作十分成功，最大缺憾是，你搞不清到底广告的哪一点真正起到了作用，从而改变了人们的思想。但有消息说，卡特政府和国会的人拿着广告进进出出，从一个办公室跑到另一个办公室，有的高兴，有的愤慨……

△ 与此同时，华盛顿出现了另一条战线——一个庞大的代销商宣传队，他们对从意识形态上反对我们的国会议员产生了很大影响，因为他们在竞选活动中有过贡献，这点议员们是无法否认的，全国535个选区中，只有两个选区没有克莱斯勒公司的供应商和推销商。宣传队真是对症下药，取得了空前惊人的效果。

△ 工会主席杜格·弗雷泽为我们做了许多工作，在国会作证的证词很漂亮，阐述了如果申请不批准将给工人和社会带来多大的痛苦。他单独地会见许多众议员和参议员。他还是副总统蒙代尔的好朋友，对白宫进行了两三次重要的访问。

△ 我也曾亲自去白宫找过总统，卡特没有卷入关于克莱斯勒的争论，他基本上是支持我们的。

△ 投票表决即将来临，议长蒂普·奥尼尔的支持仍是关键性的。他说："我总为争取100个就业机会而拼命奋斗，今天晚上有100多万个家

庭等着要知道国会的裁决，而我们现在坐在这里讨论这个申请案，不是显得有点荒唐么？"他以朴素的感情打动了众议员们，结果以二比一（271对136）的票数通过了贷款保证申请案。参议院是53对44。克莱斯勒终于获得了再创新机的支持。时值圣诞节前，许多家庭欢天喜地，隆重庆祝。

△ 我已疲惫不堪。尽管松了一口气，但并不乐观。我自从来到克莱斯勒公司，经常看见黑暗的洞口射来一线亮光，但我还没有来得及高兴的时候，迎面而来的却又是一辆火车头，仍然挡住我的去路。在我们得到政府保证贷款之前，还有许多难关要过呢，而且，这将是美国商业历史上最错综复杂的一笔财政交易。只要想到这一点，我就精疲力竭了……

从艾柯卡挽救克莱斯勒的危机、改革、闯关过程，极其生动、具体而典型地呈示了三种管理混沌的复杂动态画面，虽然是现代资本主义社会经济管理的经验教训，但是，对现代社会主义制度的经济、社会、国家的研究者、管理者、决策者，是否可以获得许多信息和启发，学习、思索、参考、吸取不少普适性、共用性的宝贵理论和实践财富呢？答案是肯定的。不仅如此，它也为我们继续深入研讨管理混沌运动的系统和规律，提供了样品资料，开辟了基本思路。

三、管理混沌系统

参照现代混沌科学，管理混沌现象是一种独特的系统，它的组成部分及其内在矛盾，说明它具有特殊状态和本质。

管理混沌结构

管理混沌系统由四个部分组成：一是振子，即混沌运动的物质主体。在管理混沌系统中，具体是指管理主体或客体系统中运动着的各个物质实体，不管是个体、群体或组织机构，都可能成为混沌运动的振子。例如，克莱斯勒公司就是管理混沌运动的振子。

二是空间，即混沌运动发生的空间。在管理混沌系统中，是指振子运动的广延程度、地域、规模，包括直接作用和间接影响的辐射面。空间提供并标志着混沌振子运动的自由度大小。混沌运动是不规则的振荡运动，没有一定的空间和自由度，是不可能发生的。

三是吸引子，即混沌学中叫作奇怪吸引子。在管理混沌系统中，这是指管理振子混沌运动的吸引中心，在混沌运动时，振子始终围绕吸引子运转。社会管理过程不同于自然过程，它是人类活动的系统过程，因此，吸引子都是振子需要维护和追求的利益、规范、观念、目标。例如，在战争中，一切行为都围绕着"保存自己，消灭敌人"这个全局中心；股票市场的涨落和投机中，最大的股票差价始终是刺激人们的兴奋中心；前面讲的艾柯卡的传奇故事中，《华尔街日报》等那么顽固而激烈地攻击克莱斯勒公司向政府申请贷款保证，说他们是为捍卫自由企业制度的"美国精神"等等。这些奇怪吸引子，具有双重性质，一方面是振子平常运动的均衡稳定点；另一方面，又是振子进入混沌运动的倾斜吸引点（或环）。所以，吸引子是混沌系统的核心。

四是能源，就像自然运动中需要热、电、磁力一样，社会管理运动必须有能量资源的支持和供应，如果没有人力财力物力的能源损耗，并达到一定的临界点，任何运动包括混沌运动也不可能进行。在耗散系统中，混沌运动的熵是很大的。

管理混沌系统，就是由上述四个部分构成的系统，由于它们的对立统一，同时还受外部矛盾各种条件和偶然因素的作用和影响，才成为复杂的动态系统。

管理混沌矛盾

管理混沌动态系统，由于振子、空间、吸引子、能量源四个方面，再加上外部因素，构成相互联系、相互制约、相互作用的复杂体系，产生一系列复杂的矛盾关系。

吸引与排斥。黑格尔说过，物质的本质是吸引和排斥。康德早就把物质看作吸引和排斥的统一体了。有吸引必然同时有排斥，"一切运动都存在于吸引和排斥的相互作用中"[1]。在整个宇宙中，一切吸引运动和一切排斥运动，总和是相等的平衡的，但是，每一个具体物质系统内部和外部，吸引和排斥是不相等、不平衡的，尤其是在混沌运动系统中表现得更为明显。在社会管理过程中，以不同的利益和目标为吸引子，系统内部各部分之间以及和外部因素之间，都存在着吸引和排斥的关系。由于观念和实力的差异和悬殊，吸引和排斥的不平衡和不稳定，就像克莱斯勒公司内部的人员、机构、生产、经营上的矛盾差异，以及企业界、政治界、舆论界有人支持有人反对一样，这是管理运动尤其是混沌运动的基本形式，也是其他一切矛盾的基础。

作用与反作用。当我们考察运动着的物质时，第一个遇到的东西就是相互作用。恩格斯反复讲过，唯物辩证法认为不是什么造物主的推动，而正是物体的相互作用构成了运动。"一切自然过程都有两个方面，它们建立在至少是两个起着作用的部分的关系上，建立在作用和反作用上。""自然界中死的物体的相互作用包含着和谐和冲突，活的物体的相互作用则既包含有意识的和无意识的合作，也包含有意识的和无意识的斗争。因此，在自然界中决不允许单单标榜片面的'斗争'。但是，想把历史的发展和错综性的全部多种多样的内容都总括在贫乏而片面的公式'生存斗争'中，这是十足的童稚之见。"[2] 尤其是在社会管理的混沌运动中，各种振子之间都是通过人们有意识和无意识的主动作用与反作用，而且在运动发展过程中，他们之间的合作和斗争还会起变化，呈现出我中有你、你中有我，犬牙交错、变幻莫测的万花筒景象，更非三言两语说得清楚。

总体与具体。总体与具体的矛盾，哲学基础是唯物辩证法关于一般和

---

[1] 《马克思恩格斯选集》第3卷，北京：人民出版社1972年版，第493页。
[2] 同上书，第504、572页。

个别、共性和个性、普遍和特殊、绝对和相对的关系，是它们在事物系统中的表现。总体是系统各方面、各层次、各因素的矛盾统一体，而"具体之所以具体，因为它是许多规定的综合，因而是多样性的统一"①。所以，总体是具体的，而具体也是总体的，它是从属于总体的一个部分，不过是总体系统上不同方面、不同层次上的小总体而已。17世纪德国科学家和哲学家莱布尼兹设想，一滴水里包含丰富的宇宙。英国诗人布拉克曾经写过一句话：一粒沙子可以看出一个世界。中国俗话说，麻雀虽小，五脏俱全。这些都是说总体和具体的一致性。但是，在管理混沌运动中，它们的矛盾出现复杂的情况。例如：总体的正确决策和目标，有可能在具体系统行为中得到全面正确的贯彻落实，但由于利益和观念的差异，常常在具体系统中出现保留、折扣甚至抵制、歪曲现象，像形形色色的"上有政策，下有对策"那样；总体战略和策略不正确不合理，除了清醒的具体管理者能坚持原则、及时反馈，在实践中尽量避免和减少损失以外，可能不少具体执行者却以观念和利益一致而积极紧跟，也有出于遵守组织原则，自觉或盲目地按上级规定去做的；还有，不管总体合理不合理、可行不可行，具体单位都不予理睬、自行其是、另搞一套等等。这一系列复杂的矛盾告诉我们，对于管理混沌现象要特别慎重，它是非线性的往返曲折关系，必须认真加以具体情况具体分析，简单地直线地看问题，往往容易搞错。混沌运动是矛盾错综复杂、变幻莫测的动态系统，这在社会管理混沌系统中表现得更为明显更加突出。这是因为人类社会的经济、政治、文化、思想的综合和交叉作用，呈现出许多光怪陆离、眼花缭乱的情景，以致弄得人们自己也很难辨识和控制，充分显示了混沌现象的特殊性状。

管理混沌特征

管理混沌同一切混沌一样，是一种非线性系统。非线性系统是由非线

---

① 《马克思恩格斯选集》第2卷，北京：人民出版社1972年版，第103页。

性方程描述的，其主要特性是输出不是输入的线性函数，因而不能应用叠加原理，也无法用一般方法求解。混沌运动系统是一种分形的结构和分支的流程。在管理过程中，由于运动能量达到临界点以后，例如前述三种管理混沌现象，如果管理错误在全局上持续，并达到全系统普遍化时，或者变革措施和创造混沌的条件达到公开坚持的关键点，则必然出现激烈的意见分歧、行为冲突，并且每个具体系统及其动作的形象，同总体的混沌形象大体一致，是大混沌套中混沌、中混沌套小混沌的自相似结构。这种分岔过程和分形结构，是混沌运动的一般特征，不过在管理系统中，由于人的作用而更明显更复杂罢了。

复杂性是混沌现象的又一重要特征。我们在日常生活中，大多数人以为，传统教科书中提到的，如重力作用下物体的自由下落，或一个时钟单摆的振动，压根儿说的就是"简单的"，而相反，都一本正经地把社会经济体系、语言、哺乳动物的大脑，甚至最低等的细菌看作是"复杂的"系统。这样看问题有一定道理，但不完全对，甚至可以说基本上是不对的。例如水、气，看起来很简单，但初等理化就告诉我们，在气压为 760 毫米水银柱、温度为 0℃ 时，一摩尔的任何气体所含分子数等于阿伏伽德罗常量，即 6.02×10^{23}，那么，一立方厘米的空间里，就挤着一千亿个分子，而且在各个方向上运动，不停地相互碰撞，这是简单还是复杂呢？所以，复杂性不光是复杂系统有，简单系统如果出现混沌运动，也是复杂性的表现。简单和复杂的界线很难区别，它们可以相互包含、相互转换。尤其在当前世界处于多元竞争的条件下，社会变幻中使有些人成了"变形人""变色龙"，社会管理也经常跌宕转换。

由于非线性的复杂变化，必然带来第三个特征，就是或然性。或然性在我们的理解中，是随机过程中稳定性以外的无定则、不可逆的偶然变动性。随机过程有两种情况，一种是平稳的随机过程，虽然有随机性，但有可能是周期性的，概率数值比较稳定；另一种是不稳定的随机过程，运动变化无常规，不定型，忽起忽伏、忽生忽灭，很少或没有重复性，所以很难或无法预测，这就是混沌运动。自然现象如此，管理现象更如此。由于许多偶然因素，尤其是在熵值很高的系统中，天有不测风云，人有旦夕祸福。一般地说，偶然性和必然性是相连的，偶然性里总是有必然因素的，但由于高熵复杂运动中，微小的偶然因素都可能引起很大的变化，这样，随机的概率就很不稳定，就很难找到重复点进行预测，或许要很长的过程才能看出一点规律性来。例如，这种情况在交通事故、侦破案情等事例中常常碰到，一个事故还没有处理好又发生了事故，一个案例还没有侦破又发生了案子，偶然因素本身就很难把握，而要找出必然因素来就更是要花大力气、伤透脑筋的事情。

由于混沌系统有这样一些特征，可见混沌运动之复杂了。但既然是系统的运动，它总归有一个过程，正如战争的特性使人们在许多场合无法完全知己知彼，所以常常产生错误和失败，然而不管怎样的战争情况和战争行动，知其大略，知其要点，是可能的，也是必要的。对于混沌系统更是这样，只要大略地考察一下它的运动过程，那么，总是可以认识和掌握它的本质和规律的。

四、管理混沌过程

根据一般混沌运动的产生和发展，结合社会管理过程，我们要考察一下混沌运动的前兆、混沌运动的初始、混沌运动的发散和混沌运动的消退。

混沌运动前兆

当一般运动在进入混沌运动之前，尤其是在社会管理现象中，总是有某些迹象、征兆，或者混沌运动要具有某些前提条件才可能发生，否则，就不可能发生。

其一，是矛盾尖锐化。这就是混沌系统出现之前，物质振子系统内部和外部各种矛盾发展到了势均力敌，谁也无法压倒谁，谁也无法支配谁的地步。"在两个等价的有序态之间，常常碰上无法预见的涨落，并由此作出最后的选择。"[1] 这就像两个摔跤手扭作一团，两个拳击手共同出击，拔河双方势均力敌，也许是千钧一发之际，你也难以预料谁胜谁负，最终鹿死谁手。例如，在国际冲突中调解失败之时出现的对峙，在社会经济政治和精神领域也有类似的僵局现象，这时很难预料后果。

其二，是自由度增大。混沌运动虽然不是绝对无法无天的运动，它还是被压缩在有限的空间里进行的，但它毕竟是不稳定不规则的自由运动，有很大的起伏跌宕，没有相当大的自由度是难以产生的。除了矛盾相峙，谁也不怕谁，谁也管不了谁。因此，除了提供充分自由的基本条件外，社会管理中还要使原有法纪规约"松绑""放权""转轨"等，这些变动预示着放大自由度，让各种各样的奇怪吸引子得以施展身手的条件，否则，始终是按部就班的常规运动。

其三，是能量临界点。像烧开水，加热达到100℃，水才能沸腾，沸腾以后再加热到一个飞跃点，才可能出现湍流现象。一个人吃饭，在常规范围内，有益于健康，新陈代谢是平衡的，但是，如果大鱼大肉、暴饮暴食，大大超过饱和点，就要出现混沌体征了，或肠胃功能紊乱，或血压超常，或气喘吁吁，或心跳过快过慢等。社会现象也是如此，人财物准备足够多了，组织阵线和舆论传播足够多了，才有主动权和自由度，达不到足够程度是不可能进行超常行动的。

其四，是外部条件。混沌运动的发生，还需要系统外部的相应条件：天、地、理、化等物质、时空、能量、信息等构成相互联系、配合动作的环境与力量。尤其是社会管理，要有上下左右的支持条件，甚至国际政治、经济、军事、文化直接和间接的作用与影响。这些外部扰动引力参量愈大，则随机变量的频率和幅度也愈大。

---

[1] ［德］哈肯：《协同学——自然成功的奥秘》，上海：上海科学普及出版社1988年版，第224页。

混沌的前兆，指的是周期运动转变为混沌运动的微妙过渡态，一个神秘边区。走向混沌就要穿过这个神秘边区，这是一连串倍周期跃进过程，不只是越来越快，而且是以恒定速率递进，如果通过计算机运行可得一个收敛比率，即费根鲍姆普适常数 4.669。不管是大蛇、小蛇、大熊、小熊，翻腾水流、摇动的钟摆、电子振荡器等等，许多物理系统均由此通向混沌，同时出现奇怪吸引子。

混沌运动初始

混沌运动初始，是指费根鲍姆常数前后，开始发生混沌现象的最初阶段。混沌学家们通过多种理化实验和数学计算，主要有两种表现：一种是倍周期分岔，就是还呈周期运动，但周期成倍加速，并出现分岔现象，即不是一维的随机现象；一种是阵发混沌，即周期运动与混沌运动间歇交替出现。社会管理过程中，发生在临界点前后的初始阶段，就是指常规活动和混乱现象交替出现，以及加速分歧、分裂、冲突或间隙发生阵发性混乱现象。例如，由于政策过左或过右，开始发生混乱（纠纷、动乱、自杀等）之初，好一阵乱一阵，或是争论和矛盾愈来愈尖锐、激烈，不断发生愈来愈多的各种意外的混乱现象。又如，在火力侦察、模拟激化、闯关试验中，交替或夹杂着熵量特增和混乱现象。这个时候，管理者如果采取得当的稳定措施，或者根本消除混沌运动的前兆条件，混沌现象就可以避免和克服，或者延缓时间和减轻程度；否则，就必然出现全面失控，混沌就必然全面爆发。

混沌运动发散

混沌运动发散阶段，就是系统完全进入混沌运动以后的过程。曼德布罗和其他科学家的实验证明，在费根鲍姆分岔序列以后，系统的不同吸引子运动边缘变得毛糙模糊，向邻近扩散，相互交叉、渗透，甚至你中有我、我中有你，并以倍周期加速混乱，大小混乱性态变成自相似的无穷级的分形网络。在无规则的混沌发散过程中，也可能出现某些周期性的窗口，但总体上的长期性态是不稳定的、不可逆的，像一连串永不收敛的无理数。这种现象表现在社会管理中，就是全局普遍的总体失调、失控和长期反复的混乱运动。整个管理系统（振子）无法稳定，系统中多种奇怪吸引子代表多重利益和目标的矛盾，空间被搞得像七沟八梁多面坡，围绕多重利益和目标（奇怪吸引子）的杂乱振荡和旋转，使熵值极大倍增，犹如克莱斯勒公司改革过程中遇到的内外讥讽攻击的"大合唱"，呈现极其错综复杂的"糟透"局面。

混沌运动消退

混沌运动一旦起始，就不守常规，根据一些特殊条件和规律，经过发散阶段后，最后仍然归结为奇怪吸引子的平衡状态。普利高津于1970年提出非线性非平衡态热力学，他认为："非平衡可成为有序之源，不可逆过程可导致成为耗散结构的一种新型的物态。"亦即远离平衡的开放系统，由于和外界交流物质和能量而走向新的平衡态。哈肯的《协同学》进一步指出：在一个复杂系统的许多自由度里，如果有一个、几个不稳定的自由度存在，那么，它就要把稳定的自由度拖走，一直拖到相空间的稳定状态的某一点，这个稳定点可能不只是一个点，而是一个振荡圈，这个点和圈就是复杂系统作用变化的目标。这样，哈肯就进一步从理论上解决了复杂系统从无序（自由）走到有序（稳定）状态的发展目标和道路问题。[①]

在社会管理中也是如此，混沌运动有几种休止办法：第一种是破产法，就是让无法控制的混沌运动导致系统破产，然后全面改组系统的成分和结构，例如企业的破产、解散、兼并，这样又从混沌走向有序。第二种是纠错法，即纠正和消除某些混乱的初始条件，保存、调整、巩固、充实、提高原有系统，例如艾柯卡挽救、变革克莱斯勒公司，也能转变为稳

---

① 魏宏森：《系统科学方法论导论》，北京：人民出版社1983年版，第34页。

定状态。第三种是演变法，就是扶持和创设一些奇怪吸引子，在和平竞争中压倒和挤垮另外一些奇怪吸引子，例如，在改革开放中，各种初始条件基本上共同存在、同时发展，管理者用经济、政治、法律、舆论等手段来克服消极现象，带动整个系统稳定、协调、持续地发展。当然，也可以把几种办法综合起来，这样有利于全面迅速地消退混沌运动，系统地摸清混沌系统运动的本质和规律。

五、管理混沌规律

混沌运动是世界物质运动普遍存在的特殊形态，它也服从于唯物辩证法的一般规律，又有自己的个性特点，尤其是管理混沌过程，不能不带有社会性的复杂规律。

世 界 不 等 式

宇宙及其各种具体事物，都是系统矛盾的综合体。没有矛盾就没有世界。有矛盾就有差异，就有不平衡，就有相互作用，并构成一切运动、变化和发展。赫拉克利特说：一切皆流，无物常住。他把万物比作一道川流，断言我们不能两次走进同一河流；太阳每天都是新的；人怎能躲得过那永恒不息的东西呢？[①] 可见，永恒不息的矛盾运动和变化差异，是宇宙的绝对状态和规律，也是混沌现象之母体和基础。

混沌科学进一步阐明，在这种不平衡不停息的世界原始模型基础上，事物运动从来不会出现完全同样的情形，非线性才是大自然的魂魄，它根植于世界运动的多样性、相互作用的随机性和对立统一的复杂性。

在管理过程中，人、财、物，供、产、销，主体和客体的各个方面、各个环节、各种因素，构成极为复杂的动态系统，它们的千头万绪、千差

---

① 北京大学哲学系外国哲学史教研室编译：《古希腊罗马哲学》，北京：三联书店1957年版，第17、19、20页。

万别、千变万化，是一个错综交织、变幻莫测的矛盾网络和总体，多种偶然因素和随机变量，是无法完全预料和精确计算的。正是这个普遍存在的不等式，构成混沌运动的内在固有根源和外在复杂原因。例如，管理人员的不同背景、素质和思潮，可能成为决策分歧和模式扬镳的渊源；供求失衡、产业失调可能是引起经济紊乱和导致危机的初始条件等。总之，复杂的矛盾和多变的差异，是混沌运动的前提和根源。

初 始 敏 感 性

这是混沌现象最基本的特征，也是混沌科学最基本的概念和最主要的规律。它的含义是：初始条件的微小变化达到一定临界点后，会引起性质完全不同的巨大后果。例如，一位击球手知道，近似相同的一棒，由于每次都有微小的偏差，并不能给出相同近似的方向，而在咫尺之间定了输赢；一个置放在尖顶上的球，由于初始位置和作用力的极小差别，就决定球落下的方向和偏距；这样的事例，到处都可以找到。这种初始条件的微小变化引起巨大的长期的后果，在混沌学上称作"蝴蝶效应"：今天在北京一只蝴蝶扇动翅膀，小气流的变化可能下个月在纽约变为大风暴。

在社会管理中，"蝴蝶效应"也不少见。有一首民谣就很形象地说明了初始条件的敏感依赖性：

> 缺掉一枚钉子，坏了一只蹄铁；
>
> 缺少了一只蹄铁，跌翻了一匹马；
>
> 翻了一匹马，死了一个骑兵勇士；
>
> 死了这位勇士，失去了这场战斗的胜利；
>
> 失去了这个胜利，亡掉了这一个帝国。

在生活中、科学中、管理中，一连串的事件发展到一定程度，就由量变转化为质变的临界点，在这一点上，小变化就可能放大为大的变化，甚至出现无法用常规标度预料的长期的复杂的后果。报上曾经刊载过一个小评论，其中说有两家商店都做广告卖同样商品，一家写着"产品保修"，一家则写着"产品保质"，结果保"质"的店门庭若市，而保"修"的店门可罗雀，一字之差，导致天壤之别的经济效果。这个规律特别是对社会管理者来说意义极大。一个观念、一个提法，尤其是战略理论和决策，差之毫厘，谬以千里，就是指初始条件的敏感依赖性。所以，管理的初始条件——谋划工作一定要谨慎准确，那样的敏感依赖性就可能是有序的优化，而尽量避免失控的混沌现象。

复 杂 性 定 律

混沌都是非线性的复杂运动现象。其所以复杂，主要表现在两个方面：一是简单中有复杂。简单系统可以引出复杂的关系和复杂的运动，关键在于奇怪吸引子的混沌运动，是永不相交的高维多面快速细微变化，同整个物质振子以及空间、能量、外力之间，处于极其复杂的相互作用之中，很难也可以说无法加以测度和计算。二是必然中有偶然。在有序运动中，细小的偶然因素和暂时现象，人们往往不屑一顾，它们无关大局，会自然消失；而在混沌运动中，众多偶然因素像冰雹似的打来，而且微小的扰动都会发生持续而强烈的反应，所以，这些偶然因素及其效应，很难甚至无法预测，因而必然性也不容易把握。

复杂性定律告诉我们，简单性和复杂性是相互联系相互转换的，简单中有复杂，复杂中有简单，不能片面孤立地看问题，例如，社会问题有的时候、有些方面并不复杂，而一个小单位、一个小家庭未必就简单。还有，必然性和偶然性是辩证统一的，但由于混沌运动往往使必然性被偶然性掩盖了，这就要特别重视偶然因素的解剖和研究，从长过程中发现和抓住必然规律，创造条件消除或避免某些偶然因素，使有序的必然因素增多放大，例如，通过思想政治工作提高认识、统一步调，通过调整体制和政策影响事物运动进程，通过改革开放增加新生力量和抗熵能力等，这样就能逐渐平息混沌，转为有序。

熵——测度

热力学有两个定律，这就是：宇宙的能量总和是个常数，总的熵是不断增加的。热力学第一定律就是能量守恒定律，它告诉我们能量虽然既不能被创造又不能被消灭，但可以从一种形式转化为另一种形式。一个人、一幢摩天大楼、一辆汽车或一叶青草，都体现了能量的转化。然而绝不是说，能源是万世不竭的。比如我们烧掉一块煤，它的能量虽然并没有消失，但已经转化为二氧化硫和其他气体一起散发到空间中去了，我们却再也不能把同一块煤重新烧一次来做同样的功了。热力学第二定律解释了这个现象，它告诉我们，当能量转化时，我们会"得到一定的惩罚"，即损失了一定的能量，这就是熵。熵是不能再被转化做功的能量的总和的测定单位。熵的增加就意味着有效能量的减少。每当你点燃一支香烟的时候，世界上的有效能量就减少一点儿。克劳修斯在总结热力学第二定律时说："世界的熵（即无效能量的总和）总是趋向最大的量的。"[①] 即使可以回收，例如目前绝大多数金属的平均回收率为30%，而在回收过程中，废旧材料的收集、运输和处理都要消耗额外的能量，导致同一环境里熵的增加。熵是不可逆的、不断增长的无序性和随机性的代名词，在复杂的混沌运动中，更是高度耗散能量的。所以，熵的测度是求解混沌运动的重要信号。熵是混沌运动的测度，虽然它的测量和计算都相当困难，但是，熵是混沌的重要标记，只要测算得熵值，就能有把握地判定是否发生混沌现象。

有人把混沌学说成教人混混沌沌，这完全是误解。恰恰相反，混沌科学和混沌哲学，恰恰是教人精细的科学，教人明白的哲学，使人清醒地认识和探索被常规所忽略而看不清的物质运动现象，从而树立更全面更正确

---

① ［美］里夫金、霍华德：《熵：一种新的世界观》，上海：上海译文出版社1987年版，第31页。

的唯物辩证法的立场、观点和方法。

　　管理过程，有有序，也有混沌，是两者的结合。我们详细研讨管理动态系统，又专门研讨混沌运动系统，虽然探讨了它们的特点和规律，然而还有一个问题，就是不管哪一类系统的存在和运动，都离不开时间和空间，或者说，它们都表现在时间和空间之中。所以，只有把管理时空研讨清楚，才能从总体上掌握一般运动的表现形式①。

---

① 关于混沌科学和混沌哲学方面的知识内涵与应用智谋，请参阅拙著《混沌大世界》，济南：山东友谊出版社1998年版。

第九章　管理时空论

我们研讨了管理循环和混沌运动的过程及其规律，接着就要研究管理运动的基本形式。唯物辩证法告诉我们，运动着的物体的性质是从运动的形式得出来的，认识了物质的运动形式，也就认识了物质本身。世界上除了运动着的物质，什么也没有，而运动着的物质只有在时间和空间之内才能运动。"一切存在的基本形式是空间和时间，时间以外的存在和空间以外的存在，同样是非常荒诞的事情"①。尤其是管理活动，在某种意义上说，就是对管理时空的认识和运用。本章专门研讨管理时空和时空管理问题。

一、管理过程的时空

管理过程的时空，是物质运动的一般时空在管理过程中的具体表现，它具有一般过程时空的共性，又具有管理过程运动的特点。

---

① 《马克思恩格斯选集》第 3 卷，北京：人民出版社 1972 年版，第 91 页。

系统过程与时空

马列主义把世界运动理解为一种过程。普利高津指出："自然史的思想作为唯物主义的一个完整部分，是马克思所断言，并由恩格斯所详细论述过的。"① 自然界的一切运动，都可以归结为一种形式向另一种形式不断转化的系统过程，尤其是人类社会历史运动，更是一个十分复杂并充满矛盾但毕竟是有规律的统一过程。一个接着一个的各种社会管理活动，是一种有组织有目的有计划的系统过程。所谓过程，就是有产生、有变化、有发展、有灭亡的，简而言之，即有开头有结束的运动。事物运动之所以有过程，就是因为同时间和空间不可分离，是在时间和空间中进行的。《淮南子·齐俗训》说："往古来今谓之宙，四方上下谓之宇。"宇宙就是时间空间的统一体。时间，是指物质的存在和运动的连续相继性。大至整个世界，小至任何一个个体，都有它的过去、现在和将来，都是一个历史过程。这种历史过程的前后连续相继性，就是时间。时间的特点是一维性，即一往无前，永不复返。再说空间，是指物质的存在和运动的广延伸张性。大至整个世界，小至任何一个个体，都有它的体积、位置和形状，都是一个排列阵势。这种排列阵势的上下左右序列位置，就是空间。空间的特点是三维性，即长、宽、高的广延伸展。

时间和空间具有客观性和辩证性。"唯物主义既然承认客观实在即运动着的物质不依赖于我们的意识而存在，也就必然要承认时间和空间的客观实在性。"② 也就是说，物质和时空是不能分开的，物质的存在和运动都有时间和空间，因此，物质的客观实在性同时空的客观实在性是紧密结合的，脱离时空的物质同脱离物质的时空都是不可想象的，根本没有的。同时，又因为物质运动的整个世界是无限的，而物质运动的具体形态是有

---

① ［比］普里戈金、［法］斯唐热：《从混沌到有序：人与自然的新对话》译者的话，上海：上海译文出版社1987年版，第2页。

② 《列宁选集》第2卷，北京：人民出版社1972年版，第176页。

限的，这样，时间和空间又具有辩证性，即整个宇宙的总体，无论就历史过程还是排列阵势，都是无限的，而具体事物产生、发展、消亡的时间和空间又是有限的。

管理时空的特点

管理时空是一般时空在管理过程中的具体表现。管理过程是管理客体和管理主体相互作用的物质运动，所以，管理时空同一般时空一样，既有客观性又有辩证性。但是，管理过程是社会事物运动的特殊表现，所以，管理时空又具有自己特殊的性质和状况。

管理时间是指管理运行过程的前后连续相继性。事情总是办了一件接着一件，问题总是解决一个接着一个，这就需要时间，这就是管理时间。

管理空间是指管理活动过程的四方展开范围。管理主体与客体之间，管理主体上下左右之间，管理客体东南西北之间，都有一定的位置、距离、界限，这就有空间，这就是管理空间。管理过程中的物资流、财产流、人员流、信息流，就是在管理空间中的运动形式。管理活动中传信息、出主意、调财物、用人才，就是管理主体在一定管理空间中的工作。

管理时空同一般时空或其他时空比较，具有三个显著特点：一是管理时空的价值性。管理本身就是在有限的资源条件下，尽量多快好省地办事情出成果，也就是在有限的时空条件下，充分发挥其资源作用。所以，管理时空既是管理运动的表现形式，又是管理过程的客观资源，它具有经济价值和社会价值，"时间就是金钱""空间就是条件"，有了时空资源，管理就可以腾飞翱翔。二是管理时空的具体性。管理活动的世界，任何时候都不可能是整个宇宙世界，而是在一个确定的时空条件下，即有限的具体时空范围内的人们进行的社会历史实践。因此，管理时空相对于无限的一般时空大气候、大环境来说，具有更明确的有限界度。管理活动就是管理者对有限时空条件的认识和运用，创造出业绩来。三是管理时空的伸缩性。管理时空同物质运动一样，具有客观实在性，其本身是无法创制出来的。但是，人们利用时空的管理过程中，可以充分发挥主观能动性，使时空发生收缩或延伸的效应，在不同的管理者手中，起着明显不同的作用。这种相对的弹性，是管理时空的一大优点和特征。

时空观上的偏向

时空观是世界观的重要组成部分。在哲学和科学史上，辩证唯物主义和唯心主义、形而上学的分歧和斗争，往往也表现在不同的时空观上。康德的先验论时空观，认为时空是人类感性直观的先天形式，是人通过感知事物，拿先验的时空去整理而给予事物的。黑格尔的客观唯心主义，把时空说成"绝对观念"的产物，而且把时间和空间割裂开来，虚构"绝对观念"外化为自然界以后，只有在空间中展开，没有时间上的发展。牛顿承认时空的客观性，但又把时间看成"与任何其他外界事物无关地流逝着"的"绝对时间"，把空间看成"与外界任何事物无关而永远是相同的和不动的""绝对空间"。现代科学相对论和量子力学出现以后，本来正好进一步证实并丰富了唯物辩证法的时空观，可是，有些人却认为"空间、时间概念就失效了，是一个没有空间、没有时间的物理世界"。所有这些唯心主义和形而上学的时空观，一直影响着人们的思想，也自觉或不自觉地表现在管理工作中。

例如：

意志论。不承认时空的客观性和规律性，只认得自己的主观权势和才智是铁手腕、硬手段，把自然事物和社会事件的进程看作是软的泥巴，我叫它长就长、扁就扁，我要它快就快、慢就慢。这种做法在一定程度上也确实能叱咤风云、呼风唤雨，但归根到底，十有八九总是失误、错误，实践中有不少这类令人痛心的，甚至血与火的教训。

机械论。承认时空是客观实在的，但认为它是不可变更的，人们对它是无可奈何、无能为力的，只有在现实时空条件下"老老实实工作"，不可能发挥主观能动性，去改变条件为我所用，创造更加多快好省的效益，作出更大更好的贡献。这种管理思想和作风并不少见，实际上是片面的、错误的，因而同管理是主动行为的本意是不符合的。

自流论。这种思想晓得唯心论、机械论都不对，客观的时间是有规律性的，又是通过能动作用可以变更的，但认为管理过程很复杂，管理工作很吃力，既然客观事物和事件的进程是有规律性的，那就让它自发自流好了，何必自找麻烦、自讨苦吃，放弃能动地领导、服务的责任，以推动和促进时空条件的改善和优化，使事业向最满意的绩效转化。这明显是一种懒汉懦夫哲学，是管理工作要不得的消极精神因素。

错位论。这种论点的主张者，倒是"解放思想"能动工作的，不过他无视事物系统的各自实情和内因特点，将不同的时空条件主观性地灵活运用，不切实际地东拉西扯、移花接木、张冠李戴，看起来很美观，其实并不合适，尤其是管理的模式和进程，是有本身的固有本质和规律的，外因只能通过内因而起作用，例如经济和社会变革与建设，外国、外地、同行业的不同单位经验，不通过分析、比较地拿来照抄，即使有暂时的效果，但从根本上说，迟早必然欲速则不达、贪大准吃亏，这种正反两方面的经验教训够多的了。

二、管理时间的原理

管理时间的基本概念，前面已经讲过。现在，我们专门来讨论管理时间的几个基本理论原则。

时 值 观 念

时值观念，它是指时间价值观念。管理时间是管理主体和管理客体在管理过程中相互作用的持续性。管理时间同管理主体、管理客体是不能分开的，也是客观存在的资源财富。时间本身是无形的资源、无形的有价财富。马克思早就指出，社会产品的价值，是由社会劳动时间规定的，社会必要劳动时间决定产品的交换价值，而剩余劳动时间则创造剩余价值。"无论是个人，无论是社会，其发展需求和活动的全面性，都是由节约时间来决定。一切节约归根到底都归结为时间的节约。"① 鲁迅说过："时间对于我来说是很宝贵的，用经济学的眼光看是一种财富。"② 尤其是在人类社会管理过程中，管理活动的经济价值和社会价值都要通过管理时间来体现。

美国前总统本杰明·富兰克林说过："时间是构成生命的材料。"他有两句名言："时间就是金钱。""时间就是生命。"浪费时间就是破财害命。莎士比亚有一警句："放弃时间的人，时间也会放弃他。"巴尔扎克也说："时间是人的财富、全部财富，正如时间是国家的财富一样。因为任何财富都是时间与行动化合之后的结果。"中国古人早就认识到："一寸光阴一寸金，寸金难买寸光阴"，把时间——光阴比作黄金，可见时值观念之强。

时间除有经济价值外，还有重要的社会价值。俗话说：路遥知马力，日久见人心。时间是检验真理的尺度。达·芬奇说："真理是时间的女儿。"③ 俄罗斯思想家、文学评论家别林斯基说："在所有批评家中最伟大、最正确、最天才的是时间。"这就是说，人的认识是否具有真理性，不可能一眼看穿、一锤定音，而要靠社会实践的过程，靠时间长河中的事物、事变、事实来考察和验证，"疾风知劲草，烈火见真金"，就是用历史事件来检验真理这个意思。尤其是在管理工作中，对资源、产品、体制和文化的性能、特点，特别是对人的思想、品德、才能、风格，不能靠个人一时拍脑袋下结论，而要经过长期实践过程的时间反复检验才能鉴定。时值观念是时间原理最基本的观念。如果时间没有价值，那就毫无理论和实践意义。人们懂得了时值观念，才会自觉地去管理时间。大诗人但丁说：

① 潘劲松：《时间管理的诀窍——时间管理工程学》，沈阳：辽宁科学技术出版社 1986 年版，第 54 页。
② 同上书，序。
③ 同上书，第 27 页。

"一个人愈知道时间的价值，愈感觉失时的痛苦。"

时 效 观 念

时值是前提，时效是结果。管理时值要通过管理实践，转化产出时效。所谓时效，实质在于效率，即单位时间里的目标效果与支出时数之间的比例关系。在同样时间里，时效同目标绩效成正比，而同支出时数成反比。

时效观念要求增产节时。在我国 20 世纪 50 年代的鞍钢有个著名的劳动模范王崇伦，1953 年他创造了"万能工具台"，大大提高了生产效率，一年完成了四年的工作量，产品质量也显著提高，这样的时效等于一个顶四个，被誉为"走在时间前面的人"。类似这样的事，在管理中做到增产、低耗、提前、超额完成任务，才是真正懂得时效、利用时效、提高时效。

但是，缺乏时效观念，严重浪费时间，却是管理工作中的常见病症。某一工厂为了改善工人的福利条件，准备买一辆客车接送职工，但从申报到批准要经过 12 级审批，盖 12 个公章，前后共约花了 6 个月时间。据报刊登载，为办一个土地租让手续，竟然需经 200 多个部门审批，要盖 200 多个图章，这要花多少时间？有的事情本来并不复杂，顾客、用户、群众火烧眉毛、心急如焚，可是到了官僚主义者手里，考虑考虑，研究研究，商量商量，然后"太极拳""踢足球""双推磨"，这么长途旅行团团转，或者干脆泥牛入海、石沉大海，这么成年半载地折腾，还想加快改革、加大建设的步伐吗？还有"三多"现象（会议多、材料多、错误多），浪费时间真可惜啊！

时 态 观 念

时态是英国时间学家麦克塔格特的"A 系列"，即在过去、现在、将来的系列中，确定事件的时间位置。这与时效观念有密切联系，因为没有时态观念，事件没有确定的时间位置，不是把责任推给昨天，就是把事情拖到明天，唯独今天的事今天不办，那就没有时效可言。

A系列起自最遥远的过去，经过现在，再走向最遥远的将来，在任何时候，所有的事件都在A系列中有其确定的位置。A系列中的时态定位，既测度事件持续的长短，也测度事件间隔的长短，不管长短多少都是一个开端、延伸、终结的过程，很少有什么事件是在瞬间的点上完成的。不同的参照系有不同的时态定位，就有不同的A系列。例如，第二次世界大战结束于1945年，前后持续六年，那么，俄国革命就是过去，而中国革命就为将来；如果以中国革命为参照系，那么时态定位就又不同了。

　　A系列的时态定位，是指事件在系列中的前后关系，同日期定位的"B系列"既相一致又有区别。日期B系列同时态A系列，同样都是时间系列，所不同之处在于，日期是独立于时态即不受A系列影响，是确定的，不论在什么时态它都是不变的。例如，1985年发生日食，中华人民共和国成立于1949年10月1日，不论处在过去、现在、将来的位置，永远是这样确定的。还有，日期是瞬间的点，长短是任意的，可以是某一天，也可以是某个世纪，甚至于是某一年的最后一个千分之一秒①。

　　我们研讨时态和日期问题，对于管理是有实际意义的。因为，无论是事件、事物或人们，都不会同时既是现在的又是过去的，或又是将来的。我们筹划未来，是因为我们要影响未来，而过去已经无法挽回了。在考虑好做什么后，去做的时间总是现在，只有现在，才有影响我们的决策和行动的意义；如果是将来行动的事，那么，我们只能等待着；如果它已成为过去，那么，我们就晚了，失去行动的意义了。先烈李大钊说："我以为世界最宝贵的就是'今'，最易丧失的也是'今'。"② 这就告诉我们，时间观念的核心，在于瞻前顾后，重视现在，抓住现在，从现在做起，正如席勒所说："不要埋首往昔的过去，把握现在吧！"③ 否则，就要犯历史性的错误。

---

① 梅勒：《日期与时态》，载《现代外国哲学社会科学》1992年第2、3期。
②③ 潘劲松：《时间管理的诀窍——时间管理工程学》，沈阳：辽宁科学技术出版社1986年版，第228页。

在我国古代典籍中，早就有丰富、透彻的时态理论。《老子》第六十四章中就有："千里之行，始于足下。"明代文人专门写了《今日诗》："今日复今日，今日何其少，今日又不为，此事何时了？人生百年几今日，今日不为真可惜，若言姑待明朝至，明朝又有明朝事。为君聊赋《今日诗》，努力请从今日始！"清代一位学者感到《今日诗》一言犹未尽，又写了《明日歌》："明日复明日，明日何其多！我生待明日，万事成蹉跎！世人若被明日累，春去秋来老将至。朝看水东流，暮看日西坠。百年明日能几何？请君听我明日歌。"[①] 正如哲学家耶曼孙说："昨日不能捉回来，明天还不确定，而最有把握的就是今日，今日一天，当明日两天。"[②] 这都十分清楚地说明了瞻前顾后、重视现在、立足今日的时态观念之重要。17世纪捷克大教育家夸美纽斯说："时间应分配得精密，使每年、每月、每天和每小时都有它的特殊任务。"也就是说，我们的工作都要有时态和日期定位。

时 变 观 念

唯物辩证法认为，时间是客观的，又是变动的。时间因具体运动形式不同而各异，也随人的主观能动状况而变化。"洞中方七日，世上已千年"，古典中的神话奥秘所包含的时变道理，已为爱因斯坦相对论的现代科学所证实，也为现代社会发展的实践所展示：大生产方式的时间节奏快，小生产方式的时间节奏慢。18世纪法国启蒙思想家伏尔泰曾给人们出了一个谜语：世界上哪样东西是最长的又是最短的，最快的又是最慢的，最能分割的又是最广大的，最不受重视的又是最受惋惜的；没有它，什么事情都做不到；它使一切渺小的东西归于消灭，使一切伟大的东西生命不绝。这成了当时一道难题，人们都没有猜破，后来被一个名叫查第格

---

① 潘劲松：《时间管理的诀窍——时间管理工程学》，沈阳：辽宁科学技术出版社1986年版，第228页。

② 同上书，第95页。

的人揭了谜底，他说：最长的莫过于时间，因为它永无穷尽；最短的也莫过于时间，因为他们所有的计划都来不及完成；在等待的人，时间是最慢的；在作乐的人，时间是最快的；它可以无穷地发展，也可以无限地分割；当时谁都不加重视，过后都表示惋惜；没有它，什么事情都做不成；不值得后世纪念的，它却令人忘怀；伟大的，却使它们永垂不朽。这个谜语和谜底说明，时间和时间观念不是铁板一块，而是五颜六色，变化多端。大文豪高尔基也有句名言："世界上最快而又最慢，最长而又最短，最平凡而又最珍贵，最容易被忽视而最令人后悔的就是时间。"① 正如苏联历史学家雷巴科夫所说："时间是个常数，但对于勤奋者说来，是个变数。用'分'来计算时间的人，比用'时'来计算时间的人，时间多五十九倍。"② 科学家、文学家们废寝忘食、分秒必争，为的就是充分利用时间，尽量扩展时间。伟大的发明家爱迪生活了85年，仅在美国专利局登记的发明就有1 328项，平均每15天就有一项发明，可见，他的生命力有多强，价值多大！鲁迅是用海绵里挤水的办法，来获取时间学习和战斗的，"把别人喝咖啡的时间都用在工作上，"他说，"节省时间，也就是使一个人的有限生命，更加有效，而也就等于延长了人的生命。"③ 所以，哲学家冯定有句名言：人生就是进击。毛泽东有词曰："多少事，从来急；天地转，光阴迫。一万年太久，只争朝夕。"④ 这种力争时间、加紧工作的精神，对于一切革命者和劳动者，都是一种极其宝贵的品格和财富。

时变观念对于管理工作意义很大。实践不断证明，从时间的变量出发，对体力劳动的时间管理，并转移到对脑力劳动的时间管理，是现代时间管理的主要特征；管理者本身是否具有并运用时变观念，对属下和职工能否懂得并实施不同的激励办法，会产生不同的时效反应，是衡量现代管

---

① 潘劲松：《时间管理的诀窍——时间管理工程学》，沈阳：辽宁科学技术出版社1986年版，序。

② 同上书，第39页。

③ 同上书，第228页。

④ 毛泽东：《满江红——和郭沫若同志》（1963年1月9日）。

理成败的重要标志之一。

时 机 观 念

时机并不是投机，现在西方也在反对管理中的机会主义。时机观念，是指善于抓住时间长河中的偶然机遇，并利用它来实现和创造目标绩效。整个客观世界，包括人的实践和思维的运动，都是必然性和偶然性相结合的矛盾过程，尤其是人类社会现象，"归根到底是经济运动作为必然的东西通过无穷无尽的偶然事件（即这样一些事物，它们的内部联系是如此疏远或者如此难于确定，以致我们可以忘掉这种联系，认为这种联系并不存在）向前发展"①。否则，把理论应用于任何历史时期，就会比解一个最简单的一次方程式更容易了。偶然性包括"常规"和"例外"两种，在时空上出现都是具体的，有时是混沌的，这就增加了复杂性、模糊性，给人们带来困惑和麻烦。但恰恰是偶然性为必然性的实现和发展开辟前进的道路，没有偶然性过五关斩六将，经常对付各种突如其来的斜刺袭击，即便是诸葛亮的必然胜算的计谋，也是空的。人们常说的"情理之中"和"意料之外"，就是两种偶然时机，前一种是有预计的，后一种是难料定的。能不能充分利用时机，特别是掌握后一种时机，这对人们非同小可，有时成在一举，有时毁于一旦。所以，无论是对科学实验还是对文艺创作，尤其是对企业经营和国家管理，时机问题不是什么软科学，而是见仁见智、见血见骨的硬功夫。

孔明东联孙吴，凭着造诣深厚的天文地理和社会经纶的功底，料定骄横于世的曹操错估形势，长涉劳顿，不识水性，南侵必败，遂助被战事愁急发昏的周郎出谋划策，以逸待劳，万事俱备，只欠东风，东风一到，火烧赤壁，一仗打得曹操伤了元气，从此后至死再不敢出征。这是预谋时机的运用。但是，有很多时机不是这样，似乎纯粹出于偶然和例外，就看我

① 《马克思恩格斯选集》第 4 卷，北京：人民出版社 1972 年版，第 477 页。

们能否逮住它。鲁班因草叶划破手指而得到启示，发明锯子；阿基米德在一次洗澡时，刚入水中水就溢出来，霎时茅塞顿开，起来后上街狂呼："我发现了！我发现了！"从而发现了浮力定理；高斯数年都没有证明的一条定理，有一天像闪电一般豁然贯通，问题解决了；万有引力、阿司匹林……都是偶然机遇中发现的。当然，也有不少失败的例子，如恩格斯所说的，当真理已经碰到鼻子尖了，却仍被它悄悄地溜走了。

人们在实践中遇到的时机有两种：一种是主观上的，如科学家、文学家、政治家、管理家，在长期实践、学习、研究基础上所产生的"顿悟"和"灵感"；另一种是客观上的，即自然斗争和社会变革过程中，常常出现某些"关口"与"火候"。如中国新民主主义革命的大决战，比原定计划提早了三年，从 1946 年就转入了大反攻，因为这时天时、地利、人和的条件成熟了，抓住了这个历史转机，就取得了伟大的胜利。时不再来，机不可失，见机行事，当机立断。我们应该按照这些至理名言去做。

三、管理空间的原理

管理空间的概念，前面已经说过。管理空间的基本原理，主要有下面四个方面。

方 位 观 念

在管理系统运行过程中，管理主体的工作岗位，以及它同管理系统中主体和客体各部分之间的方向、位置、距离，就是管理方位。方位是以管理主体的人员工作场所，包括固定的和不固定的所在地点为基准，来确定的。这样来看，固定的如办公地点、接待地点、会议地点、住宿地点、生活地点、娱乐地点等；不固定的如外出地点、调查地点、视察地点、联络地点等；固定和不固定的相互之间，也有转换、交叉的，如会议地点除固定会议室、厅外，也可能是不固定之轮换、流动的，而调查研究、蹲点跑面等不固定的，也可能是稍微相对固定的，还有固定的点，有固定的办公室，也有流动的现场办公去处。方位有零方位、单方位和全方位之分。零方位，就是管理者本身的基准方位，它不存在与它自身相对的方向、位置、距离；单方位，是指管理者同管理系统中主体和客体某一特定部分之间的方向、位置、距离，例如同下属某一车间、某一部门、某一地区、某一市场之间的方位；全方位，就是上下、左右、前后三维六面，同管理系统各部分之间的整体方位，包括同上下级、人财物、供产销、远中近各部分之间的方位。

管理方位另一种含义，就是指管理者同管理系统中各种行业和各项工作之间的方向、位置、距离，这叫工作方位。工作方位从内容上说，有中心工作和经常工作之分：中心工作受全局支配，同形势变化密切相连；经常工作则是各种行当和专业的日常业务工作，它受中心工作引导和推动，又有本身的特殊规律。工作方位从关系上说，也有三种区别：总方位，指管理者同中心工作之间的方位；单方位，是管理者同某一行当和专业工作之间的方位；全方位，是指管理者同中心工作与经常工作各部分、各层次的综合方位。

研究管理方位问题，主要目的和作用在于，使管理主体和管理工作在系统空间中确定恰当位置，沟通正常关系，为管理系统良性循环创造方位条件。王安在自传《教训》中说，在各种相互影响的因素中，权衡实际上就是确定方位，使你明白自己在特定情况下处于什么地位。方位不确定，就会影响相互联系和工作流向，造成不必要的损失。天高皇帝远，管不着，远水救不了近火，近水楼台先得月，说的是地点方位之利弊。方向对，抓得有劲；方向不明，就会乱弹琴，说的是工作方位在空间上的得失。

布 局 观 念

如果说，管理方位是管理系统运行的既定状况，那么，管理布局，就是在管理方位的基础上，从全局实际和总体目标出发，对系统的各部分、各职能进行科学分配和合理安排，使之在空间上形成稳定、协调、持续发展的系统循环。布局的内容包括：生产力、生产关系、机构设置、人员定岗等的地点、内容及相互之间的关系。

管理布局的原则：一要从原有实际出发，在空间上实行合理调整、逐步完善，不可能一次完成；二要有利于加强沟通和管理，提高和发展社会生产力；三要避免走成僵局的死棋，为进一步改革和发展开辟道路。实践多次证明，贯彻这些原则，就能取得总体优化的效果，否则，就一定会走弯路甚至走绝路。

库 容 观 念

管理库容，并不仅指仓库容量，而是借助这个词，来表达管理系统中一切成形物体（如房屋、水池、气罐等）的有效容量。这是管理空间最经常、最主要的部分，管理过程中的人流、物流、财流，都是通过它来储存和运送的，所以，在一般意义上，管理库容和管理规模成正比，库容大，储存量和流动量也大，则管理系统的事业规模就大；反之亦然。

现代库容理论认为，库容既是客观实在的，又是活络可变的。如果在同一时间同一库容，加速或延缓流转周期，就会出现扩大或缩小容量及其价值的效应。国外一些先进企业的仓库，就是采取迅速流转的办法，大大提高了库容效益。例如一所学校实行多种学制，培养更多人才，等于扩大了规模。但是，管理中也常有库存积压时间过长或运转质量太差的现象，这既是库容工作的失误，也对实现目标绩效产生不良影响。当然，库容的这种弹性性能，是相对的，不是绝对的，不管扩大或缩小，都有一个限度，在限度以内，一般能维持或有利于效益增长；超过这个限度，不管伸还是缩，都要产生负效应，那么，就要调整库容职能和流速，或者要扩大事业规模，增强库容设备实力。

市 场 观 念

管理空间的重要内涵之一，就是管理市场，它是指管理单位系统的供和销的辐射面和影响面。不论宏观、中观还是微观，不论企业、事业单位还是行政单位，都需要市场，这是管理系统实现目标效益，维持其生存和发展的不可或缺的条件。一个企业没有原材料供应，没有产品销路，是不可想象的；一个行政机构，听不到群众的呼声和要求，它的言论、文件和行为不发生影响和作用，也就是没有市场，那么其生命也就结束了。市场效应，是管理主体和管理客体交互作用的产物。市场本身作为管理客体的重要组成部分，是需要管理主体主动去开拓、引导和变革、培育的。从来没有不费气力的、天生的现成的市场。马胜利改革成功的秘诀之一，就是改坐商为行商，为他们的产品——纸张打开了销路，反过来又促进了内部挖潜，深化改革，提高质量，扩大品种。台湾《工商时报》1987 年 12 月 29 日载文指出：要探讨行销的总体环境，大抵从六大领域着手，一切威胁和机会都来自这六项动辄攸关行销胜负和经营成败的关键因素：① 人口因素；② 经济因素；③ 生态因素；④ 科技因素；⑤ 政治因素；⑥ 文化因素。这些见解，对于树立系统的市场观念具有普遍的意义。

四、管理时空的管理

在管理实践过程中，管理时间和管理空间都是管理动态系统的生存和发展的基本形式，它们都是不依人的意志为转移的客观存在，是相互联系、相互影响、相互制约、相互补充的，因而是辩证的、对立统一的，有其本身的运动变化规律。但是，通过人们主观能动性的发挥，管理时空的规律和作用，是可以认识、把握和利用、影响的。关于运用时间和空间的具体方法和经验，这里不准备介绍和评析，这里从管理时空系统总体上，讲几个运用和开发的基本原则。

掌 握 时 空 度

时空度，就是时间和空间正常和优化运转的界限，以及两者协调运转的比例关系，或者说在一定条件下时间和空间本身运转和两者相结合的数量限度。因为管理的本质是要以小取大、以少胜多、以弱制强，这就得充分利用和开发时空条件的最佳效应。但正如前面已经论及，在具体管理动态系统中，它们的存在、运行，特别是它们两者的结合，是有一定的限度和比例关系的，否则就不能协调动作，达不到应有的最好效果；虽然在各种行业、各种条件的具体管理中，这种限度和比例的要求是不相同的，但是，都有一个临界点是普遍的，超过这个临界点，就要转化为负效应，就变成无价值的浪费了。管理者的高明之处，就在于科学和艺术地掌握好时空度：如决策火候、库存定额、调运时机、改革和建设的规模与速度及其结合点等。

利 用 时 空 差

管理过程中，系统运转的各部分、各工作，距离任务完成的目标之间，总是有一段时空距离的，这就是管理时空差。大量实践事实告诉我们，管理中的正常好事和非常坏事，都发生在时空差里。因此，正确地利用好时空差，是管理者最经常也是最值得注意的环节。利用时空差的基本方法是：① 双向调节，相互转换，提高效率。如加快速度，扩大生产，时间转变成了空间；缩短战线，增强素质，空间又变为时间了。② 双向利用，强化运转，改进工作。管理中，贪污盗窃、行贿受贿、偷税漏税以及官僚主义、渎职失责、徇私舞弊等不正之风和腐败现象，往往是钻了时空差的空子；而我们则可以利用时空差，采取相应的勤政、廉政措施，及时发现问题、堵塞漏洞、加强法纪、提高效益。③ 双向开发，发展一边，总体优化。如开发空间资源和市场，为提高生产和经营效率创造了条件；

节约时间、提高效率，又为扩大生产业务和经营市场开辟了道路，这样都为达到总体优化作出贡献。

追 求 时 空 效

我们讲了这么多关乎时空的道理，不为别的，归根到底，就是要建立科学的时空观，追求切实的时空效。时空是管理的有价资源和财富，是生命存在和发展的基本方式与条件。时空本身就是人们自由创造的象征，失去人的效益行为，时空对管理就毫无意义。马克思指出："无论是个人，无论是社会，其发展需求和活动的全面性，都是由节约时间来决定……每个人应当合理地支配自己的时间，以便获得应当具备的各方面的知识，或者满足对他的活动的各种要求。同样地，社会也应当适当地支配自己的时间，以便达到那种适应于它的整个要求的生产。因此，节约时间以及在各个生产部门有计划地分配劳动时间，就成了以集体生产为基础的首要的经济规律，这甚至是极高的规律。"① 时间管理学家 R. A. 马肯如曾经估计过这样一个数字：在各种管理者中，只有 1% 的管理者感到时间够用。这也就是说，有 99% 的管理者事实上都感到时间紧张，必须通过管理对时间的利用加以调节和改进，才能在有限的时间里做好工作。朱克曼女士在《科技界的精华》一书中写道，几乎所有的诺贝尔奖获得者都极为关心如何最大限度地利用时间这个有限的资源，正如其中一位说"我一向关心时钟和日历"，他们一心一意把时间用于追求知识。作为管理者，除了官僚主义和花花公子以外，都千方百计地挖掘和开发时空的绩效。台湾《企业百科全书》在论及时间和空间时认为，不论是产品的换代、观念的突破还是技术的应用，都要好好思考创新，掌握生存空间和未来的发展，以求真正解决管理实效问题。有一位公司经理说，我最珍贵的资源，是我的时间，我不得不把我的时间安排在使我贡献最大的那些活动上。可见，追求

---

① 潘劲松：《时间管理的诀窍——时间管理工程学》，沈阳：辽宁科学技术出版社 1986 年版，第 54 页。

时空效，可以说是一切的人们、一切的人生，最普遍最根本的目的。尤其是管理过程，千头万绪的各项具体工作，都是在一定的时间和空间中进行的，时空的管理具有总揽全局的意义。正如杜拉克（即德鲁克）大声疾呼的那样："时间是最为稀少的资源。除非时间被妥善管理，否则，任何其它事物皆无法被妥善管理。"① 所以，时空的管理，是管理存在和发展的生命条件，也是管理者运用智谋的广阔天地。

---

① 潘劲松:《时间管理的诀窍——时间管理工程学》，沈阳：辽宁科学技术出版社 1986 年版，第 96 页。

第十章　管理智谋论

　　管理有正常状态，也有混沌现象。管理的目的在于使系统运转有序和有效。那么，怎样保持管理动态系统有序和有效，怎样避免和克服混沌状态并达到最佳效果呢？《西游记》第五十回说："道高一尺魔高丈，性乱情昏错认家。可恨法身无坐位，当时行动念头差。"这原是佛家用以警告修行的人，警惕外界诱惑的一种说法。管理工作要同主体和客体中的各种对手和困难进行较量，必须用智谋之道，才能征服"歪门邪道"，取得目标绩效。据《古今图书集成·兵略部》所载，中国最早的智谋之星姜太公就明确指出过："先谋后事者昌，先事后谋者亡。"所以，我们何不可以仿其意而反用之：魔高一尺，道高一丈。

　　管理智谋，是指运用智慧和谋略，制定战略和策略，以求取管理有序和有效。在管理的系统行为中，正如《尚书·大禹谟》所说："弗询之谋勿庸。"《孙子兵法》也以"计"谋开篇，然后才有各种活动的演变和发展；而且能否取得正常有益的效果，首要环节也要看管理智谋如何。

一、智慧与谋略

智慧，即人认识和处理事物矛盾的知识、经验、才能。一个人分析和解决问题聪敏能干，就是有智慧。克劳塞维茨认为"如果我们进一步研究战争对军人的要求，那么就会发现智力是主要的"，"高超的智慧兼普通的勇气比出众的勇气兼普通智慧有更大的作用"。① 谋略，是指计策和谋划方略。《论文大字典》中"谋"即"计也议也图也谟也"。《六韬》中有"无智略权谋"之句。《左传·襄公四年》："咨难为谋。"《毛传》："咨事之难易为谋。"智谋，也就是用智慧行谋略之谓也。

智谋从古到今、从中到外，历来是管理的重要组成部分。远在中国原始社会解体后，公元前一千多年时建立了周王朝，就开始形成一些通"六艺"（礼、乐、射、御、书、数）的知识分子，或为文人墨客或为武举骑尉，作为贵族统治的助手，原来地位较低，后来成为"四民之首"，高于农、工、商，俗称为"士"，专事政治、军事、文韬、武略之谋划；而且，统治者自己，也十分重视智谋。《诗经·小雅·小旻》："谋夫孔多，是用不集。"《史记·樗里子甘茂列传》："樗里子滑稽多智，秦人号曰'智囊'。"《汉书·晁错传》："太子家号曰'智囊'。"《三国志·魏书·武帝纪》："吾任天下之智力，以道御之，无所不可。"《三国志·吴书·陆逊传》："予既奇逊之谋略，又叹权之识才。"《三国志·魏书·程郭董刘蒋刘传》："才策谋略，世之奇士。"尤其是对中国智谋之星姜子牙、诸葛亮等人的赞颂，简直达到神化地步。《孙子兵法》："周之兴也，吕牙在殷。故惟明君贤将，能以上智为间者，必成大功。"《史记》："周西伯昌之脱羑里归，与吕尚阴谋修德以倾商政，其事多兵权与奇计，故后世之言兵及周之阴权皆宗太公为本谋。"又曰："天下三分，其二归周者，太公之谋计居

---

① 柴宇球编著：《谋略论》，北京：蓝天出版社1991年版，第30页。

多。”苏轼在《诸葛武侯画像赞》中曰：“密如神鬼，疾若风雷。进不可当，退不可追。昼不可攻，夜不可袭。多不可敌，少不可欺。前后应会，左右指挥。移五行之性，交四时之令。人也？神也？仙也？吾不知之，真卧龙也。”又在《三国名臣赞》中说：“西汉之士，多知谋，薄于名义；东汉之士，尚风节，短于权略。兼之者，三国名臣也，孔明巍然三代王者之佐，殆未易以世论。”这位画策三国鼎立的诸葛孔明，全国数百处祠庙碑亭纪念，昔日“干戈经济尚从容”，后人“经营何计步奇踪”。所以，几千年来，中国军政官制中，都设有参谋、幕僚、谋士、军师、大学士、参知政事等职，充分说明高度重视管理智谋的独特作用。

在西方，自公元前6世纪，古希腊已成为奴隶占有制比较发达的文明之邦。公元前5世纪中叶到4世纪以前，古希腊有以传授有关政治活动知识的智者派，创立“三艺”（文法、修辞、逻辑），推崇辩论术。在西方历史中，哲学家、历史家、政治家中，也有专事参议的人员。随着资本主义的发展，智力价值的提高，到第二次世界大战以后，兴起了一种提供政治、经济、社会、战略等决策咨询的专门机构，即所谓智囊团，或称脑库、思想库。据我国1982年出版的《咨询和咨询机构指南》和《谋略论》一书提供的材料，全世界咨询机构已达成千上万个，仅美国就有8 700多家，日本500多家，联邦德国700多家，法国1 000多家，英国2 000多家，印度100多家，它们大部附属于某些政府机关或企业，也有不少独立经营的。目前，世界各种智囊机构，有全能综合研究性的，如美国斯坦福国际咨询研究所；有侧重专门研究性的，如伦敦国际战略研究所；有纯粹的软科学研究机构，如17个国家共同组织的国际应用系统分析研究所；有软硬科学兼备研究的，如美国米特公司；有完全依靠国家资助的非营利组织，如日本综合研究开发机构；有完全商业化的，如法国巴黎经济社会发展研究公司。有的作为政府一级的智囊机构，有的则是学者团体、民间组织；有严密的组织机构，也有松散组织，一旦课题完成，人员就散伙了。著名智囊机构在政治、经济、文化、科技、国防、外交等领域提出决策咨询意见和方案，对不少国家政府或企业的政策都产生过不同程度的影响和作用。如美国最重要、规模最大的综合战略研究和咨询机构"兰德公司"，所写报告常常成为美国政府对外政策措施的依据；美国"对外关系委员会"被誉为"帝国的智囊团"；"三边委员会"被舆论界称为"集中有智慧与有权势的人物于一堂"；还有影响不小的"基辛格咨询有限公司"等。著名的"德林软件公司"曾在朝鲜战争爆发前 8 天拿出研究报告，主要结论 7 个字：中国将出兵朝鲜。长达 380 页的资料，要以 500 万美元卖给美国对华政策研究室，但未成交。直到美国战败时才想到此事，正如美军司令麦克阿瑟所说："我们最大的失策是舍得几百亿美元和数十万美国军人的生命，却吝啬一架战斗机的代价。"现代智囊团向系统性、综合性、独立性、多科性、国际性方向发展，并自设研究生院，输送有关人才，研究和传播有关智囊咨询的理论和技术。

智 谋 理 论 库

世界文明发祥地之一的中国，具有丰富多彩的文化典籍，是当之无愧的智谋理论的故乡。诸如：《三略》《四书》《五经》《六韬》《七计》《三十六计》《管子》《老子》《庄子》《孙子兵法》《孙膑兵法》《战国策》《吕氏春秋》《史记》《汉书》《盐铁论》《艺文志》《智囊补》《封神榜》《西游记》《三国演义》《水浒传》《诸葛孔明全集》等等，都有极其宝贵而多样的智谋理论和运用实例。还有如《军志》《军政》等一批失传之作。1972 年从山东临沂银雀山汉墓中出土的《六韬》，残简 54 枚，相传是战国时期吕尚（姜子牙）所作。该书对韬光养晦之术有十二条之详述。在"文韬""武韬"中有恩威并施的韬略，"仁之所在，天下归之"，"唯有道者处之"。军事用兵战略战术，阐述了"全胜不斗，大兵无创"，"欲其东，袭其西"，"凡举兵帅师，以将为命，命在通达，不守一术"等重要思想。

博大精深、千古不衰的《孙子兵法》，共 13 章，105 段，6 000 余字。它以"计"起首，"作战""谋攻"次之，足见计谋为先的思想。其次，孙子曰："兵者，诡道也。""故兵以诈立，以利动，以分合为变者也。"可见"诡道"和"权诈"是孙子军事策略及一般谋略的基础。第三，《孙子兵法》上关于"知彼知己者，百战不殆"，"守则不足，攻则有余"，"兵之情主速"等精彩论述，至今在军事学和管理学领域，仍都有其不朽的意义。早在唐朝期间，《孙子兵法》就传入日本，德川幕府时代研究《孙子兵法》的就有 50 多家。到了现代，西方不仅军界，而且商界都掀起一股又一股的"孙子热"。20 世纪 60 年代初，英国著名战略家李德·哈特就提出，将《孙子兵法》精华应用到现代核战略中去。美国国防大学战略研究所所长约翰·柯林斯在他的《大战略》中写道："孙子是古代第一个形成战略思想的伟大人物。他于公元前 400 年至 300 年间写成了最早的名著《兵法》。孙子十三篇可与历代名著包括 2200 年后克劳塞维茨的著作媲美。今天没有一个人对战略的相互关系，应考虑的问题和所受的限制比他有更深刻的认识。"① 一位美国军官说："《孙子兵法》是世界军事巨著，它是目前第一部提出要掌握战争主动权，必须考虑人民对战争的态度、天文地理、指挥员的指挥能力以及军队气势，组织纪律的军事史书，对现代军事思想的发展有很大的作用。"② 中国报刊也载文指出，《孙子兵法》是一部完整地对复杂的社会力量进行管理的认识论和方法论。

中国神话的典型除了神通广大的齐天大圣孙悟空，还有智谋之魁、经天纬地的诸葛亮。亮一生言行，皆智谋之碑。其著《思虑第十五》《阴察第十六》，集中智谋理论的精华。亮曰："思虑之政，谓思近虑远也。夫人无远虑，必有近忧，故君子思不出其位。思者，正谋也；虑者，思事之计也。非其位，不谋其政；非其事，不虑其计。大事起于难，小事起于易。故欲思其利，必虑其害。欲思其成，必虑其败。是以九重之台，虽高必坏。故仰高者，不可忘其下；瞻前者，不可忽其后……凡此之智，思虑之至，可谓明矣……夫危生于安，亡生于存，害生于利，乱生于治。君子视

---

① 柴宇球编著：《谋略论》，北京：蓝天出版社 1991 年版，第 108 页。
②《人民日报》海外版 1986 年 2 月 11 日。

微知著，见始至终，祸无从起，此思虑之政也。"又说："阴察之政，譬喻物类，以觉悟其意也。外伤则内孤，上惑则下疑；疑则亲者不用，惑则视者失度；失度则乱谋，乱谋则国危，国危则不安。是以思者虑远，远虑者安，无虑者危……善谋者胜，恶谋者分……洗不必江河，要之却垢；马不必麒麟，要之疾足；贤不必圣人，要之智通。总之有五德：一曰禁暴止兵，二曰赏贤罚罪，三曰安仁和众，四曰保大定功，五曰丰挠拒逸，此之谓五德。"① 诸葛亮熟读融通经典，躬耕出身，真知实验，体劳悉民，确为古代唯物辩证的智谋大师，故文略武韬功绩累累，德才风范永垂不朽。

战 略 与 策 略

智谋在政治、军事、经济、文化及其管理中的具体运用，集中表现在关于战略和策略的理论、决策、贯彻、执行上。马列主义、毛泽东思想认为，战略是指政党、国家、企业规定的一定历史时期的总体纲领和根本路线，而策略则是实现战略目标和任务的具体政策和行动方式。战略与策略之间，是全局和局部、长远和当前的辩证关系，既相互区别，又相互一致。战略体现稳定性、原则性，策略则表示可变性和灵活性。

战略必须通过策略来完成，策略必须服从和服务于战略。战略与策略在一定时空范围内的区别是确定的，而在时空条件推移、变化下，它们又是相对的，可以转换的，一定范围的战略也是更大范围战略的策略，而一定范围的策略又成为更小范围策略的战略。社会主义制定战略与策略的根本依据，是社会发展变化的实际状况及其规律性，因此，辩证唯物主义和历史唯物主义，是战略与策略的理论前提，实事求是和具体分析的唯物辩证法，则是它的核心和灵魂。

马克思和恩格斯是科学社会主义战略与策略的奠基人。他们说：哲学把无产阶级当作自己的物质武器，同样地，无产阶级也把哲学当作自己的

---

① 《诸葛孔明全集》，北京：北京市中国书店 1986 年版，第 112、113 页。

精神武器；在全部纷繁复杂的政治斗争中，问题的中心始终是阶级的社会和政治的统治，即旧的阶级要保持统治，新兴的阶级要争得统治，而这些阶级的产生和存在，是由于当时存在的物质的、可以实际感觉到的条件，即各该时代社会借以生产和交换必要生活资料的那些条件；只要进一步发挥我们的唯物主义论点，并且把它应用于现时代，一个伟大的、一切时代中最伟大的革命远景就会立即展现在我们的面前。马克思的历史理论是每一个始终一贯和前后一致的革命策略的基本条件，为了找到这种策略，所必需的只是把这一理论应用到本国的经济和政治条件中去。马克思和恩格斯的《共产党宣言》等一系列基本著作，特别是他们两人的《通信集》，集中了唯物辩证法战略与策略思想的精华，从中可见他们是"对于无产阶级的根本改革目的具有极深刻认识，以及针对着这些革命目的来异常灵活地规定相当策略任务而丝毫不对机会主义思想或革命空谈表示让步的模范"[①]。马克思和恩格斯把毕生的智谋都奉献给了无产阶级和劳动人民的解放事业，正如马克思的女婿拉法格所说，马克思的头脑就像一艘待命起航的军舰，随时准备起锚驶向斗争的战场。

列宁的智谋使苏维埃的革命和建设，冲破天灾人祸取得历史性的胜利。列宁认为，唯物辩证法是马克思主义理论中具有决定意义的东西；而具体情况具体分析，则是马克思主义的活的灵魂。列宁非常重视社会关系和历史联系的科学分析，并极其善于抓住政治和管理链条中的主要环节，把科学社会主义的理论和实践推向前进。他说，马克思主义全部理论的全部价值，"这一理论对世界各国的社会主义者之所以具有不可遏止的吸引力，就在于它把严格的和高度的科学性（它是社会科学的最新成就）和革命性结合起来，并且不是偶然地结合起来（即不仅因为学说的创始人本人兼有学者和革命家的品质），而是把二者内在地和不可分割地结合在这个理论本身中"[②]。斯大林阐述了列宁主义的战略与策略，第一次明确指出：

---

① 《马克思恩格斯通信集》第 1 卷，北京：三联书店 1957 年版，第 2、3 页。
② 《列宁选集》第 1 卷，北京：人民出版社 1972 年版，第 81 页。

"战略就是规定无产阶级在革命某一阶段上的主要的打击方向，制定革命力量（主要的和次要的后备军）的相应的布置计划，在革命这一阶段的整个过程中为实现这个计划而斗争"；"策略指导是战略指导的一部分，是服从战略指导的任务和要求的。策略指导的任务就是要掌握无产阶级的一切斗争形式和组织形式，保证这些形式的正确运用，以便在一定的力量对比下取得为准备战略胜利所必需的最大成果"。他还特地根据列宁的思想，区分了改良主义和革命改良两种本质差别，指出革命改良的迂回行进的道路，"有一个根本特点，就是在这种情况下的改良是来自无产阶级政权方面的改良，它巩固无产阶级政权，它给无产阶级政权以必要的喘息时机，它的使命不是要瓦解革命，而是要瓦解非无产者阶级"[1]。斯大林后来所犯的严重错误，恰恰是违背了列宁主义的战略与策略思想。

中共中央《关于建国以来党的若干历史问题的决议》指出：毛泽东是伟大的马克思主义者，是伟大的无产阶级革命家、战略家和理论家。他虽然在"文化大革命"中犯了严重错误，但是就他的一生来看，他对中国革命的功绩远远大于他的过失，功绩是第一位的，错误是第二位的。以毛泽东为主要代表的中国共产党人，根据马克思列宁主义的基本原理，把中国长期革命实践中的一系列独创性经验作了理论概括，形成了马列主义普遍真理同中国革命具体实践相结合的毛泽东思想，是马克思列宁主义在中国的运用和发展，是被实践证明了的关于中国革命与建设的理论原则和经验总结，是中国共产党和中国人民集体智慧的结晶。毛泽东思想活的灵魂，是实事求是、群众路线，独立自主的立场、观点、方法，贯穿于各项工作的战略和策略之中。尤其是毛泽东军事战略战术的智谋理论和实践，像毛泽东这样集军事统帅和军事理论于一身，经历过这样长的战争实践，写出这样多的军事论著，对历史的发展具有如此巨大推动作用的历史人物，是罕见的。正如宋时轮在《毛泽东军事思想的形成及其发展》的"绪言"中

---

[1]《斯大林选集》上卷，北京：人民出版社1979年版，第246、253、258页。

指出的："毛泽东是当之无愧的现代中国革命军事理论的奠基人和集大成者，是国际无产阶级斗争史以及世界历史上屈指可数的伟大的军事家、战略家。"

二、管理智谋边界

管理智谋的种类很多。按行业分，有经济的、政治的、军事的、文化的管理智谋；按职能分，有信息侦查、计划决策、财务核算、组织人事的管理智谋；按内容分，有战略、战术、政策、策略的模式、方法的管理智谋；等等。这些都是实证专门科学和专业管理科学具体研究的对象。在管理哲学中，我们要从各种各样管理智谋的总体上，联系古今中外、特别是对现代科学管理智谋进行一些辩证的价值分析，以便从全局上认识、界定、把握管理智谋的普遍特性和根本原则。

正 道 与 邪 道

广而言之，凡是人的行为都是有意识、有目的的活动，都有或多或少的算计。尤其是管理工作，更是管理者的目的性、计划性、能动性最集中、最强烈、最突出的实践活动，当然无疑都是经过或大或小的策划的结果。

但是，世界上的事物是复杂的，物以类聚，人以群分，人们的思想和行动皆由各种不同的经济利益和社会关系所决定；而管理活动，正如我们在第一章中已经说到的，它本身就具有奇妙的二元特性，即"既可以从善，也可以为恶"，这就是说，好人好事需要智谋，坏人坏事也要利用智谋。管理就像打仗一样，"历史上的战争，只有正义的和非正义的两类。我们是拥护正义战争反对非正义战争的"[1]。同样的道理，管理智谋也有

---

[1]《毛泽东选集》第 1 卷，北京：人民出版社 1991 年版，第 174 页。

正道和邪道之分。因此，我们要辨别管理智谋的社会本质，是正道呢，还是邪道？这是首先必须界定的问题。

正道，即正义之道。正道的管理智谋，就是为国计民生服务，促进劳动生产率的提高，推动社会全面进步和历史向前发展的战略、策略、计划、决策。在我们的工作中，倡导文明行事、科技兴业、实干兴邦，这一类运筹帷幄、决胜千里的好主意，愈多愈好，愈高明愈好，对国家、对社会、对人民大大有益，当然是正道的智谋。

相反，邪道，即歪门邪道，也要利用智谋为其服务，做坏人坏事，甚至违法犯罪，如去偷、去骗、去抢，这种算计，当然是祸国殃民，破坏物质文明和精神文明，阻碍社会进步和历史发展的邪道智谋。

正道和邪道是对立的，水火对抗的，无论在内容上、形式上，都是有本质区别的。由于它们的社会本质属性不同，所以即使公之于世，也是难以完全通用的。不管共产党和人民政府怎样公开宣传，把根本战略方针告诉所有的人，那些敌对势力仍然无法实行我们的政策，只能按照他们自己的算计我行我素。最典型的例子是，中国人民解放军著名的十大军事原则，这些方法是人民解放军在和国内外敌人长期作战的过程中产生出来的，并完全适合我们当时的情况的。蒋介石和美国在华军事人员，熟知我们这些军事方法。蒋介石曾多次集训他的将校，把我们的军事书籍和从战争中获得的文件发给他们研究，企图寻找对付的办法。但是所有这些努力，都仍然不能挽救他们的败局。"这是因为我们的战略战术是建立在人民战争这个基础上的，任何反人民的军队都不能利用我们的战略战术。在人民战争的基础上，在军队和人民团结一致、指挥员和战斗员团结一致以及瓦解敌军等项原则的基础上，人民解放军建立了自己的强有力的革命的政治工作，这是我们战胜敌人的重大因素。"①

但是，正道和邪道的智谋也有同一性的一面，就是说，管理的本质有

---

① 《毛泽东选集》第 4 卷，北京：人民出版社 1991 年版，第 1248 页。

二重性，除了特殊性和差别性外，还有普遍性和共同性，而且矛盾着的对立双方相互斗争的结果，无不在一定条件下相互转化，即"在一定的条件下，坏的东西可以引出好的结果，好的东西也可以引出坏的结果。老子在两千多年以前就说过：'祸兮福所倚，福兮祸所伏。'"①。电视剧《擎天柱》中的县委书记刚直忠耿、勇于开拓，而且思想解放、出手不凡，为了脱贫致富、发展生产，首先抓好混乱的社会环境治理，竟然起用了认罪悔改的"中原第一偷"，配合公安部门来抓偷盗，由于其人的"特殊经验"，社会治安很快出现了转机，同时，也把一个"歪才"改变成为真才了。相反，我们的某些管理干部特别是执法干部，其本身的职责就是维护国家和人民利益，同坏人坏事歪风邪气作斗争，但却经不住钱、权、物、色的腐蚀侵袭，堕入歪门邪道，挖空心思利己害人，走上犯错误甚至犯罪道路。这样的例子已经不是个别的了。

松下幸之助讲得好，社会有一个是否正当经营管理的问题。大一点说，国家的经营管理是否做得正当？小一点说，各种公司、经营体和个人，是否做着正当的活动？固然有正当的一面，但不一定都以理想的方式做正当的经营管理，甚至某些方面，属于不正当的情况还不少。他极端重视"经营是最高层次的综合艺术"，"集合众智，无往不利"，但他明确提出："正派经营，方为上策。"②

政 策 与 战 术

管理智谋的结果和产品，都凝聚和结晶于战略、战术、政策、策略。这四个概念都是计划决策工作的主要内容。它们对于管理工作的重要性是人所公认的，但是，它们之间的相互关系和确切含义，国内外一些著名的管理著作，都感到模糊不清难以阐明。这是因为它们的概念没有固定的内

---

① 《毛泽东著作选读》下册，北京：人民出版社 1986 年版，第 793 页。
② ［日］松下幸之助：《创业的人生观》，北京：军事译文出版社 1987 年版，第 82、93、100 页。

涵和模式，不同的国家、行业、科学，有不同的见解和表达。在我国，除了上述四个概念以外，还有路线、方针、道路、方法、构想、思路等名词，这样就使智谋表达方式更加混沌复杂了。路线和道路，一般都同社会制度和意识形态紧密联系并由它们决定，属于政党和国家的总体战略问题。构想和思路是智谋没有完全定稿的逻辑和框架。方针是相对于战略、路线而规定某些方面、部门、行业的工作方向和总体原则。策略是相对于战略全局而言的局部方针、组织形式和工作方式。政策是处理社会关系和资源配置的规定。方法和战术基本上是同一个东西，即具体行动的执行技术和办法。在这样大致明确界定以后，我们再回到智谋的上述四个基本概念上来，那么，就可以看到，它们之间很难有确定的界限，在不同范围和条件下，可以互相推移和转化；但是，在相对确定的情况下，还是有原则边界和不同性质的。是否可以大略这样概述：战略具有总体过程性，而策略则具有局部的方面性和阶段性；政策在战略与策略的规定下，具有相对稳定性和指导性，而战术则是贯彻战略和策略，具体执行、落实、实现政策的技术方法。由此看来，在大政方针即战略和策略智谋既定的情况下，智谋决断主要是制定和执行政策，以及如何具体兑现政策的战术方法。

可是，在管理研究与实际工作中，往往发生误解以致轻视研究政策和方法的偏向。孔茨等人所著的《管理学》中提到，美国有人认为这"只不过是参谋人员的一种游戏"，"是时间上的惊人浪费"。美国 F. I. Greenstein 和 N. W. Polsby 主编的《政策与政策制订》也谈到，"行为主义派"一味赞赏美国政治的"多元"过程"好"，不注意 20 世纪 60 年代后期若干严重弱点变得更加明显，两只眼睛"只注意获致产出项的过程"，因而"愈来愈与当代最迫切的政治问题脱节了"，受到了社会潮流的批评，现在该学派的主要发言人早已认清狭窄的实证主义研究途径的贫乏，而"后行为主义"者"能够认识研究政策产出项及其影响是合逻辑的"。在我们的管理工作中也常见类似的情况，"什么政策、方法，不要束缚手脚，实干就行"，甚至还有的人热衷于"上有政策，下有对策"那一套。因此，对政策和战术方法的重要性及其形成机制，有必要加以简略研讨。

什么是政策？为什么要有政策？孔茨等的《管理学》说："政策是决策工作中进行思考的指南。"它要使所作的决策处于一定的政策界限之内。政策本身不要求有所行动，但要用来指导经理的决策工作。"策略和政策的主要作用是为各种计划指明统一的方向。换言之，它涉及企业向哪里发展的问题。"① 不论企业、事业单位还是机关、团体，实际上都有政策，包括开发、销售、资金来源、人力资源和基本建设等，包括军事组织和军事行动的人力、装备来源及党军、军政、军民、军内各种关系的处理，无一不受一定政策的指导和规范。有政策才有管理工作，才好做管理工作；否则，没有统一原则，那必然是无政府主义，实际上是各自为政，各搞一套。政策的功能，就是使管理系统有统一的原则和规范，以保证管理的目标和任务的协调优化实现。所以，政策既是管理智谋决策的内容，又是管理智谋决策的指南，无论对管理者本身还是下级都是一样，管理的行动都要执行政策，管理智谋也要遵循政策，包括制定政策的过程本身也要依据一定的政策，这样才能使管理有序发展，事业兴旺发达。

毛泽东对政策的重要性有精辟的论述，他说："政策是革命政党一切实际行动的出发点，并表现于行动的过程和归宿。"一个革命政党的任何行动都是实行政策，不是实行正确的政策，就是实行错误的政策；不是自觉地实行某种政策，就是盲目地实行某种政策。一切人们的实践，特别是革命政党和革命群众的实践，没有不同这种或那种政策相联系的。"因此，在每一行动之前，必须向党员和群众讲明我们按情况规定的政策。否则，党员和群众就会脱离我们政策的领导而盲目行动，执行错误的政策。"他强调指出："政策和策略是党的生命，各级领导同志务必充分注意，万

---

① ［美］孔茨、奥唐奈、韦里克：《管理学》，北京：中国社会科学出版社 1987 年版，第 321、325 页。

万不可粗心大意。"他进一步要求将个别的工作路线和政策同总路线和总政策紧密联系起来,"而如果真正忘记了我党的总路线和总政策,我们就将是一个盲目的不完全的不清醒的革命者,在我们执行具体工作路线和具体政策的时候,就会迷失方向,就会左右摇摆,就会贻误我们的工作"。①

制定政策的过程,是管理者充分运用智谋,进行理论和实践交互作用的辩证过程。第一,必须有一个正确的指导思想。恩格斯明确指出:"马克思的历史理论是每一个始终一贯和前后一致的革命策略的基本条件。"② 如果脱离唯物史观和唯物辩证法去制定政策,就必然违背社会管理的客观规律和科学社会主义的基本原则。第二,必须有一个科学的方法论。这个方法论就是以唯物辩证法为指导,吸取现代系统论等科学方法,进行全面系统的思考和操作。美国政治学中的政策制定及效力分析研究法可以参考、借鉴。"它着眼政治体系的环境研究,驱使研究者考虑影响效力变项的一切因素,如此把政策的角色放在一个系统中,看其相互影响中政策的相对重要性,就可以作出比较清楚准确的评估。"③ 这样,它也就是在要制定的政策同环境多项变量,同已有的其他政策,以及同政策目标之间的系统关系中,来考虑和制定有效果的政策,以减少和避免新政策同其他政策的不协调,以及由于考察不细、考虑不周的片面性和盲目性。"重要之点是,策略和政策虽然不止一个,但它们必须是一致的,互相配合的。"④ 政策的协调性导致计划和行动的一致性以及资源利用的有效性,必将杜绝管理紊乱和资源浪费现象。第三,政策是否对头,要经过试点,在人民群众的革命实践中检验其效应程度,以便总结经验,使政策不断完

---

① 《毛泽东选集》第 4 卷,北京:人民出版社 1991 年版,第 1316 页。

② 《马克思恩格斯书信选集》,北京:人民出版社 1962 年版,第 427 页。

③ Greenstein、Polsby 主编:《政策与政策制订》,台北:幼狮文化事业公司 1984 年版,第 600 页。

④ [美] 孔茨、奥唐奈、韦里克:《管理学》,北京:中国社会科学出版社 1987 年版,第 329 页。

善正确。

在管理过程中，要使政策化为行动，解决问题，实现目标和任务，还要讲究战术方法。管理者是改革和建设的设计者和指挥者，又是群众生活的组织者和服务者。要使广大群众同心同德、群策群力完成管理目标和任务，除了坚决执行政策这一前提外，还必须在智谋决策中包括研究战术和注意方法。这好比"我们的任务是过河，但是没有桥或没有船就不能过……不解决方法问题，任务也只是瞎说一顿"①。在实现现代化的过程中，我们的工作方法，要继承和发扬调查研究、群众路线、同甘共苦、身先士卒、说到做到等优良传统作风，同时要学习和运用行为科学、系统科学、管理科学、心理科学、政治科学、电子科学等现代科学知识和技术手段，在两者的辩证结合点上加以创造和发展，使它形成一套新的现代社会管理方法。

无 为 与 有 为

我国古代自发辩证法的杰出哲学家老子主张"无为而治"，他在《道德经》中说："为无为，则无不治。""是以圣人无为，故无败；无执，故无失。"很明显，这同他的隐退的世界观有直接关系。他所说的"无为"而治，并非绝对无所作为。他说："上德无为而无以为；下德无为而有以为。"他还说："是以圣人处无为之事，行不言之教，万物作而弗始也，生而弗有，为而弗恃也，功成而弗居。夫惟弗居，是以弗去。"这里讲圣人"无为"实有为，指以德化民，不施酷政，以身作则，推己及人，是"行不言之教"的行动，而且说产生万物而不推辞，不占有，不恃能，不居功，因此不会丧失。这对于管理者的修养来说，很有积极正气的意义。他还说："上仁为之而无以为；上义为之而有以为。上礼为之而莫之应，则攘臂而扔之。"这里，除了"上仁无为"以外，其他都是"有为"的，而

---

① 《毛泽东选集》第 1 卷，北京：人民出版社 1991 年版，第 139 页。

且人家"莫之应"还"攘臂而扔之",完全是主动的行为。可见,老子的"无为"并非绝对虚无,还是有所作为的,而且认为"无为"则"无不治",实际上是用"无为"之举来行全面治理。"无为"而治的思想,在我国智谋史上早就产生了。远在老子以前,周文王为了推翻殷商荒淫暴虐的纣王,问计于姜尚,太公回答说:"鸷鸟将击,卑飞敛翼;猛兽将搏,弭耳俯伏;圣人将动,必有愚色。"这就是著名的"韬晦之计",在《六韬》一书中记载得非常清楚。文王完全接受了这一韬略,并运用得十分自如。他对纣王处处表现恭顺,事事照办,句句服从,俯首听命,并率西部诸侯卑身朝觐,频频进奉。他主动献出洛西之地,以换取纣王废除"炮烙"之刑,既赢得了民心,又麻痹了纣王。他还大造舆论,表示自己胸无大志,"为玉门,筑灵台,列侍女,撞钟击鼓"。纣王闻之,感到放心无事,认为"西伯改过易行,吾无忧矣",遂委以处理西部事务的军政大权,自己专力用兵东夷。可见,管理者的"无为"之举,并不是真的颓唐消沉,无所作为,而是在形势不利或时机不熟之时,采取和实行以屈求伸、以退为进、等待时机、创造条件、准备大动的策略行为。正如《孟子·离娄下》所说:"人有不为也,而后可以有为。"

无为—有为的智谋思想,在毛泽东的革命军事和政治战略策略中,运用娴熟、得心应手,并提高到马克思主义辩证法的高度加以理论化、系统化。在中国革命史上,曾经在党内屡次出现唯心主义形而上学的"左"倾幼稚病,主张"革命的力量是要纯粹又纯粹,革命的道路是要笔直又笔直"。在政治上,坚持关门主义的统一战线策略,这种孤家寡人的关门主义,"为渊驱鱼,为丛驱雀",把"千千万万"和"浩浩荡荡"都赶到敌人那一边去,只博得敌人喝彩而损失了革命力量。在军事上,借口反对"游击主义",说山沟里的游击队没有马克思主义,而提出所谓"完全马克思主义"的"新原则":"以一当十,以十当百,勇猛果敢,乘胜直追","全线出击,四面出击","两个拳头打人","夺取中心城市";敌人进攻时,对付的办法是"御敌于国门之外""先发制人""不打烂坛坛罐罐""不丧失寸土""六路分兵"，是"革命道路和殖民地道路的决战"，是"短促突击"，是"堡垒战"，是"消耗战"，是"持久战"，是大后方主义，是绝对的集中指挥，最后则是大规模搬家；并且谁不承认这些，就予以惩办，加之机会主义的头衔，如此等等。无疑地，这全部的理论和实际都是错了的主观主义。在环境顺利时，是小资产阶级革命狂热性和急性病的表现；在环境困难时，则以情况不同变为拼命主义、保守主义和逃跑主义。这种鲁莽家和门外汉的理论和实际，是丝毫也没有马克思主义气味的，是反马克思主义的东西。毛泽东不仅给以彻底的揭露和致命的批判，而且根据中国半封建半殖民地的实际情况和敌强我弱的对抗形势，从总体规律上指出："革命的道路，同世界上一切事物活动的道路一样，总是曲折的，不是笔直的。"在政治上，坚持独立自主的广泛的统一战线策略，"组织千千万万的民众，调动浩浩荡荡的革命军，是今天的革命向反革命进攻的需要"，"必须采取发展进步势力、争取中间势力、反对顽固势力的策略"；在和顽固派斗争时，"是利用矛盾，争取多数，反对少数，各个击破；是有理，有利，有节"；在白区"执行荫蔽精干、长期埋伏、积蓄力量、以待时机的政策"；对英美派的大地主大资产阶级既抗日又对我党一打一拉，"我党的方针便是'即以其人之道，还治其人之身'，以打对打，以拉对拉，这就是革命的两面政策"；总之，对各种社会势力要"加以区别"，"在这些区别上建立我们的政策"。在军事上，他指出"一切战争的基本原则是保存自己消灭敌人"，面对强大之敌，革命人民必须从敌人必败的本质上看问题，帝国主义和一切反动派"同世界上一切事物无不具有两重性（即对立统一规律）一样"，一方面，从长期上、全体上、战略上要藐视敌人，另一方面，从具体上、局部上、策略上要重视敌人，以此建立我们的战略和战术思想；中国革命战争，是奇特的"犬牙交错的战争形态"，是"防御中的进攻，持久中的速决，内线中的外线"。他说："革命和革命战争是进攻的，但是也有防御和后退——这种说法才是完全正确的。为了进攻而防御，为了前进而后退，为了向正面而向侧面，为了走直路而走弯路，是许多事物在发展过程中所不可避免的现象，何况军事运动"，"危害人民的问题同此道理。不在一部分人民家中一时地打烂坛坛罐罐，就要使全体人民长期地打烂坛坛罐罐。惧怕一时的不良的政治影响，就要以长期的不良影响做代价"。"打破'围剿'的过程往往是迂回曲折的，不是径情直遂的。首先而且严重的问题，是如何保存力量，待机破敌。所以，战略防御问题成为红军作战中最复杂和最重要的问题。"那种看起来好像革命的"左"倾意见，来源于小资产阶级的革命急躁性，也来源于小生产者的局部保守性，"他们看问题仅从一局部出发，没有能力通观全局，不愿把今天的利益和明天的利益相联结，把部分利益和全体利益相联结，捉住一局部一时间的东西死也不放"。他辩证地指出："对的，一切依照当时具体情况看来对于当时的全局和全时期有利益的，尤其是有决定意义的一局部和一时间，是应该捉住不放的，不然我们就变成自流主义，或放任主义。退却要有终点，就是这个道理。然而这绝不能依靠小生产者的近视。我们应该学习的是布尔什维克的聪明。我们的眼力不够，应该借助于望远镜和显微镜。马克思主义的方法就是政治上军事上的望远镜和显微镜。"①

由此可见，管理者的"无为"和"有为"是对立统一的矛盾运动过程，"无为"是为了"有为"，而"有为"必须先要"无为"；"无为"不是虚无缥缈、清闲无事、消极观望，而是无限量变和部分质变，以汇滴成河、逐步积累、准备大动。正如老子所说："是以圣人之治，虚其心，实其腹，弱其志，强其骨。"也就是《孟子·告子下》说的："天将降大任于是人也，必先苦其心志，劳其筋骨，饿其体肤，空乏其身，行拂乱其所为，所以动心忍性，曾益其所不能。"所不同的是，我们所引用的"无为"或"有为"，都不是被动的，而是管理者自觉、积极、主动的智谋思想和行为。

聪 明 与 糊 涂

在管理智谋中，还有一种屡见不鲜的奇妙现象，就是聪明还是糊涂。

---

① 《毛泽东选集》第 1 卷，北京：人民出版社 1991 年版，第 212 页。

管理智谋本身就是一种极其聪明之为，何以又要说是糊涂呢？这里有辩证的道理，而且某些条件下，某些事情上，糊涂与聪明会发生变位，不糊涂反而不聪明。聪明者，智慧丰盈，智力敏捷，智谋优良之谓也。而糊涂，当然是说头脑不清醒，浑浑噩噩，糊里糊涂是也。糊涂者，莫名其妙，对事实和事理不明不白，说不出个所以然来，当然也就谈不上什么智谋了。但是，糊涂与聪明都不是绝对的，就像"真理和谬误，正如一切在两极对立中运动的逻辑范畴一样，只是在非常有限的领域内才具有绝对的意义……只要我们在上面指出的狭窄的领域之外应用真理和谬误的对立，这种对立就变成相对的……对立的两极都向自己的对立面转化，真理变成谬误，谬误变成真理"①。这里讲两种情况。一种是知识和经验很多的人，由于思虑深广，发现问题很多，反而愈来愈感到糊涂了，正像宋朝苏东坡在《贺欧阳少师致仕启》中说："大勇若怯，大智若愚。"第二种如《红楼梦》第五回的诗《聪明累》说的："机关算尽太聪明，反算了卿卿性命！"无中生有，故弄玄虚，节外生枝，画蛇添足，多此一举，自作聪明，看起来有两下子，其实不切实际的过分聪明，就向对立面转化，变成糊涂、愚蠢的傻瓜了，到头来，事情办不好，还"搬起石头砸自己的脚"，自食其恶果。这种事例，在历史上，在现实中，在战争、外交、特工、人伦、经贸等管理工作里，大有人在，大有事在。

　　管理者的智谋在于巧用"大勇若怯，大智若愚"。这种糊涂是一种糊涂，但非一般的糊涂，而是一种特殊的糊涂。第一，像《宋史·吕端传》说："端小事糊涂，大事不糊涂。"诸葛亮一生聪明，大事小事都清楚，可惜管得太多太细，连几文钱的账都要亲自审批，太劳累了，故年寿不高。管理者的职责是抓总体大事，不论高低大小职位，都应如此，大事应该抓深抓细抓紧抓好，其他事就糊涂点，该谁办就让谁去办，是为聪明之举。第二，聪明在于巧干，科学地做事，以智谋取胜，而不是蛮干、拼

①《马克思恩格斯选集》第3卷，北京：人民出版社1972年版，第130页。

命。发明"难得糊涂"的七品芝麻官郑板桥，为人刚直，办事公正，爱民如亲，而且智能出众，才华横溢，书画成家，连皇上都嘉奖他。他在山东潍县当了几年县官，用智谋同权贵豪门斗争，为人民分忧解愁，深知矛盾复杂，仕途艰险，故在办了几件好事以后，深明大义，当机立断，毅然决然地弃官而走，悄悄地回归扬州，去作他的"糊涂"诗书画去了，正是这一聪明之举，使他成家立业，造诣更高，贡献人类，名垂青史。第三，管理者的糊涂，是积极主动的开拓行为，不是不读书、不看报、不思考、不干事的昏庸表现。著名英国科学哲学家卡尔·R. 波普尔说得好："科学和知识的增长永远始于问题，终于问题——愈来愈深化的问题，愈来愈能启发大量新问题的问题。"[1] 管理要发展是同样的道理，管理者要能主动地及时地发现问题、提出问题、思考问题、议论问题、解决问题。这就要求管理者自觉地经常保持一种"糊涂态"，围绕着事业目标和本身职责，多问几个是什么、为什么、怎么办。这才是真正的"难得糊涂"，而且由清楚转到糊涂更难，要自知其无知程度更是不易，并非轻松之事。《论语·为政》中说："知之为知之，不知为不知，是知也。"这是清醒高明的管理者的本性和形象，本身就是智谋高超的表现。如果认为什么事都清楚了，如意自足了，或者真的以其昏昏，使人昭昭，一问三不知，真假、美丑、好歹不甚了了，甚至一笔糊涂账，连基本常识都不晓得，还在那里哼哼哈哈的人，那才是货真价实的糊涂虫，那还能开拓创新吗？

三、管理智谋内涵

管理者运用智慧才能，谋划制定并贯彻执行战略与策略，其实质内容是什么呢？就是管理者的学术、技术、权术、艺术的综合系统行为。

---

[1] ［英］波普尔：《科学知识进化论》，北京：三联书店1987年版，第184页。

学术性与技术性

任何一个统治者都有统治术，或文或武，或政或法，或物或心。管理同政治有密切的关系，但又有原则区别，有自己特殊的要求。列宁说："工人阶级的统治地位表现在宪法中，表现在所有制中，而且还表现在正是我们推动事物前进这一点上面，而管理则是另一回事，是有关能力的事，有关技巧的事。"① "要管理，要建设国家，就应当拥有具备管理技术、治国经验和经济经验的人才"，"要管理就要内行，就要精通生产的一切条件，就要懂得现代高度的生产技术，就要有一定的科学修养"。② 所以，不论哪个行业、哪个职级的管理者，要用自己的智谋做好管理工作，都必须具有学术性和技术性的品格。

学术性就是指对科学专业知识和哲学理论知识的理解和运用的能力。现代社会的管理者，面对社会化大生产的大系统，或者对小生产进行改造和建设，没有现代科学知识，是无法进行科学管理的。一个管理者首先应当是一个学者，许多国家都要求并实行了高度文化科学资格，甚至必须是硕士和博士才能充任。管理者不仅要精通管理科学、精通一两门专业知识，还要有广博的知识结构，包括军事、政治、经济、文化方面的历史和现实知识，尤其是经济学、心理学、伦理学、法律学、文艺学、语言学等必备的科学知识。科学知识是智慧的本钱，也是谋略的工具，知识愈全面丰富，等于认识世界和改造世界的智谋天窗和通道愈大愈多，也等于增长了更多更灵的头脑和手脚，以便于智谋决策和行动。而综合和概括自然科学与社会科学的哲学，本身就是智慧之学，聪明之学。一个人懂不懂哲学，用不用哲学，大不一样，有哲学头脑就有理论水平，尤其是掌握唯物辩证法这个"最好的劳动工具和最锐利的武器"③，就能高瞻远瞩，高屋

① 《列宁全集》第 36 卷，北京：人民出版社 1959 年版，第 544 页。
② 《列宁全集》第 30 卷，北京：人民出版社 1957 年版，第 394、419 页。
③ 《马克思恩格斯选集》第 4 卷，北京：人民出版社 1972 年版，第 239 页。

建瓴，再艰难复杂的事物，都能内外穿透、纵横贯通，提高思维、表达和行为的原则性、系统性、预见性和创造性。

技术性，是在学术性基础上的实践技巧和行为方法，是智谋见之于决策和行动的现实桥梁和具体装备。管理者要精熟管理基本职能的运用手段，如前所述的调查考察、计划决策、指挥调度、检查评估、总结提高、管理全过程及其各个环节的操作技术，这样才能将来将抵，兵来兵挡，火来水灭，水来土掩。没有技术和方法，好比过河无船、有话无词，何以智谋？即使有智谋，也是哑巴吃黄连、瞎子吃馄饨，只能自己心里有数，不能推动他人做好工作。

管理者的智谋，学术性和技术性是基础，无基础岂能造大厦、建功业？管理者应是以管理哲学、科学和技术为主的通才，这就会头脑敏捷，手脚灵便，触类旁通，举一反三，一通百通，更有水平地用权管理。

权术性与艺术性

管理是权力活动，无权力就没有管理。什么是权力？说法很多，有人认为是强制力，有人认为是影响力，还有其他各种观点。我们认为，权力是一定组织系统能级岗位的管理者，按照一定体制规范进行决策和行动的强制力和影响力的综合体。因此，如何运用权力，除了权力系统结构的法规性以外，更大量更重要的是权术性与艺术性的统一。

权术在日常生活中往往是一个贬义词，其实，管理工作本身就是一种运用权术的行为。权术，就是以智谋用权的方术。文艺复兴时期意大利政治家马基雅维利所著的《君主论》就是一本权术专著，他说："在这本书里，我尽可能深入地探索'权术'问题，讨论什么是王国，王国有哪些种类，讨论了君主们如何夺得王国的政权，如何维持政权，又怎样丧失了政权……"他认为，人的天性一般来说是恶的，反复无常、忘恩负义、奸诈虚伪、嫉妒怯懦、贪得无厌，所以聪明的政治家应当不受道德准则的约束，不择手段地去实现自己的目的。马克思称马基雅维利主义，是"摆脱了道德而对政治进行理论的考察，并提出要以独立的态度对待政治准则"的学说。这种权术论，反映了资产阶级上升时期争权夺利的冒险性和疯狂性，也反映了剥削阶级的唯心主义历史观。马克思主义也讲权术，但"革命的专政和反革命的专政，性质是相反的，而前者是从后者学来的"，是"以其人之道，还治其人之身"，并且，"人民的国家是保护人民的"，"马克思列宁主义的基本原则，就是要使群众认识自己的利益，并且团结起来，为自己的利益而奋斗"。①因此，社会主义管理权术，是民主与集中相结合，公平与效率相结合，"个人没有权力领导一切，不管是谁"，最重要的是提倡"说真话，鼓真劲，做实事，收实效"②，以达到为社会主义、为人民服务的目的。那种把权术等同于长官意志、个人好恶的代名词的说法和做法，其本身就是封建主义和资本主义的杂烩。

艺术性是用权方式上的多样性和灵活性的表现。解决同样一件事，可以有多种不同的理论和方法，有的有效，有的无效，甚至也有的事与愿违，适得其反。如在道路施工的路牌上写着：请忍耐施工的不便，享受日后的便利。电视中公益广告经常宣传：市民们遵守交通规则，就是对国家困难最好的理解和支持。这比那种直线式的这"不准"那"禁止"要艺术多了，而且与群众同处在平等的主人翁的氛围中，人们乐意接受。当然，有些事该直接明了，故作聪明反而坏事。比如1991年10月，《内蒙古日报》上登了一幅漫画，图上面一棵果树上果子完满，下面的牌子上写着"不许摘果"；而图下面的果树上空空如也，因为它下面的牌子上写着"原则上不许摘果"，多了含糊不清的三个字，效果就截然相反。又如1991年11月，报载《安徽纪检》上报道，上海肯德基有限公司收到在国外的总公司寄来的三份检查鉴定书，分别评为83分、85分、88分，这使人们感到十分惊讶，因为事先根本不打招呼、不予通知。原来检查人员以普通顾客身份微服私访，查完就走，没有酒菜和颂歌，结论也实事求是。管理的

①《毛泽东选集》第4卷，北京：人民出版社1991年版，第1318、1476、1478页。
②《周恩来选集》下卷，北京：人民出版社1984年版，第349、365页。

艺术性，如《六韬·发启篇》中说："全胜不斗，大兵无创。"《六韬·军势篇》中说："善战者，不待张军；善除患者，理于未生；善胜敌者，胜于无形。"这是智谋高超、变化无穷、运用自如的集中表现。

管理智谋，是学术性与技术性、权术性与艺术性的紧密结合和完整运用，而且在实践中是相互交叉和相互渗透的，在哪种情况下突出哪一方面，其本身也是一种智谋和艺术性，这绝非纸上谈兵、短时即蹴的，是非要长期磨炼和悉心研究，用尽才思方可奏效的。

四、管理智谋方术

管理智谋不是天生的，而是后天造就的。实践出真知、勤思多智慧，不用脑筋是办不到的。那么，怎么用脑筋呢？这里还有一套方法和技术，主要是指思维术、心理术和创造术。

思　维　术

智谋是在经验和知识、技能基础上的理性认识，以及由理性返回再实践的思索与决策的过程，因此，逻辑思维是智谋的基点和关键，思路对了，智谋效率就高，反之亦然。逻辑思维有思维的逻辑，不合逻辑的思维出不了智谋，甚至陷入思维混沌之中而得不出合理的结论。

唯物辩证法的思维起点，如列宁在"辩证法的要素"中的第一条，是"观察的客观性（不是实例，不是枝节之论，而是自在之物本身）"。我们思考什么？不是空洞地思考自己头脑的思考，而是用头脑去思考客观事物及其本质和规律，这就是说，客观思维是理性认识的基础，不反映客观事物的思维，那从根本上就错了。《孙子兵法·谋攻篇》讲"知彼知己者，百战不殆"，"不知彼，不知己，每战必殆"。就是说，要把管理客体和主体双方的实在情况及其特性作为理性思维的出发点。所以，马克思曾经说过："实在主体仍然是在头脑之外保持着它的独立性；只要这个头脑还仅仅是思辨地、理论地活动着。因此，就是在理论方法上，主体，即社会，也要经常地作为前提浮现在表象面前。"而"观念的东西不外是移入人的头脑并在人的头脑中改造过的物质的东西而已"。①

辩证思维方法的第二种，就是总体思维，也就是列宁所说的"这个事物对其他事物的多种多样的关系的全部总和"，"事物（现象等等）是对立面的总和与统一"，"各个部分的分解和所有这些部分的总和、总计"。因为事物系统都是多重矛盾的统一体，只有进行矛盾分析与综合研究，才能从总体上全面正确地了解和把握事物系统的真实全貌、本质特性和发展趋势。马克思的《资本论》、毛泽东的《中国社会各阶级的分析》和《论持久战》，就是总体思维最标准、最详尽、最精辟的典范。

第三，就是过程思维。这就是列宁所说的"这个事物（或现象）的发展、它自身的运动、它自身的生命"，"不仅是对立面的统一，而且是每个规定、质、特征、方面，特性向每个他者（向自己的对立面？）的转化"，"从量到质和从质到量的转化"，"仿佛是向旧东西的回复（否定的否定）"，特别是注意事物运动的因果联系，以及在高级阶段上重复低级阶段的某些特征、特性的分析与评判，以把握事物发展的进退、高低、优劣、消长的趋向。这要逐个阶段进行解剖，分辨其中的偶然性和必然性，然后作全过程的总体分析，这样才能看出从混沌走向有序的必然逻辑。毛泽东的《中国的红色政权为什么能够存在》和《星星之火，可以燎原》，以及《关于重庆谈判》等著作，就是从这种瞻前顾后、动态研究中，得出"前途是光明的，道路是曲折的"结论来的。这种过程思维，是辩证思考的基本功，对于大系统的管理者尤为重要。

最后，就是本质思维。也就是列宁所说的，"人对事物、现象、过程等等的认识从现象到本质、从不甚深刻的本质到更深刻的本质的深化的无限过程"，"揭露新的方面、关系等等的无限过程"。② 思维的目的在于揭

---

① 《马克思恩格斯选集》第 2 卷，北京：人民出版社 1972 年版，第 217、218 页。
② 《列宁选集》第 2 卷，北京：人民出版社 1972 年版，第 607、608 页。

露事物的本质，掌握发展规律。这就要花费由表及里、由此达彼的抽象、概括、判断、推理工夫，从事物系统的总体及其运动的全过程中总结出几条带规律性的东西来。艾柯卡从克莱斯勒公司成立以来的发展史中，看出那个烂摊子中还有许多积极因素，如果加上必要的外援，加强本身的改革，是可以挽回败局的。毛泽东从长期的战争实践中，总结出游击战的十六字原则、运动战的十字原则和人民战争十大军事原则①，就是本质和规律思维的结晶。

辩证的思维术，是管理者"运用之妙，存乎一心""眉头一皱，计上心来"的逻辑工具。尤其是战略全局的指挥者，对于全局性的东西，眼睛看不见，只能用心思去想一想才能懂得，不用心思去想，就不会懂；有局部经验的人，如果肯用心思去想一想，也就能明白那些更高级的东西。多想才能出智谋。

心　理　术

管理过程是面向职工和社会的群众性工作。对于人的管理，不论直接还是间接的管理，都有一条普遍的契机，就是攻心为上。所以，现代管理中，包括军事斗争中都把对内和对外的心理战，放在非常突出的位置上。心理战，是人心争夺战，对于彼方是控制人心、取得人心，对于己方是稳定人心、调动人心。事实上，现今社会中，能够头角峥嵘，居于领导潮流的成功者，没有不是把"理人"牢牢抓住，才得以无坚不摧、无攻不克的。正如《如何掌握人心》的序言中指出："我们敢肯定地说，今天社会各种行业成败之所系，不在资本，不在规模，而在于掌握人性。"②

了解人心。"了解人熟悉人的工作却是第一位的工作。"③了解人中第

---

① 《毛泽东选集》第 1 卷，北京：人民出版社 1991 年版，第 104、230 页；第 4 卷 1247 页。

② ［美］雷德唐：《如何掌握人心》，杨豪译，台北：桂冠图书股份有限公司 1993 年版，译序。

③ 《毛泽东选集》第 3 卷，北京：人民出版社 1991 年版，第 850 页。

一位的要数了解人心，包括个体心理和社会心理。对于管理工作者来说，首先要了解职工和顾客有什么难处和需求。马斯洛的基本需要理论认为人有生理、安全、归属和爱、尊重、自我实现五种基本需要。还有阿德弗的三种需要（生存、相互关系、成长），赫兹伯格的双因素（保健因素和激励因素）等理论，都在不同层次和侧面阐述了人的需求，很有参考价值。马克思主义认为，人的需求有自然性和社会性两种，但由于人的本质是由社会性决定的，所以自然性又受社会性支配。只有了解社会群体的总体需要和根本利益，并加以广告和传播，使群众自我意识增强，让人们自己了解自己的历史条件和使命，管理工作才算到家。

分析人性。人是社会动物，本性在于社会关系。所以，只了解人心，不分析人性，就抓不住根本。人的一般生物属性，除了民族、地域差异外，基本上是相同的。但是，受经济决定，政治、文化作用、影响的社会性，在不同历史阶段、社会制度下，不同阶级、阶层的人，有不同的利益和需要。鲁迅曾经写道："自然，'喜怒哀乐，人之情也'，然而穷人决无开交易所折本的烦恼，煤油大王哪会知道北京捡煤渣老婆子身受的酸辛，饥区的灾民，大约不会去种兰花，像阔人的老太爷一样，贾府上的焦大，也不爱林妹妹的。"[1] 在剥削阶级基本消灭之后，阶级性还要有一个很长的过程才会消失。即使到了阶级完全消灭，先进与落后、正确与错误的矛盾永远存在，人的本质还是有差别性的。所以，"只有具体的人性，没有抽象的人性"[2]。在敌对势力与腐败现象不仅存在于世，而且十分猖狂、狡猾、嚣张之时，宣扬和鼓吹抽象的"人"及所谓"人类之爱"，无疑是替坏人开脱，使正直老实的改革者和劳动者吃亏、受害，这是极其愚蠢并缺乏智谋的行为。

关心人生。人生是指人的物质生活和精神生活。管理的目的，就在于

---

[1] 复旦大学、华东师范大学中文系选编：《鲁迅杂文选》，上海市中小学教材编写组 1972 年版，第 98 页。

[2] 《毛泽东选集》第 3 卷，北京：人民出版社 1991 年版，第 870 页。

组织和调节人们的物质和精神生活。日本管理很注重对职工的物质关怀和感情投资，西方管理很重视把关心人和关心生产结合起来。例如，R. R. 布莱克和 J. S. 穆顿的"新管理方格"理论，按照纵横二线画成方格，在二线交叉点上，分别作出"贫乏的管理""权威与服从""乡村俱乐部管理""协作管理"和"组织人管理"五种假设，"重要之点是当一个经理面对一个通过别人去完成工作的情况时，他可以用一系列可供选择的不同方法来进行管理。为了提高管理的才能，他需要了解这些方法，并能在某种特定的情况下，从一定数量的可能性中，选择最好的行动路线"。① 社会主义的按劳分配、多劳多得、奖勤罚懒，本身就包含对劳动者，特别是优秀的贡献者的关怀和激励；可惜这个科学的原则，常常被一些平均主义和投机取巧的办法歪曲、淹没了。

尊重人格。现代西方的人格主义，反对唯物主义物质利益，主张按最高人格即上帝意志进行自我精神修养，这是错误的。但是，尊重人格，不论德才、职级、门第高低，人格一律平等，互相尊重，这是管理的基础条件。很难设想，在人格受到蔑视和遗弃的情况下，会有正常的卓越的管理。

保障人权。现代社会主义管理，是人民当家做主的民主管理。但是，管理者能否尊重并保障人民的基本权利，特别是管理权利，常常发生一些不应有的误解和轻视。人权是指人的基本权利，包括生存权、经济权、政治权、文化权，在不同的社会制度下，受统治阶级制约，由宪法、法律、法规加以规定。社会主义国家是工人阶级为领导、工农联盟为基础的国体，在我国实行人民民主专政和人民代表大会制度，所以，我们的人民享受广泛的人权，其中最主要的是管理权。如果基本人权，特别是人民的管理权受到干扰和破坏，那就意味着我们的政权和管理遭到削弱以致变质。劳动人民不仅有生活权、发展权、选举权等，更重要的是对管理有建议

----

① ［美］布莱克、穆顿：《新管理方格》，北京：中国社会科学出版社 1986 年版，第 16 页。

权、批评权、处罚权、决策权；管理者是为人民服务的公仆，要代表和保障人民的民主权利，否则就失去管理的意义和资格。周恩来在 1961 年的一次讲话中严厉批评了民主作风不够的不好的风气，他说："只许一人言，不许众人言，岂不成了'一言堂'？'一言堂'从何而来？是和领导有关的，所以，我们要造成一种民主空气。"他明确表示，"改变领导干部的作风首先从我们几个人改起"，"我的讲话允许大家思考、讨论、批判、否定、肯定"，"如果我们发表的意见不允许怀疑、商量，那还有什么研究、商讨呢？我们的讲话又不是党正式批准的。即使是党已经研究通过的东西，也允许提意见。中共中央会议正式通过的东西都允许讨论，允许提意见，加以修改，为什么我个人的意见就不能讨论修改呢？我们要造成风气，大家都是站在社会主义立场上探讨问题，为了把文艺工作搞好，把文艺政策执行好"。他当场提出要求，"我今天的讲话，你们作了记录带回去，希望你们谈谈，把意见寄来。但是如果你们寄来的意见都是'完全同意''完全拥护''指示正确'之类，我就不看。这并不是说你们讲假话，而是因为看了没有意思。如果你们有不同的见解，有提出商量的问题，就写信寄来"。他一再强调，"民主作风必须从我们这些人做起，要允许批评，允许发表不同的意见……这才是社会主义的自由"。① 这种领导严于律己，充分而切实地发扬民主的作风，才是真正有智谋的管理。

重视人才。我们所说的人才，是德才兼备的、知识和才能较高的人。除了懒汉、庸人和花花公子以外，没有不希望自己成才的人。一个管理系统，不论生产、技术还是决策、指挥，包括具体办公人员、后勤服务人员，都需要也必然有一批各种各样的人才支撑着、奉献着。懂得心理术的管理者，必须懂得把管理人的重点放在发挥人才作用的工作上，这才是真正一本万利的事情。除了物质上、工作上、生活上要重视人才以外，最重要的是同求全责备、任人唯亲、拉帮结派、排除异己等偏见和邪风作斗

---

① 《周恩来选集》下卷，北京：人民出版社 1984 年版，第 323、324、325 页。

争，营造人才脱颖而出、工作顺畅愉快的社会环境。这样，不仅人才辈出、贡献卓著，而且会由点到面，极大地激励广大群众的主动性、积极性和创造性。

关于创造术，下面一节专门阐述。

五、管理智谋创造

美国 BBDO 广告公司的欧斯波恩博士，在 1942 年写的《思考的方法》一书中说："我 21 岁时遭遇革职，为谋新工作应征某报社。主考人问我：'你有多少写作经验？'我回答：'只有三个月，不过请先看看我的一篇文章。'主考人看完后说：'你的经验嫌不足，写作乏技巧，文句也非极通畅，但内容富有创意。本报社有一人请长期病假，急需人才，你先代理试试看。'那一瞬间，我突然领悟到创意真是比钻石有价值的东西。从此，我比照童子军'日行一善'做法，决心'日行一创'，而对想象力发生莫大兴趣，如今，我已成为拥有 2 700 位员工的广告公司的总经理。"[①] 可见，创造意识和行为，对于智谋管理是不可或缺的东西。

什么是创造性

《价值革新与创造性思考》一书中，列举了"idea"一字在字典上的好多意思：主见、意见、办法、计策、感觉、想象、思想、概念、灵感等等。它与创造力联系起来，故名"创意"。对创意的解释多种多样，如："有效的组合知识所产生的新作用"；"头脑创造力不是指'无中生有'，乃是根据自己以前所学习的知识、学问、经验和情报等，搭配新的组合而产生新思想、新观念"；"创意是运用个人或群体所拥有的知识，转变为有效的内容，而加以实现的一种大脑能力"。日本著名民俗学、文化人类学学

---

① 纪经绍、蔡明编著：《价值革新与创造性思考》，台北：现代企业经营管理公司附设出版部 1978 年版，第 82 页。

者岩田庆治教授在 1983 年出版的《创造人类学入门》中说："有时，当我们的人生完全陷入到山穷水尽的死胡同之时，又会突然碰到射进来的一束起死回生的希望之光。"

用一句话来概括，创造性就是四个字：奇思，绝招。奇思就是思人所未思；绝招就是行人所未行。创造性就是奇思和绝招的整体。一般地说，奇思是创造的基本功，而绝招是创造的表现力。据说年迈的古波斯的戈蒂亚斯王想选一个智勇超群的人来接替王位，一天，他拿出一大绳结，告诉大家说："谁能解开这个结，王位就让给他。"众多有智慧的人都试着来碰运气，可是无论怎样挖空心思也无能为力。后来，亚历山大听说这个消息，也赶来了，他仔细看了那个绳结，忽然手起剑落，往绳结上一剁，绳结开了。原来那是一个死结，是根本无法解开的。亚历山大悟出了国王的真意，发现了其中的奥秘，想到了人家想不到的办法，胆识过人，勇敢决断，结果一举取得成功。类似这种例子，在中国历史和当今世界上也有很多。例如，韩信背水一战，置之死地而后生；孔明有名的"空城计"等等，都是天无绝人之路的典范。在国际汽车大战中，日本人出奇谋，用反馈回修的办法，以少量的损失取得市场、信誉和效益的大丰收。当然，也有绝招在先、反促奇思的创造。

俗话说，"行行出状元"。能留名后世的伟人，都有他们的奇思和绝招。孙武、孙膑，在战略战术方面空前绝后；陶朱却在做生意方面形成了他的一套独特招数。这都是因时、因事制宜的优异创意的表现。当然，创造是一种愉快的工作，但绝非轻松所为，而是一个耗费心血、集思广益的艰苦劳动过程。

创造力的秘密

美国著名心理学家西尔瓦诺·阿瑞提在《创造的秘密》一书中，从生理、心理机制到外在产品，从各种艺术创造到宗教、科学、哲学的创造，从有益于创造力的社会环境到个人创造力的培养，在一个总体范围内展开了对创造力本质的探讨。特别是他借助弗洛伊德的学说，提出了创造活动的原发过程、继发过程和第三级过程这三个概念。现在根据我们的理解，对创造过程加以唯物辩证的阐述。

原发过程，就是原始的、不成熟的、不正常的、不健全的、幻想的、发散的、混乱的思维过程，也可以称之为混沌思维过程。当一个科学家、艺术家、哲学家或政治家、军事家、管理家，在接受一项课题或任务之后，面对未知的问题和困难，要进行创造首先就得开动脑筋，天南地北地"胡思乱想"，如塞西林描述法国文明古典主义时期（17、18世纪），"想象是和直觉本能、异想天开、步入歧途、徘徊游荡、愚蠢荒唐……以及疯狂的本源相联系在一起的。"阿瑞提认为，在我们的想象里，没有什么东西不能呈现为新的形态，就像精神分裂症或精神失常患者的混乱思维一样，用语言是说不清楚的。"在想象中，许多事物的种种属性能够被一个单独的事物所获得。这种结合力可以是创造性的，若不加控制也会是危险的。"① 但对此不必惊恐和责难，这是思想的原初本性，更是创造的必经阶段。如果只有一个点和一条线来考虑问题，显然就没有矛盾性和选择性，那就等于取消思想，也就谈不到任何创造或错误的可能。条条大路通罗马。通不通，哪条路最正确、最好走，只有让思想开动起来才知道。所以马克思常常引用青年时代哲学导师黑格尔的一句话："即令是一个恶徒的犯罪思想，也要比天堂里的奇迹更伟大更崇高。"②

在原发过程中，思维内容丰富无比，无论什么不可见到的、说不出来的、无法预料的内容，都能以各种方式呈现出来，就像一种猝然的突现，一道道闪光。它们在沉思冥想中、白日做梦里，在酒醉和做梦中浮现，或者是有意的努力、联想、外部刺激、动觉感受中产生出来。这些思维材料正是继发过程进行工作的原材料。

继发过程，就是对混沌思维进行清醒的归纳、整理、选择、肯定、否

---

① ［美］阿瑞提：《创造的秘密》，沈阳：辽宁人民出版社1987年版，第97、98页。
② 《回忆马克思恩格斯》，北京：人民出版社1957年版，第73页。

定的过程。这时，要进行概念、判断、推理的逻辑思维，或者要借助于计算机等实验手段进行辅助加工，以寻求创造目标的最后答案。通过不断的筛选，与解决目标问题无关的成分被抑制、淘汰了，有关效用成分继续进行思维过程，与目标问题的解决愈来愈接近，难度也愈来愈大，好比最后冲刺和攻坚，可能成功也可能失败。值得注意的是，原发过程的原材料，包括已被抑制和淘汰的部分，不等于败将残兵毫无用处，说不定还是重新上阵、起死回生的功臣呢。关键的中心思路，在于集中解决目标问题的各种联系。

第三级过程。这是原发过程和继发过程的完美匹配和必然结果。一个作家和诗人，把分离的要素综合为一个统一体，使我们欣赏到更为深刻和新奇的景象；一个科学家和哲学家，则发现世界运动总体的或某一具体形态的新的规律；一个政治家和管理家构想出一种新的格局和方案。这个过程，可能是冷静的理智的计算和推理的结果，也常常在百思不得其解的偶然机遇中，忽然顿悟和突破，就像牛顿从苹果落地现象发现万有引力一样。这是创造活动的升华达到顶点的丰收时节。

创造力的秘密何在呢？就隐藏在三个过程的相互关系中。

创造的辩证法

任何一个人，尤其是管理者，要实现创意素质和创造活动，都要具有相当的主观和客观条件，由创造人类学、创造心理学、创造社会学等具体阐述之。从管理哲学的总体上说，创造是一种主体的高度智谋运作。有人以为创造只有天才的人才可为，这有一定道理，但现代心理学认为，人的正常天赋并无特异悬殊区别，而天才本身也主要是后天产生的，正如爱迪生所说："天才靠九十九分努力，靠一分天才。"由此可见，能否进行创造，主要不是靠天才，而是靠主观努力，从这个意义上说，一切神经正常的人，包括某些病态的人，都可以创造出作品和绩效来。问题只在于主观努力本身要创造适于创造的条件，这需要处理好以下四种关系：

一是积累和灵感的关系。不少人认为灵感就是创造，因此单纯去追求灵感，或者片面责怪自己脑袋笨，不善于发现灵感。这其实把关系颠倒了。灵感并非天生就有的，而是长期实践经验和学习知识积累的结果。有人问门捷列夫怎么在一天内便做好了元素周期表，他回答说："你问我怎么发现元素周期？三十年来我一直在从事这项工作嘛……"知识和经验的长期积累，由量达到一定的质，到时候就自然在理性思维中发生突变，正好遇到要解决的问题，线路就很快接通了。这就像朱熹诗中所说：问渠哪得清如许？为有源头活水来。虽然积累是基本的，但也确有灵感问题，有人灵敏度高，多谋善断，创造来潮就快，这就要运用前面讲的思维术和自身的心理术了。完全靠自发积累也会自然产生灵感，但那可能较慢。所以，应该把长期积累和灵感顿悟二者自觉地结合起来。

二是无心和有心的关系。人们在知识和经验积累过程中，还要分有心和无心之别。有心人时时处处想着那件事，有意识地观察、搜集与目标问题有关的资料，积累的速度和效率就高。例如有人问牛顿："你怎么发现万有引力的？"他回答说："我经常在想那件事。"爱因斯坦发现相对论，也是"因为经常想那些事……"① 无心地看书、做事，在人的生活中占的分量也不小，有些创造灵感出现时觉得似曾相识，好像什么地方接触过此类事，多半是同无心意的知识和经验积累有关。但那种随机性很强，偶然相似、相遇的机会就少，而且即使接触过的事物，由于无心而印象淡薄，甚至遗忘也较多。这样，就如恩格斯所说："往往当真理碰到鼻尖上的时候还是没有得到真理。"② 所以，培养对目标问题的兴趣爱好，像作家有目的地去体验生活，像科学家研究某项专业终身锲而不舍，提高平时自觉观察、搜集、积累有关信息的广度和深度，对于创造灵感的到来，是万万不可缺少的条件。例如，宋朝大作家欧阳修认为，马上、枕上、厕上是产生构想的极好时机；希尔顿看到一家堂皇的饭店，决心把它学过来，自己

---

① 《全员经营》，台北：台湾新生报社出版部 1981 年版，第 9、17 页。
② 《马克思恩格斯选集》第 3 卷，北京：人民出版社 1972 年版，第 554 页。

也要办，于是他把它拍下来，贴在桌子上，每天工作时望着它、思考它，像越王勾践卧薪尝胆的精神那样激励自己，上天不负有心人，最后终于成了世界饭店大王。

三是心境和精力的关系。以 Stress 学说闻名的洪斯谢利亚博士说："一个人在疲倦、紧张或焦急时，不可能解决困难、问题，亦即身心疲劳、无谓的焦急、噪音、家庭或经济上有问题、忧郁、生气或感受某种精神上压力时，创造性思考便受到阻碍。"①

心境，包括客观或主观因素在心理上是否平衡的状态。心理平衡，各种主客观因素和谐协调，或有矛盾和困难，但不足以妨碍正常情绪就心情舒畅。大脑兴奋和抑制过程有序，受主体注意的支配，则容易专心于某一课题而无后顾之忧，当然思考的创造性效率就高。妨碍心境有两方面的情况：其一是客观因素，包括家庭、他人、社会的物质和精神条件的负效应，强烈刺激主体的大脑，矛盾和困难一时无法解脱，进而压抑、苦闷、焦急等，这时候注意力无法主动集中，妨碍创造性思维；其二是主观因素，自身的健康、知识，特别是世界观、人生观阻碍广阔、深入、灵活的思路，也会造成心境不好。有一位公司研究所所长，曾经以崭新的构想在实业界领先，但一次遇到挫折后便不顺利，从此一心想突破困境，于是夜以继日，急于求成，结果越构想越乱，由于紧张—失败—更紧张的恶性循环而得了慢性疲劳，还伤了胃。不过也有不同的情形。有的人反而需要用"急将法"猛然一击，从而"急中生智"，计上心来，成为智勇双全的将军，如曹操激关羽斩颜良、文丑，孔明激张飞而长坂坡退万兵，都是极好的用人智谋例子。还有，不少人遇到大难，身处逆境，产生强烈的压抑、悲伤、忧虑，但由于主体意志坚强，心情坦然，反而化悲愤为智谋的力量，产生震撼后人的发愤之作。如《诗经》，司马迁在《史记·太史公自序》中说诗三百篇"大抵贤圣发愤之所为作也"；屈原的《离骚》反映

①《全员经营》，台北：台湾新生报社出版部1981年版，第6、7页。

了他的悲愤爱国的心情；李白的《蜀道难》《梦天姥吟留别》《行路难》；韩愈的《左迁至蓝关示侄孙湘》；蒲松龄的《聊斋志异》等等，都是在腐败政局下屡遭打击时的发愤之作。美国被誉为"大趋势"先生的约翰·奈斯比特在撰写《大趋势》一书时，正是他最穷困潦倒的时候：他创业失败，向法院申请破产，登记的财产仅有一些衣物，5美元现款，以及一副网球拍；因破产财产清单上遗漏几件艺术品，又被判处缓刑3年，罚劳役200小时；结婚23年的妻子带着儿女离他而去。他孤独地住在华盛顿一间公寓地下室内，还要去一个戒酒观护所做义工。但他不为"从没经历过这样难堪的事"而消沉泄气。他从手边200万张剪报资料中筛选，终于在1982年出版畅销书《大趋势》。后来他成了"奈斯比特公司"负责人，较之美国名嘴基辛格有过之而无不及。

不管心境好不好，要创造就必须有精力，始终保持清醒的头脑。心烦而意乱，必精疲而力尽，头脑不可能清晰地连续思考。所以，对于一个管理者来说，不论如何繁忙，保持身心健康是头等大事。劳逸结合，体育锻炼，都是保持头脑清醒的必要手段。在大脑皮层普遍得到休息以后，如清晨醒来之时，往往是灵感自动跳出来的最佳时机。在昏昏沉沉、模模糊糊之时，切莫硬性坚持用脑，因为那是绝不会有创意思维的。

四是自创和群创的关系。管理者的创造性，不仅表现在自己个人身上，更重要的是依靠、鼓励和推动群体创造，包括下属、职工和社会、顾客的创造性，这样才能集思广益、众志成城。中国俗语很多，如"三个臭皮匠，赛过一个诸葛亮""众人拾柴火焰高""卑贱者聪明、高贵者愚蠢"等，说的都是群众创造性的威力，正如《淮南子·主术训》中所说："众智之所为，则无不成也。"火线诸葛亮会议、合理化建议运动、决策民主、科学咨询、奖励创造发明等，都是成功的创造之举。

要激励群众的创造，需要有一个变革社会环境；消除社会性障碍的问题。人类学家阿什利·蒙塔古写道："在结构和机能两方面的社会性营养不良能够像生理上的营养不良一样造成脑思维损伤。这种由社会原因造成的营养不良不仅在美国而且在全世界影响了成千上万人的脑。这是一种极少受到关注的脑损伤形式，然而它形成了一个在大多数人当中蔓延流行的问题……"① 在我们的社会主义条件下，尊重知识、尊重人才正在逐步成为社会好风气。然而，在我们的社会中，由于管理思想和决策上的忽视，"社会性脑损伤"还是屡见不鲜的事情。"老年病"（倚老卖老、不听意见、歧视创见），"压抑症"（自卑感、丧信心），"狂想病"（开口闭口打倒牛顿、超过马克思），"嫉妒症"（我没有创造，叫你也创造不成）等等病症污染社会、腐蚀创意；一些新闻出版中的单纯权势效应和市场效应，大人、名人、熟人、庸人之作易出，甚至有吃稿、偷稿、断稿而不加说明、不提意见、不作处理的现象；一些文教科研中的片面创收率、升学率、标兵率的做法；一些企业事业单位中的名为改革，实为鼓励投机取巧，有害精神文明的措施等等，怎能有利于发挥群众的社会主义创造性呢？

　　由此可见，管理的思想和行为怎样才能符合客观规律，怎样才能符合人民利益，是管理中的一个根本问题，这就是管理真理性的问题。

---

① ［美］阿瑞提：《创造的秘密》，沈阳：辽宁人民出版社 1987 年版，第 514 页。

第十一章　管理真理论

　　管理是用智谋进行决策和行动，以取得绩效的过程。但是，智谋是否用得正确，是否做得正当？管理工作为什么有的有效，有的无效？管理人员为什么有的成功，有的失败？西方不少管理学家对这些问题都做过研究，有很好的见解。但多从管理者的身份、技巧方面发议论，很少从管理过程的本质上进行探讨。笔者认为：管理工作是管理主体和管理客体（对象、环境、条件等）相互作用的过程。因此，评价管理工作的有效性，要全面顾及管理主体和管理客体两个方面及其相互关系。这就牵涉到管理过程的真理性问题。正如德鲁克所说："唯有从事于'对'的工作，才能使知识工作有效。"①

一、管理真理的概念

　　辩证唯物主义认为，真理是思维与存在在实践基础上的统一，是主观对客观事物及其规律的正确反映。管理是人类社会实

---

① ［美］杜拉克（德鲁克）：《有效的管理者》，台北：中华企业管理发展中心1977年版，第4页。

践活动中的一种特殊现象，是管理主体（管理者）对管理客体（对象、条件、环境等）的认识、运用、变革过程（计划、组织、指挥、控制等）。这就有一个管理主体和管理客体是否一致，管理者对管理客体及其本质、规律的反映是否正确的问题。

管理真理的含义

管理真理是一般真理在管理过程中的具体表现。所以，它既有一般真理的共性，又有自己特殊的个性。管理真理同一般真理一样，是管理主体对管理客体及其规律的正确反映，否则，就不是真理了。但是，仅仅这样，还没有说明管理真理的本质和特点。

管理真理的含义，是指管理主体的思想和行动，符合客观实际及其规律，因此，管理主体和管理客体之间达到相互一致的关系，并实现管理目标和绩效。俗话说，管理管理，就是要管得有理，或者叫作按理行事。德鲁克认为，管理人员的绩效和表现，可以用下列两个概念来测定：效率与效能。效率是指"正确地做事"，而效能则是指"做正确的事"[1]。由此可见，效率与效能是管理有效性的两大标志；而"正确地做事"与"做正确的事"则是管理真理性的两项内容。

效率是一个投入产出的概念。一个有效率的管理人员应有效地运用劳力、原料与时间等资源投入生产，以生产出最后的产品来。在一定的资源下和有限时间范围内，管理者优质、高产、低耗、超额、提前完成目标规定的任务。换言之，能用最小的成本多快好省地达到某一特定目标，则管理人员的表现是有效率的，也就是说，他是在"正确地做事"。管理的效率，证明了管理人员是"正确地做事"，或者说，是管理人员"正确地做事"的结果。所谓"正确地做事"，实质上就是管理主体对管理客体——资源条件的本质和规律的正确反映和运用。例如，国民经济有计划、按比

---

[1] ［美］杜拉克（德鲁克）:《有效的管理者》，台北：中华企业管理发展中心1977年版，第2页。

例地协调、持续、稳定发展；企事业单位的人、财、物的合理配置和供、产、销的和谐运行，都是保证效率的正确管理。这就要求管理人员对管理对象中的人、财、物、时、空等资源条件的性能、规律、知识，从质和量上有深刻的了解和恰当的把握。如果没有相应的知识、经验和技能，不懂得它们的性能和规律，就不能"正确地做事"，当然也就没有效率可言。

做 正 确 的 事

效能是一个最终贡献的概念。它是指管理者为达到一定目标而向社会提供有用产品（或有效服务）而采取适当任务、方法、手段的选择能力。一个有效能的管理人员，应该选择去做为实现目标值得做、可以做的事情，也就是"做正确的事"。

管理的效能，证明了管理人员是"做正确的事"，或者说，是管理人员"做正确的事"的结果。所谓"做正确的事"，就是根据社会的客观条件和规律，做具有必然性和可行性的事。例如，为了实现社会主义现代化，就必须重视知识、重视人才，发展科技和教育，实属迫切之事；为国分忧，为民所想，急社会所需，提供优质产品和优质服务，群众一定欢迎……如果社会需要发展教育，而有的学校不去挖潜力多招生、出人才；人民群众需要及时买到品种齐全的好菜，而有的菜场不去积极开辟新货源，却花力气去搞些不务正业的勾当……这样做，虽然可以多赚钱、多分钱，但严格地讲，也是没有效能的，因为选择的任务、方法、手段等违背了社会供求的正常关系，违背了社会主义的管理原则，甚至违犯了党纪国法，当然是在做不正确的事。这就要求管理者除了具有科技、管理业务知识外，还必须具有为国为民服务的观念，深入实际联系群众的作风，掌握真实而充足的社会生产和市场信息，否则，就达不到为国计民生服务之目的，就不可能"做正确的事"，不可能有管理的效能。

做正确的事更重要

管理的效率和效能，要求管理人员"正确地做事"和"做正确的事"。这两者是有机结合、紧密联系、缺一不可的。但正如一切矛盾着的方面都是不平衡的一样，管理过程中的这两个方面，后者是起主要的决定作用的。德鲁克指出："对企业来说，效能比效率更为重要。问题不是如何正确地做事，而是寻找正确的事情去做，并将资源和火力集中在这方面。"① 一个缺乏效能的管理者是不能达到预定目标的，不仅如此，而且恰恰相反，愈是效率高，就愈是事与愿违，损失更大。例如，大量的产品报废、积压、滞销、退货就是明显的例证；又如某些违法乱纪、偷税漏税，造假酒、卖假药，说假话、做假事等等为非作歹、害国害民的恶劣行径，愈是做大官、赚大钱，就愈是错误大、罪孽深，惩罚也愈重。只有既有效率又有效能的管理，既能"正确地做事"又能"做正确的事"，才是真正科学的合理的管理。可见，管理的有效性和有理性是密不可分的，而且有效性是建立在有理性基础上的，并以合乎真理性为前提。

二、管理真理的特征

我们看到，管理真理同社会实践的价值性紧密相连，因此，它具有两个明显的特点：理性的选择性和检验的直接性。

"有限理性"和"满意准则"

西蒙在其获得诺贝尔经济学奖的《管理行为》一书中，提出了"有限度的理性"和"令人满意的准则"。他认为管理的理性同经济学原理

---

① Drucker. *Managing for Results*，New York：Harper & Row，1964，p. 5.

有所不同。微观经济学家把人类行为抽象为经济人行为。经济人决策的特点，是对已知全部行为方案作"最大化""最优化"的选择。具体地说，作为消费者决策人的目的，是从支出的货币中得到最大的满足和追求；作为资本家，决策人的目的是赚取最大的利润。那么，是否结果都能如愿呢？微观经济学区分了三种情况：第一种是"确定的"，即决策人对每项措施的结果都完全无误地了解，当然挑选工作也是准确无误的；第二种是"有风险的"，决策人对每项措施的结果，只能准确地了解它的概率分布，那么，理性选择就是选定预期效用最大的措施；第三种是"不确定的"，每项措施的结果存在于所有可能发生的结果之中，而无法肯定特定结果出现的概率，这样，合理选择就成问题了。这种经济人模式存在两个难点：其一是，只有在确定情况下，才能进行合理选择；其二是，全部措施及其结果都是"已知的"，才可能完整地排成效用系列，假定允许人们不必进行观察，也不管正确与否，就可以预言人们的行为了。西蒙认为，这种理论只能处理相对稳定的和竞争性均衡、相差不大的经济行为，而无法满意地处理有关不确定和不完全竞争情况下的决策行为。

西蒙提出，代替这种"完全合理性"的，是"有限合理性"。因为在现实生活中，很少具备完全理性的假定前提。第一，人们很难完全了解每项措施及其后果；第二，决策时也难以考虑到所有可能的措施；第三，人们能否正确决策，还要受到自身的技能、价值观、对目标了解的程度、应具备的有关知识的深度，以及所需资料完备程度的影响。可见，个人或企业的决策，总是不可能在完全理性的条件下，而是在有限度的理性条件下进行的。西蒙认为，理性行为（又译为合理行为、理智行为等，相应地，理性又译为合理性、有理性等）是对可供选择的而不是对所有全部可能的行为方式的挑选。他说："管理理论所关注的焦点，是人的社会行为的理性方面与非理性方面的界线。管理理论是关于意向理性和有限理性的一种独特理论——是关于那些因缺乏寻求最优的才智而转向寻求满意的人类行为的理论。"①

他把自己的理论概括如下：① 经济人寻求最优——从可为他所用的一切备选方案中，取其最优者；而经济人的堂弟——管理人，则寻求满意（令人满意的或足够好）的行动程序，例如市场占有率、适量利润、公平价格等。② 经济人同"真实世界"的一切复杂事物打交道。而管理人则认为，他自己头脑所感知的世界，是对纷繁躁乱的真实世界做过重大简化处理后所得到的一个模型，即把同管理过程无关部分置于不顾，只包含他认为是最要紧、最关键的因素的一幅图景。

假如在一个草垛里分散着一些缝衣针，寻找的最佳措施，是把所有的针都找到，逐一加以比较后，挑出最尖锐的一根拿来用；而按照"有限理性"和"满意准则"，只要找到符合缝衣服要求的一根，就不必再找下去了。

管理人的这种理性特征，有重大理论和实践意义。这正是管理智谋和决策的具体化，又是为管理智谋和决策提供科学依据和理论规范。这就是理性的选择性，这是管理真理的第一个特征。

管理真理的第二个特征，就是检验的直接性，即直接受革命实践和人民利益的检验。

"革命实践"和"人民利益"

毛泽东曾经指出：共产党人必须随时准备坚持真理，因为任何真理都是符合人民利益的；共产党人必须随时准备修正错误，因为任何错误都是不符合人们利益的。我们的责任，是向人民负责。每句话，每个行动，每项政策，都要符合人民的利益，如果有了错误，定要改正，这就叫向人民负责，为人民服务。他把坚持真理、修正错误同人民利益紧密联系在一起，强调"一切言论行动，必须以合乎广大人民群众的根本利益，为广大

---

① ［美］西蒙：《管理行为》，北京：北京经济学院出版社 1988 年版，第 19、20 页。

人民群众所拥护为最高标准"①。而且"只有千百万人民的革命实践，才是检验真理的尺度"②。特别是"中国一切政党的政策及其实践在中国人民中所表现的作用的好坏、大小，归根到底，看它对于中国人民的生产力的发展是否有帮助及其帮助之大小，看它是束缚生产力的，还是解放生产力的"③。这就为我们的管理工作的是非、好坏，指出了根本标准和正确方向。

实践标准、生产力标准，几乎人们经常引用它来说话、作文，却也常常把它片面化、抽象化，不知道它的精髓和实质是什么，甚至被歪曲、糟蹋，去为某些错误倾向和歪门邪道辩护。我们所说的实践不是指任何人的随便什么实践，不是少数人的，更不是剥削阶级、反动势力、犯罪分子的，也不是不正之风、腐败现象的行动，而是指"千百万人民"的，"革命"的即改造自然、改造社会、改造人类、推动历史前进发展的活动。我们所说的生产力，也不是任何一种随便什么生产力，而是"中国人民的生产力"，主要是社会主义主体的生产力。总之，用革命实践、人民利益的观点和标准，直接来权衡一切理论、政策、言论、行为，我们的管理就会方向明、路子正，做正确的事和正确地做事。

三、管理真理的行为

有理管理和无理管理

管理真理的行为，是符合和体现管理真理内涵和特征的行为，我们把它叫作有理管理，相反的行为叫作无理管理。下面分十个方面研讨管理真理的行为观念。

---

①③《毛泽东选集》第 3 卷，北京：人民出版社 1991 年版，第 1096、1079 页。
②《毛泽东选集》第 2 卷，北京：人民出版社 1991 年版，第 663 页。

服务性经营观念

现代社会的管理，都是为满足社会需要而经营的。美国 250 家大公司信誉调查的"三连冠"——国际商用机器公司，有一则醒目的广告："IBM 就是服务"，号称要为全世界提供最好的服务。在资本主义私有制下，归根到底，服务是经营的手段，目的是创造更大的剩余价值。社会主义社会是以公有制为基础的社会，整个社会上下左右真正成为一个相互为人民服务的大系统。社会主义时期还存在和发展商品交换，讲究经营核算。但是，经营的最终目的，不是为赚钱和剥削，而是服务的手段，更有效地为满足日益高涨的社会生产和人民生活需要服务。

开拓性实干观念

面对知识激增、科技飞跃的新形势，现代社会的经营管理都强调开拓创新，创造实效。台湾电视公司总经理石永贵先生在《全力以赴》一书中说得好："一年之计在于春，在于新，更在于更新。"乐于行动，勇于革新，不怕失败，如《寻求优势》中说的，"干起来，做出来，试试它"，克服"政治化的懒散和惰性"。社会主义现代化建设和改革的管理，是史无前例的崭新事业，更需要实事求是，解放思想，"不唯上，不唯书，只唯实"（陈云语）。按照唯物辩证法办事，尊重实践和真理，不迷信过去的经验，不轻信时髦的浪头，敢于踏实地向着未来的深度、广度、难度、精度挑战。伟大的历史使命呼唤着开拓性的实干家。

民主性领导观念

现代社会的领导理论认为，民主型领导行为是适合时代特征的最佳方式。西方优秀公司内部都是"既高度集中，又高度分散"的。我们向来有民主集中制的优良传统，更需要坚持和发扬。民主性领导的要点，就是认为权力≠领导，领导主要靠科学真理和体制。为了防止和克服"武大郎"

和"蠢秀才"式领导的流弊，需要建立民意表达机制和作用机制，领导对好话、坏话、对话、错话、反话都要听，特别注意"听取对立面的意见"（毛泽东语），并要适当发展"建设性冲突"（据现代团体冲突理论）。美国联合航空公司总经理卡尔森批评领导脱离群众，"只有那些绝对不同他们争论的人包围着"的倾向，"经理只能听到他喜欢听的话"，这样发展下去，最后必然使公司患上"癌症"。民主集中制的实质，不论是民主还是集中，都是为了群策群力，同心同德，正确制定和执行决策，及时发现和纠正错误，为完成事业目标而奋斗，离此主旨的倾向都是错误的。

原则性应变观念

管理过程是一个纷繁复杂的动态系统，千头万绪、千差万别、千变万化，随机性很强。因此，必须学会运用实事求是、具体分析这个马克思主义的根本观点和方法。现代西方管理中的权变理论，有辩证法的思想，也有相对主义、实用主义倾向。客观事物的运动是有规律性的，是偶然性和必然性的统一，管理的灵活性和原则性要结合。德鲁克说："有效的管理者知道什么时候应依据原则作决策，什么时候却依据实际的情况需要作决策。他们知道最骗人的决策，是正反两面折衷的决策；他们能分辨正反两面的差异。"管理中的正确应变行为，是确定性原则规范下的机动灵活，脱离定性定量的幅度范围，犹如飞离笼子的鸟儿，势必导致失控和混乱。列宁说过，原则性的政策是唯一正确的政策。

主导性系统观念

唯物辩证法和现代系统论认为，一切事物都是矛盾的总体系统，其中各因素、各层次、各阶段的结构和功能、地位和作用，并不是绝对平衡的，而有主次、轻重、缓急之分。资本主义的现代社会，是"具有自发性和多元性"的系统（它明确共产主义"不包括在内"），而社会主义的现代社会，则是以科学社会主义为主体的多样化的有机整体，管理者不仅要注意系统的平衡、配套，更要注意抓住主要矛盾和主要方面，带动和影响全局综合平衡、优化发展。著名管理学家詹姆士·麦格雷戈·伯恩新说："领导人的主要责任是在每个历史时期都抓住当时的主要矛盾。"

离开主导去谈系统，就成了相互扯皮、盲目运行的自发结构，这是管理禁忌之一。

开放性发展观念

事物的系统都不是静止、孤立的，"每一事物的运动都和它的周围其他事物互相联系和互相影响着"。耗散结构和协同学理论认为，在远离平衡状态的开放系统中，由于事物不断与外界交换物质和能量，就会从无序状态走向新的有序状态。管理的发展行为，就是要敢于打破旧的平衡，不断地在开放结构中同外界交换信息、资金、设备、技术、人才，吐故纳新，自力更生，创造比例协调持续发展的新局面。这里的关键机制是，外因要通过内因起"消化作用"和"光合作用"，否则，不是僵化、积滞，就是失控、乱套。

劳动性效益观念

任何管理都追求价值和效益。同一切剥削制度相反，现代社会主义的本质决定追求的是劳动的价值和效益。"不劳动者不得食"，"各尽所能，按劳分配"，这是社会主义"能够实现而且一定要实现的最重要、最主要的根本原则"，"这就是社会主义实践的训条"。（列宁语）这是现代社会主义管理者必须牢记的核心观念之一，而且必须把管理的重心扎根在真正发展社会生产力、提高劳动生产率上，那种借口改革、搞活，单纯追求价值，甚至违法犯罪，看来可以立竿见影，多赚钱、多分钱，但归根到底于社会和人民不利，是急功近利的近视病，既不符合经济发展的客观规律，也不符合社会主义的管理宗旨。

公平性评价观念

现代社会特征之一，就是要求公平，说改革就是提倡不公平，这恰恰是古代社会的陈腐观念。西方的公平理论都认识到，人们不仅关心自己的支出与收入（包括工资、奖金，成绩认可等），而且关心自己的收支与他人的关系，即相互报酬量的平等。科学社会主义认为，"任何权利都是把同一标准应用在不同的人身上"。在共产主义社会的低级阶段上，由于经济结构和文化发展的限制，还不能实行"各尽所能，按需分配"，而同一标准对于能力强弱、负担轻重不同的人来说，"应用在事实上各不相同、各不同等的人身上"。仅此一义来看，也就是还不能"按需分配"，绝对平等。马克思主义的平等，就是"消灭阶级"，在目前只能实行"按等量劳动领取等量产品"这个社会主义原则，并在劳动平等基础上实行在真理、法律、纪律面前的人人平等。公平的管理，就是做到劳动和分配（包括经济、政治、精神诸方面）的是非、功过、奖惩三分明，继承和发扬世代相传的包公、海公、济公精神，实行公平合理、开明严格、民主高效的管理。这样的管理，群众是欢迎的。

科学性探索观念

现代社会事实上存在着阶级、集团、利益、思潮的多元、多层、多向；作为现代社会的管理实践，就像在激流多变的万里长江上漂流，犹如在波涛汹涌的汪洋大海中航行，是一场风险性的经营战斗。自由企业哲学实用主义创始人詹姆士嘲笑那些贪图享平安清福的懦夫时说："我吗？我是愿意承认这个世界是真正危险的，是需要冒险的；我决不退缩，我决不说，'我不平了！'"马克思主义者懂得事物发展的唯物辩证规律，敢于和善于高瞻远瞩、上下求索，不许可任何一个"指挥员变成乱撞乱碰的鲁莽家"，必须提倡每个"指挥员变为勇敢而明智的英雄，不但有压倒一切的勇气，而且有驾驭整个战争变化发展的能力"。（毛泽东语）在科学的道路上是没有平坦的大路可走的，只有那在崎岖小路的攀登上不畏劳苦的人，才有希望到达光辉的顶点。

自觉性调节观念

在错综复杂、变幻莫测的管理过程中，由于主客观的种种局限，管理的决策和措施疏忽、不当、失误，实属难免，经常会有。不论在变革自然或变革社会的实践中，人们原定的思想、理论、计划、政策、方案，毫无改变地完全实现是很少的，部分改变甚至完全改变的事常常发生。任何人都不能绝对没有缺点，不犯错误。管理是否合理、有效，还必须经过实践的检验。高明的管理者，不在于是否犯错误，而在于是否能及时发现问题，纠正偏差，调整步伐，继续前进。那种出了毛病，犯了错误，文过饰非，死不认账，明知不对也不改正，甚至以权压人、打击报复、瞒上欺下、嫁祸于人的种种行为，根本不是社会主义的科学管理行为，对此，我们已有许多血的教训，切不可遗忘。

四、管理真理的机制

管理真理形成和运用的过程，同一般真理是完全一致的。所不同者，管理真理有一些特殊条件和要求。

信 息 机 制

信息是什么？信息是客观刺激和主观选择相结合的产物。客观事物及其运动的特性、规律，以及反映它们的语言、文字、图像、表格等资料，作为刺激于主体感官，经过主体选择其有价值意义的部分，加以接收、储存、处理、流通、使用的过程，就是信息机制。毛泽东说："指挥员的正确的部署来源于……周到的和必要的侦察，和对于各种侦察材料的联贯起来的思索……这是军事家在作出每一个战略、战役或战斗的计划之前的一个整个的认识情况的过程。"① 这就是信息机制。

信息机制的要点，在于要有准确的和充足的信息量。如果信息失真、片面，或者贫乏、单调，那就不可能有全面正确的智谋和决策。为此，就要求管理主体，特别是管理领导层的机关和干部，通过各种直接经验和间接经验的途径，深入实际，调查研究，听取、搜集、分析各种信息。我国聘请的第一个外国人担任的企业领导人，深受职工欢迎的武汉柴油机厂厂长、德国退休专家格里希，他的三条管理经验之一，就是"自己懂得，每天都以主要时间深入车间去发现问题解决问题"。

这一方面，我们有蹲点、种试验田、实地考察、现场办公、接待日、调查会、现场会等丰富经验和优良传统，应当坚持、继承、发扬，而且要结合社会主义现代化的实际需要，加以充实、提高、发展。应当着重指出，无论是小生产还是大生产的管理，都不可缺少这种求实作风和科学精神。还有一个尤其值得注意的问题，就是领导对第二手材料、第二性反映，必须兼听则明，否则偏听则暗。因为各种人的反映，有各自的经验、视角、观点、意识的影响，就是机械、仪器、电脑的资料，还有"病毒感染"和运算误差。因此，一定要好话、坏话、对话、错话、反话都要听，肯定、否定、反对的意见都要听，切忌一叶障目、一手遮天、道听途说、片言只语，特别是防止把谎言、谣言、逸言当成甜言蜜语、真情实意，甚至不甚了了，以其昏昏，使人昭昭，听到风就是雨，那就毫无实事求是之意，必然导致脱离实际、脱离群众的无理管理。

决 策 机 制

周恩来说，只有"情况明，决心大，方法对"，才能做好工作。情况明，是进行工作的正确前提；而决心大、方法对，主要就是决策要正确。管理的重心是经营，经营的要害在决策。西蒙认为，管理就是决策。从战

---

① 《毛泽东选集》第 1 卷，北京：人民出版社 1991 年版，第 179、180 页。

略、策略到应变举措，实际上都是在作决策。决策是否正确，决定管理行动的努力方向，影响管理全过程每个环节的效果。所以，正确的决策，是形成和运用管理真理的核心机制。

决策是将信息进行分析综合、思索加工成为系统化、理论化、具体化的行动方针和实施计划的过程。正确的决策，就是完整、准确、如实反映管理主体和管理客体的实际及其规律，揭示管理趋势和行动方向的理论、政策、目标、任务、步骤的机制。科学的决策是三项内容的统一体：一是管理主体和客体各方面、各层次、各因素的运行现状，要作出定性定量的分析和估计；二是管理已经走过的历程的经验和教训，包括别人的，特别是自己的，要给以总结、评估和借鉴、吸取；三是管理理论、路线、法规、伦理等的原则和规范，要进行学习、理解、选择、运用。可见，决策过程不是主观意志随心所欲的轻举妄动，而是一种足智多谋、集思广益、运筹帷幄、决胜千里的综合劳动和群体创造。

正确决策的关键机制，在于科学决策和民主决策。所谓科学决策，就是严格按照辩证唯物主义认识论，进行实事求是的决策，即根据实际情况、实践标准、客观规律、人民利益的决策，这不能是肤浅地玩新名词、搞新花样就可以做到的。所谓民主决策，就是不只是决策者个人的事，人民当家作主，决策是集体的事、群众的事，通过民主讨论、集中智谋，才能群策群力、众志成城，也只有这样，才可能避免和减少主观性、片面性、表面性、盲目性。这就要求在决策过程中，要多进行"交换、比较、反复"(陈云语)，三思而后行。这就是多谋善断。匆匆忙忙、朝令夕改，或"上有政策，下有对策"，是决然不会有正确决策的。

反 馈 机 制

从计划决策到完成任务为止，是一个认识情况的过程，即贯彻实施的过程。"此时，第一个过程中的东西是否符合于实况，需要重新加以检查。如果计划和情况不符合，或者不完全符合，就必须依照新的认识，构成新的判断，定下新的决心，把已定计划加以改变，使之适合于新的情况。部分地改变的事差不多每一作战都是有的，全部地改变的事也是间或有的。鲁莽家不知改变，或不愿改变，只是一味盲干，结果又非碰壁不可。"①

这就需要反馈机制，在新实践中发生新的认识，检验、修改、补充、发展原有计划决策。这是因为管理系统是一个动态过程，情况是在不断变化的，要想达到预想的效果，靠一次认识、一次决策是不可能完全做到的。为了适应变化着的情况，继续作出正确判断和决策，就需要将实践中发生误差的信息，再度返回管理主体。这样的反馈机制，是形成和坚持管理真理的重要保证。只有灵敏地及时地反馈，才能自觉地进行调节，否则，是不可能不出现错误的。

纠 错 机 制

在实践检验中进行反馈，不仅可以发现和修改正常的差距，而且可以证伪，发现失误和错误。所谓失误和错误，是指管理指导思想、计划决策和实施行为不符合客观实际及其变化规律，违反了革命实践和人民利益的标准，造成物质文明和精神文明的破坏与损失。因此，要坚持有理管理，防止和克服无理管理，就必须有纠错机制。

经验教训反复证明，管理的失误和错误，会在经济、政治、文化、思想上造成严重后果，甚至出现社会和国家的混沌现象。这种失误和错误，虽然具体情况要进行具体分析，但是不论是全局性的还是局部性的，不论是宏观的还是微观的，主要都发生在掌握权力的管理结构中，例如权力过分集中，缺乏监督和弹劾的法规，破坏民主集中制，甚至搞"一言堂"和个人崇拜等等，这就给发现和纠正失误与错误带来复杂性、艰巨性和风险性，也反过来愈发显得管理改革中健全纠错机制的必要性、重要性和迫切性。这是在形成和保持管理真理的机制中，不可或缺的重要组成部分。

①《毛泽东选集》第 1 卷，北京：人民出版社 1991 年版，第 180 页。

纠错机制的根本环节是保持管理系统尤其是权力结构的公仆性质，从体制、法规和程序上强化人民当家作主、民主集中制、集体领导制、分工负责制、民主监督制，以及干部交流、考核、劳动、调查等制度，最主要的是保证管理者同老百姓的血肉联系，从意识、工作、制度上不脱离实际、不脱离群众，畅通人民的脉搏、呼声、批评。这样，一旦发现管理失误和错误，就有力量、有办法加以制止和克服。

五、管理真理的倾向

在管理的真理性问题上，常常存在着两种错误的观点：

权 力 真 理 论

一种是"权力真理论"，也叫身份真理论。这是一种用管理者的身份高低、权力大小，作为衡量是否有真理或真理有多少的观点。管理职能无疑是通过管理机构各个能级人员的权力活动来实现的。但是，权力是否等于真理呢？显然不等于。因为，在管理过程中，各个能级的权力是一种领导关系、指挥关系的概念。在权力系统上的原则，是下级服从上级，至于上级领导、指挥是否合理、正确，则是管理主体和管理客体之间的关系概念。管理者的领导、指挥符合管理客体（对象、条件、环境等）的实际情况和客观规律，管理得有效率和效能，受到管理有效性的检验和体现，就证明有真理性，否则，就无真理性。我们讲的遵守组织原则和纪律，同中央保持政治上的一致，对维护党和国家的团结统一，是完全必要和正确的。但是，这种纪律和一致，是以正确的指导思想和方针政策作前提的，是建立在马列主义、毛泽东思想基础上的，不是建立在无原则、无条件的单纯"上级"观念上的。邓小平在中共八大报告中说："党是思想的组织，党员的思想一致是党的团结和统一的基础。但是，这并不是说，党员对于党组织的一切决议的认识都不能有任何出入。不，这是不可能的。党所要求的一致，是在党的一切基本问题上的思想一致和一切实际问题上的行动一致。"陈云反复强调："不唯上，不唯书，只唯实。"在管理过程中，唯有实事求是，没有调查就没有发言权，在客观事实和规律面前一视同仁，谁有真理照谁办、跟谁走，这才是真正科学的管理。《孙子兵法》上讲"知彼知己者，百战不殆"，说的是军事科学真理。《孟子》上讲的"拔苗助长"的故事，说的是违反客观规律而失败的事。在这里，不管你身份如何，权力很大还是很小，真理都是有客观内容和客观标准的，都是不以人的主观意志和权力为转移的。只有符合真理的权力活动，才是正确的管理活动。所以，"权力真理论"，一切以权力意志为转移，是管理中的唯心主义权力意志论的表现。

权变真理论

另一种是"权变真理论"。西方管理学中有一派叫作权变理论。这种理论认为，由于各种组织业务性质的差异或执行业务人员的不同，如果就某些变数来看，例如组织的目标、成员、任务、结构等，每个组织均有其独立性，因此，所谓通用的管理原理似乎难以建立；不论是一个组织的内部条件还是外部条件，管理活动都是由管理者随机制宜的，故不可能有一种通用的方法。很显然，权变论注重管理的随机性和灵活性，这是可贵的辩证法思想。用哲学语言来说，就是注意事物矛盾的特殊性，要具体情况具体分析，一切从实际出发，因地制宜，因事制宜，不搞"一刀切"。这对于我们社会主义现代化管理的建设和改革来说，是很有启发和借鉴作用的。但是，我们对权变理论不能机械地照搬照抄，不加分析鉴别。唯物辩证法告诉我们，任何灵活性、随机性总是同一定的原则性、必然性相结合的，而且是以后者为前提的，也都是以客观性为转移的。权变论只看到管理过程的特殊性、相对性一面，否认有通用的原理和方法之可能，这就忽视了管理过程及其规律的普遍性、绝对性一面，就容易导致丧失客观的原则性和确定的必然性，而脱离了原则性的灵活性、脱离了必然性的随机性，就像没有中心的任意线，不能成方圆了。著名管理学家法约尔说得好："原则是可以变通的，能够适应每种需要，问题是要知道如何运用它们。那是一种困难的技巧，需要智力、经验、决策和调动。"① 我们在实事求是思想路线指引下，大力提倡各部门、各地区、各单位的管理人员杜绝照转照抄的恶习，解放思想、开动脑筋，从自己的实际情况出发，创造性地贯彻中央的方针政策，开拓新局面，毫无疑问，这是唯物辩证法的生动实践。但是，不可否认，也有些管理者和领导者，在改革开放过程中，违背社会主义的基本原则，脱离全局实际各搞各的，还美其名曰"从实际出发""具体问题具体分析""灵活运用"，好像管理工作是一个无原则、无规律的随意摆布的过程，这就完全不符合客观真理的科学原理，是实用主义、相对主义的表现。列宁早就批判过，概念的"灵活性，如果加以主观的应用＝折衷主义与诡辩"②。根本不是唯物辩证法。

---

① 朱镕基主编：《管理现代化》，北京：企业管理出版社 1985 年版，第 47 页。
② 列宁：《哲学笔记》，北京：人民出版社 1956 年版，第 87 页。

第十二章　管理价值论

　　在管理过程中，管理主体和管理客体之间的关系问题上，有两个方面：一方面，是主体对客体的能动反映是否正确，这就是真理性问题；另一方面，是客体对主体的功利作用是否有益，这就是价值性问题。价值，是人们全部认识和管理活动的目的和意义所在，也是管理哲学全部原理的最后归宿。本章就来专门研讨管理价值的特点、观念、行为和评判问题。

一、管理价值特点

　　管理价值，是一般价值在管理中的具体表现。那么，什么是价值？什么是管理价值？价值和真理有什么关系呢？

真 理 与 价 值

　　价值问题，是西方哲学和科学中一个非常耀眼的部分，它包含相当广阔的内容，甚至把各种理论思潮都当作一种价值学说和态度。近年来，随着改革开放的形势，价值问题引起理论界和管理界的高度重视，在哲学和有关学科中展开了热烈的探讨与争鸣，甚至连什么是价值等基本概念也莫衷一是。在此，我们不可能全面参与争论，但也无法避免地要讲一点基本的理解。

长期以来，我们对价值问题的研究令人很难满意。经济学家和科学学家甚至没有重视对科研机构的活动及其管理的评价。苏联 C. Г. 斯特鲁米林院士 1932 年就写道："乍看上去非常奇怪，因为直到目前为止实际上只是当处理与度量、重量、计算有关系的问题时，科学才引起人们的重视，可是连衡量科学自身成果的客观价值问题也顾不上解决。"① 由此可以想象其他方面价值研究的状况了。但是，有些人说，马克思主义不讲或至少是忽视价值问题，那么，这恐怕不是无知就是偏见了。其实马克思本人对价值是有一系列直接评述和论著的，下述论断就是价值问题的一个集中的纲要："劳动首先是人和自然之间的过程，是人以自身的活动来引起、调整和控制人和自然之间的物质变换的过程。人自身作为一种自然力与自然物质相对立。为了在对自身生活有用的形式上占有自然物质，人就使他身上的自然力——臂和腿、头和手运动起来。当他通过这种运动作用于他身外的自然并改变自然时，也就同时改变他自身的自然。他使自身的自然中沉睡着的潜力发挥出来，并且使这种力的活动受他自己控制……他不仅使自然物发生形式变化，同时他还在自然物中实现自己的目的，这个目的是他所知道的，是作为规律决定着他的活动的方式和方法的，他必须使他的意志服从这个目的。""劳动过程……是制造使用价值的有目的的活动，是为人类的需要而占有自然物，是人和自然之间的物质变换的一般条件，是人类生活的永恒的自然条件，因此，它不以人类生活的任何形式为转移，倒不如说，它是人类生活的一切社会形式所共有的。"② 恩格斯在论述人类发展史时也说："随着手的发展，头脑也一步一步地发展起来，首先产生了对个别实际效益的条件的意识，而后在处境较好的民族中间，则由此

---

① ［苏］谢尔仁斯基等：《科学经济学：对科学活动的评价与刺激》引言，北京：科学文献出版社 1987 年版，第 2 页。
② 《马克思恩格斯全集》第 23 卷，北京：人民出版社 1972 年版，第 201、202、208、209 页。

产生了对制约着这些效益的自然规律的理解。""动物仅仅利用外部自然界，单纯地以自己的存在来使自然界改变；而人则通过他所作出的改变来使自然界为自己的目的服务，来支配自然界。"① 可以从这几段话中清楚地看出，马克思主义认为，人类在劳动实践中，不仅对自然物产生了实际效益条件的意识，而且为了人类的需要，为了在对自身生活有用的形式上占有自然物，进行着作用并改变自然物，同时也改变着自身的活动，进而还理解制约这些效益的自然规律。这可以说是完整的马克思主义价值观的基本原理。也许有人会说，马克思、恩格斯这里说的都是指"使用价值"，马克思在评瓦格纳时早就否决了"一般价值"的说法。但是，我们不应当教条主义地局限于个别字句，而应当透过文字、全面理解、联系实际地掌握马克思主义的理论和方法。马克思批评瓦格纳这位"德国的政治经济学教授的'自然愿望'是，从某一个'概念'中得出'价值'这一经济学范畴"，利用德语的用法，把"使用价值"改称"价值"，然后再从"价值一般"中得出所属的"使用价值"等概念；马克思反对这种从概念的扩展和推导中讨论学问的思辨方法，主张实事求是地科学概括，正如他说："我不是把价值分为使用价值和交换价值，把它们当作'价值'这个抽象分裂成的两个对立物，而是把劳动产品的具体社会形式分为这两者：'商品'，一方面是使用价值，另一方面是'价值'……"② 现在，一百多年后的今天，我们已经详尽分析了劳动产品的具体社会形式，概括为经济学上商品的二重性：使用价值和交换价值，难道我们就不可以在科学概括的基础上，再行科学的抽象和升华为更广泛的"价值"概念吗？马克思明确说过："使用价值表示物和人之间的自然关系，实际是表示物为人而存在。"③"商品是使用价值，即满足人的某种需要的物。"④"说商品有使用

---

① 《马克思恩格斯选集》第 3 卷，北京：人民出版社 1972 年版，第 457、517 页。
② 《马克思恩格斯全集》第 19 卷，北京：人民出版社 1963 年版，第 406、412 页。
③ 《马克思恩格斯全集》第 26 卷 Ⅲ，北京：人民出版社 1972 年版，第 326 页。
④ 《马克思恩格斯全集》第 46 卷（下），北京：人民出版社 1980 年版，第 411 页。

价值，无非就是说它能满足某种社会需要。"① 又说："对象如何对他说来成为他的对象，这取决于对象的性质以及与之相适应的本质力量的性质。"② 按照逻辑常识可知，这里的"物和人之间的自然关系"，即"物为人而存在""满足人的需要""满足社会需要"的关系，显然是比"使用价值"更高更广的关系概念，而且同恩格斯说的"制约着这些效益的自然规律"一样，马克思早就阐明了这种关系取决于"对象的性质"和"本质力量（即主体的人）的性质"，足以证明客体满足主体的需要和效益的客观关系及其相应概念，是有理论和实际的科学根据。如果我们再放开眼界，看一看马克思主义关于政治、文化、艺术、思想领域的种种价值评判，联系实际听一听经济价值、政治价值、文化价值、伦理价值、学术价值、医疗价值、现实价值、历史价值等等呼声，我们就会毫不怀疑、无法否认，通过这些具体形式而概括为普遍的一般的价值关系及其概念是客观的存在，而且这种价值具有受客体和主体性质决定的客观规律。这种价值关系和规律，是建立在对客体对象的性质和主体自身的性质的认识与相互变革的基础上的。因此，对价值的认识和运用，要以真理性为前提，且本身也有价值真理和谬误之分。

客观事物的属性是复杂的模糊的，一种事物具有多种功能和用途。人的需要和效益也是复杂多样的，总括地说有生存和发展的需要，有物质和精神的效益，有个人和社会的权利，有本能和理智的要求等等。能否满足人类需要和效益的价值源于客观事物及其属性，不然，人们怎么需要也是缘木求鱼，根本没有前提条件。但是，客观事物的多种属性和用途，对于人哪一种才具有价值意义，这是由人的特点决定的。药物对于病人是同病毒、细菌作战的武器，对于健康人则没有实用价值，最多只是增加些知识罢了；一架钢琴，是音乐家进行创作的宝器，而对普通人则只有观赏的意

①《马克思恩格斯全集》第 25 卷，北京：人民出版社 1974 年版，第 206 页。
②《马克思恩格斯全集》第 42 卷，北京：人民出版社 1979 年版，第 125 页。

义。价值还有直接性和间接性、正效应和负效应之分，对不同条件下的不同的人们具有不同的意义，这决定于人们的实践地位和具体要求。列宁说："必须把人的全部实践——作为真理的标准，也作为事物同人所需要它的那一点的联系的实际确定者——包括到事物的完满的'定义'中去。"具体的实践需要决定了具体的价值意义，例如，一只杯子既可以用来喝水，也可以卖钱，而通过使用价值、交换价值以及文化价值、学术价值……具体价值中又都包含着共同的普遍的价值。辩证逻辑教导说，"没有抽象的真理，真理总是具体的"[①]。具体真理是个别与一般、个性与共性、相对与绝对的统一。

有人发问，以满足主体需要界定价值，在实际运用中，特别是对理解人的价值等问题造成很大困难，怎么办？这就牵涉到人的社会价值，特别是社会管理的价值之特殊性问题了。

价 值 的 价 值

管理的价值，是一般价值在管理领域的具体表现，它当然也是客观满足主体需要的关系，遵循价值的一般本质和普遍规律。但是，因为管理的特殊性，也必然给管理的价值带来十分明显的特殊性质。

管理作为社会实践活动，是管理主体的人的劳动工作。管理的目的，是为社会生产和人民生活服务，也就是说，是为满足国计民生的需要而求取效益的，否则就是没有价值。这种满足客体的需要，也就是对职工、下属和社会、群众有价值，何以又说是管理的价值呢？殊不知这正是管理价值之所在。管理的价值，就在于使国计民生满足需要，使他们得效益。所以，管理的价值，是以对国计民生有价值作为自己的价值的，也就是说，是价值的价值，没有第一个价值，就没有第二个价值。试问，对国计民生无益的管理，能说有价值吗？显然不能。要说有价值也可以，那就是有害

---

① 《列宁选集》第 4 卷，北京：人民出版社 1972 年版，第 453 页。

的价值，负价值，不是正价值。

管理的价值，除了这种明显的反馈性以外，还有强烈的社会性。管理是主体和客体交互作用的过程，本身就是社会群体的活动。所以，管理的价值绝非是某一个人所能创造的，必得下属、职工乃至社会、顾客的支持、协助和参与，是整个组织系统和人民群众集体运作的结果。

管理的价值，还具有突出的远期性。它不像个人喝水、吃饭，到口即刻可以解渴、饱肚。它必须经过相当长的周期，经过管理的全过程，贯彻落实计划决策，做出合格产品或服务，然后通过计划和市场的运转和交换，最后才能实现价值。有的管理价值，例如重点工程和战略设施，则需要更长的时间才能见效。

此外，管理价值还具有创造性。价值不是现成的东西，而是通过管理过程中的脑力劳动和体力劳动，对各种资源条件进行变革、调整、重新组合、开放交流、群策群力的结晶。霍金森说得好："事实的世界是既定的，价值的世界则是人造的。于是，管理的艺术性、领导的神秘性也许正好包括着后者（即价值创造力）对前者（即现实的紧张状态）的克服以达成协作的、新的可能性领域。价值思考的首要的、压倒一切的特性对于管理过程不是没有巨大意义的，正是那既存在又不存在的价值使世界变得五光十色，充满意义。"①

由管理的价值联系到人的价值。人，是指具体环境中从事具体实践的人，不存在抽象的人，除了人作为人的概念外，不存在什么也不是、什么也不干的人。人总是在具体历史条件下，作为自我的主体或作为他人的客体而存在。人处在社会关系中，通过社会关系表现出他的价值，即对他人、对社会的功用和意义。爱因斯坦说：一个人对社会的价值首先取决于他的感情、思想和行动对增进人类利益有多大的作用。人只有献身社会，才能找出那实际上是短暂而有风险的生命意义。可见人的价值，也就在于

---

① [加]霍金森：《领导哲学》，昆明：云南人民出版社1987年版，第29、30页。

对他人、对社会有价值，反馈回来也证明了自身的价值。

管理价值偏向

在管理价值问题上，常见的有三种偏向：政治偏向、实用主义和形式主义。

政治偏向。管理中无疑是有政治的，即政治方向、政治目标、政治态度，认为管理是纯技术、纯业务的非政治化和事务主义，无论哪个国家、哪种行业、哪级层次，都是不存在的，因而是错误的。问题在于什么样的政治，哪个阶级的政治，哪种主义的政治，对谁有利、为谁服务的政治，是自觉还是盲目，是适应还是离弃。列宁反复强调："政治是经济的集中表现……政治同经济相比不能不占首位。不肯定这一点，就是忘记了马克思主义的最起码的常识。"自然，他说过去、现在和将来都希望我们少搞些政治，多搞些经济。但是不难理解，要实现这种愿望，就必须不发生政治上的危险和政治上的错误。否则，就很难维持政权，更"不能解决它的生产任务了"①。

实用主义。兴起于 19 世纪末、20 世纪初的实用主义，一直是美国哲学的主流，传入我国较早，一直有较大的影响。威廉·詹姆士和约翰·杜威，给美国人只关心实际行动而不关心崇高理想提供了一种哲学根据。他们指出：现代人承认他们的各种价值在文化上的相对性，未必就会陷于无能为力的境地。相反，人这时也许就可以第一次认真致力于改造他所在的特殊环境的任务。詹姆士说：实用主义"不是去看最先的事物、原则、'范畴'和假定是必须的东西，而是去看最后的事物、收获、效果和事实"②。杜威的主要论点是：对于人类本性的科学研究应与根据哲学观点对价值的关心结合起来，行动就是目的，"在一切居间的行动中，下一个行动是最重要的。第一个或者说最近的手段就是要发现的最

---

① 《列宁选集》第 4 卷，北京：人民出版社 1972 年版，第 441、442 页。
② ［美］詹姆士：《实用主义》，北京：商务印书馆 1979 年版，第 31 页。

重要的目的"。必须忘却各种终极目的，"才不至于在改变习惯的任何努力中白白浪费时间"①。行动就是一切，行动就是目的，"生活的进行全在能管理环境。生活的活动必须把周围的变迁一一变换过；必须使有害的势力变成无害的势力；必须使无害的势力变成帮助我们的势力"。实用主义认为"真理不过是对付环境的一种工具；环境变了，真理也随时改变"②。而"只要能帮助我们与我们经验中其他部分发生满意的关系，就在这个范围内变为正确的"③。依据实用主义原则，"如果'上帝'那个假设有满意的功用（此所谓'满意'乃广义的），那个假设便是真的"④。作为自由企业哲学家，詹姆士嘲笑那些涅槃的佛家、图享平安清福的懦夫，"承认这个世界是真正危险的，是须要冒险的"⑤。实用主义体现了美国资本主义创业和发展时期求实创新、开拓进取的精神，带有强烈的反教条主义、反思辨哲学的倾向；但是，他们轻视理性科学方法论，强调短期行为解决办法，反映了现代资本主义技术社会的自发性和冒险性；他们强调对我有用、满意就是真理，完全脱离人民的革命实践标准，是主观唯心主义的错误主张。正如著名美国伦理哲学家宾克莱所评述："不幸的是，情况似乎并不是这样：我们如果只处理我们所迫切要解决的物质需要问题，人生的其他一切问题就会自动得到解决。在我们当前的富裕社会中，有些人已经开始感到不安，因为我们探讨解决基本经济分配问题时，我们似乎又在制造涉及人将怎样使用他的闲暇的一些新问题。许多人越来越认为流行的实用主义是不够的。他们很想为自己的生活找到某种意义，这种意义远远高于他们在成功地解决了日常实际问题时所体验

---

① ［美］宾克莱：《理想的冲突——西方社会中变化着的价值观念》，北京：商务印书馆1983年版，第30页。

②《胡适文存》卷2，上海：亚东图书馆1921年版，第113、181页。

③ ［美］詹姆斯：《信仰的意志》，载《实用主义论文集》，纽约：哈夫纳出版公司1962年版，第101页。

④《胡适文存》卷2，上海：亚东图书馆1921年版，第102页。

⑤ 同上书，第109页。

到的那种成就感。越来越多的人们想要知道他们正在走向什么地方，他们为什么应当为到达那里而奋斗。"①

形式主义。这是一种类似老八股式的教条主义与懒汉哲学的杂交。ABCD，甲乙丙丁，应有尽有，法律条令，规章制度，全摆样子，缺乏有内在力和持久力的理论分析和实质变革，按表面文章和外部标志，轰轰烈烈一阵子，认认真真走过场，就是它们的主要特征。1992年5月《上海铁道》曾披露这样一个单位，台账数目的门类之多，好似"百科全书"，竟达15大类、91本，一过秤竟有46千克重！其中内容有重复的东西，如学习记录有政治学习、业务学习、安全条例学习、民主生活会、治保会、群管会等等；有专为应付的，如治安员登记，一节车厢选2至3名，一趟车共有40多人，填的项目包括姓名、单位、年龄、政治面貌、座号等，简直像一本人事档案，结果也是编编造造；有完全不需要的，如"用药登记""投稿记录""互帮互助""补票过渡表"等等。当被问及"为什么不要求砍掉一些"时，基层领导很激动地说："哪有这么容易！上面婆婆太多，谁都得罪不起，你不填，还要扣奖金。"这有什么价值呢？价值是有的，就是为了应付"婆婆"们的"检查"。现在社会上评比检查、庆祝、纪念……多如牛毛，不少还是领导带头"以身作则"搞起来的，有什么效益呢？据说"大家"都得到很大的"实惠"呢！当然，我们反对劳民伤财的形式主义，并不是反对必要的、求实的形式。价值的内容总是要由价值的形式来实现的。问题在于，我们需要树立正确的价值观念，操持正确的价值行为，坚持正确的价值评判。

二、管理价值观念

"不论职位的高低，凡是身为管理者，就必须力求有效"②。管理工作

---

① ［美］宾克莱：《理想的冲突——西方社会中变化着的价值观念》，北京：商务印书馆1983年版，第34、35页。

② ［美］杜拉克（德鲁克）：《有效的管理者》，台北：中华企业管理发展中心1977年版，第10页。

的价值性也就是有效性。管理本身就是创造条件实现绩效目标的过程。所以，管理的价值，既是管理的出发点，也是管理的归宿点。"归根到底，确定一个组织有效与否，取决于人的价值观——什么是他（她）认为是重要的"①。一个正确的价值观，是一个关于有效性观念的系统。而"在管理与组织生活里，高于一切的元价值是效率和效用"②。我们把有效性当作价值性的同义语来使用，并不是要轻视和削弱价值观，而是恰恰相反，即把价值观同有效性融为一体。

效 率 观 念

管理是一个投入—产出的过程。管理者依据计划决策，将人、财、物、时、空等资源条件投入生产或服务运转之中，经过管理主体和管理客体的相互变革和创造，产生出一定的后果效应。效率就是投入和产出之比例关系，投入为一确定已知量，产出愈多就是效率愈高，反之亦然。

效率的特点在于数量见长，视线集中点是量的状况。在确定的成本基础上，产量多少，收益大小；在确定的时空条件下，工作速度快慢，处事频率高低；在确定的生产或服务中，信息量、人流量、物流量、财流量、客流量……这一系列数量状况，都是管理的效率问题，或是效率高，或是效率低。

追求效率，是管理价值的首要标志。不能设想，有投入无产出，有人员、机构却干不了事，信息闭塞，运转不畅，无人光顾等等，这样的管理还有什么价值可言，甚至人们可以怀疑到底有没有管理存在？孔茨等所著的《管理学》中说："无论哪类企业和事业主管人员都必须以'盈余'目标为指导。换句话说，不论主管人员的具体目标或任务是什么，他们都还有另一个理所当然的具有社会普遍性的目标——通过管理，以最少的物力

---

① ［美］杜布林：《组织行为基础——应用的前景》，北京：机械工业出版社1985年版，第199页。
② 霍金森：《领导哲学》，昆明：云南人民出版社1987年版，第41页。

和人力（包括人力的不足）来实现目标或任务，或以现有可用的物力和人力尽可能多地完成目标或任务。"① 这也就是我国著名经济学家孙冶方概括的"最小—最大"原则，这不仅是经济工作的指针，也应该成为一切管理工作的价值准则，只有贯彻实现这一原则，管理才有生命。

管理的效率是以是否"正确地做事"为根据的。如果能够熟悉、掌握、运用、支配管理主体和客体的本质和特性，使之稳定、协调、持续地投入与产出，那么，就一定会高产、低耗、提前、超额完成目标和任务。外行充内行，不懂还装懂，胡乱上，瞎指挥，出了毛病又不知调节应变，必然导致失误、失调、失控，就要出现混沌，甚至失败。当然，管理只讲效率还是不够的，例如，效率不低，但废品、错事不少，这能叫真正的效率吗？这就要讲另一种价值观念——效能了。

效 能 观 念

效能同效率有联系又有区别。联系者，两者都紧密结合、相互统一在同一个具体管理过程中，是一对亲兄弟，互有所长，互为补充、缺一不可；区别者，两者从价值观的视角和内容看是不同的。效能是"做正确的事"的必然结果。管理者计划决策的时候，选择社会生产和人民生活需要的，又具备相当的主客观条件，经过努力是可行的事，最终达到满足国计民生的要求，这就叫有效能。例如，生产国防工业需要的高级合金钢，经过试用和安装，已经使火箭发射成功；快餐服务，价廉物美，顾客满意；医院工作，把人家的病情病理查清了，甚至经过治疗痊愈了；政府机关处理事情，按照法律或政策兑现了，问题解决了；等等。由此可见，效能是一个最终贡献的概念，管理工作达到了最终贡献的效果，证明了管理的最终价值。

效能是管理工作的最终目的。德鲁克说："唯有'外界'才是产生成

---

① ［美］孔茨、奥唐奈、韦里克：《管理学》，北京：中国社会科学出版社1987年版，第9页。

果的所在……不论其产品为商品、为政府服务、或为健康服务，最终目的总是为了顾客、为了服务对象和为了病人。"所以，"唯有能对外界环境提供贡献，始为有所成就"。[①] 达不到最终贡献之目的，即使有效率，也实现不了管理的真正价值。

效 益 观 念

"效益"这个词，在使用中意义很不统一，有的是指税利的，有的则包括全部有效性的内容。为了同效率、效能并列使用并有所区别，我们把效益理解为经济盈余和社会效益的综合体。一个有经营经济业务的企业，除了效率和效能以外，有以税利为标志的盈余，并有声誉、经验、人才、体制、风气、觉悟等方面的进步和成绩，综合起来，就是有效益。没有经济经营的事业机关的效益，则主要表现在精神文明、体制完善和人才成长等方面。

我们讲的效益，是全面的效益，即包括物质文明和精神文明效益，包括经济效益和社会效益。我们主张的效益是总体的效益，包括个体效益、群体效益和国家、民族的整体效益，包括当前效益、中期效益和长远发展的根本效益。脱离总体效益去计算个体或群体的眼前效益，不仅是近视的，而且是有害的。这种效益，首先是指合理的效益，就是指合法的劳动（包括生产和劳务）效益。劳动是社会主义社会决定公民社会地位的根据，也是社会主义社会分配的原则。只有劳动创造的效益，才是合情合理合法的。那种不劳而获，或少劳多获的效益，都是不合理甚至不合法的。

价 值 系 统

管理价值观念系统是由效率、效能、效益三个概念组成的矛盾综合体。它们相互之间既对立又统一，紧密结合而不可分离，脱离一项，其他两项就无意义。但三项中有决定意义的是效能，这是由管理本身的性质、

[①] ［美］杜拉克（德鲁克）：《有效的管理者》，台北：中华企业管理发展中心 1977 年版，第 18、63 页。

任务、目的决定的，不能为国计民生做出最终贡献的管理，是不能算真正有价值的。这种价值观的实现，是由一整套价值行为来保证的。

三、管理价值行为

以管理价值观念为思想指导来进行具体管理工作，就化为实际行为，即管理价值行为。管理价值行为是实现有效性的管理实践活动。

有效管理和无效管理

依据并体现有效性的管理行为，叫作有效管理，反之，就是无效管理。现代领导理论认为，从领导行为最终效果来看，有效的领导同成功的领导是两个不同的概念。所谓成功的领导，是以被领导者对领导者交办的任务完成程度来衡量的，如果被领导者在正常情况下完成了领导交办的任务，则说明领导者的行为是成功的。而有效的领导是以被领导者对完成任务的态度以及对领导者的态度来衡量的，如果被领导者是在对领导者十分信赖、十分拥护的情况下，并将领导交办的任务当作同个人的事情一样重要而积极主动去完成，则说明这种领导行为是有效的。优秀的领导者不仅是成功的领导，而且必须是有效的领导。

这种领导理论，同资产阶级管理学家的其他学说一样，都是离开社会性和真理性而发的抽象议论，未免带有局限和偏颇。但是，对我们的管理者和领导者，还是有很大的参考价值。社会主义的有效管理，应该不仅是成功的，而且是有理的。因此，必须消除无理管理的现象及其根源。

德鲁克在《有效的管理者》一书中指出：每一个组织都需要三个主要方面的绩效：直接的成果、价值的实现和未来的发展。他认为"缺少了任何一方面的绩效，组织注定非垮不可"[①]。

[①] ［美］杜拉克（德鲁克）：《有效的管理者》，台北：中华企业管理发展中心 1977 年版，第 65 页。

直 接 的 成 果

　　直接的成果，是指管理者通过直接生产品的销售或者提供服务，而获得的效能和效益，包括行为直接效果（如医疗等）以及产值、利润。这是最为具体直接可见的成果。也有因服务方向不明而直接成果也不明确的情况。但不管怎样，直接的成果都应该是最先要考虑的因素。这是最基本的目标绩效，犹如营养物之于人体，舍此就无任何别的成果可谈了。

　　直接成果的关键是产品或服务的质量问题，合格以至优良，人家才会欢迎，而废品、次货、劣质产品或服务，人家见了就头疼、厌恶、担心、害怕，就不支持、不合作、不理睬，哪里还有什么效能和效益？世界经济发展趋势表明，质量是管理问题的重点，也是市场和国际竞争的焦点。战后日本经济取得成功的根本原因之一，就是积极引进和发展了源于美国的"TQC——全面质量管理"，把它认真、持久地应用于企业经营管理之中，经过多年努力，现在已具有世界级的质量管理和产品质量的先进水平。

　　1991 年 3 月报载：上海桑塔纳轿车产业产品已在国内外声誉卓著，正处在向经济规模迈进的关键时刻，市领导决定对这样一个将成为上海工业"第一支柱"的重大产品毫不留情地在万人大会上对质量"揭短亮丑"，使 1.8 万名在场干部受到很大的震撼。由市技术监督局组织了 200 多名行家，历经 3 个月，从出厂入库的 150 辆整车中抽取 4 辆，分别进行 2 500 公里长途行车试验和静态检查；抽查 262 种主要零部件，共检测 50 万个数据。结果表明：桑塔纳主要性能良好，其动力性、经济性、制动性、滑行距离以及噪声、平顺性、排放测试等主要指标均符合技术要求，零部件合格率达 90％以上，达到德国大众公司规定的出厂要求。同时确实发现有 26 种零部件存在质量问题，其中进口件 10 种，国产件 16 种。有人提出，既然不影响整体质量，搞好内部整改就行了，以保护桑塔纳的声誉。但市领导坚持登报"亮相"，认为对产品质量问题，要像眼睛里容不下一粒沙子那样去严肃对待。时任市委书记兼市长朱镕基指出：要保护自己，就不能护短，只有把"丑"亮出来，下决心整改，才能树立铁的信誉，真正赢得用户的信任。这次行动有力地推动了全公司开展全面质量大检查，向来视产品质量为"上海生命"的市领导对质量管理率先垂范，极大地促进了全市产品质量的提高。

著名企业家、杭州万向节厂厂长鲁冠球，不仅"共同富裕"厂风好，而且产品质量过得硬。1980年初，他把全厂中层干部和金加工车间全体工人集合起来，在三万套万向节次品堆边召开现场会。这些次品，有的是他派了30个人到全国28个省、市、自治区听取用户意见时"背"回来的，有的是工厂在加工过程中剔出来的。他当场下令将全部次品装车运往废品公司，六分钱一斤，一个不剩。有人面对价值四五十万元的损失流泪了，问他："你这样做，损失多少钱？得到的是什么？"他明确回答："拿次品搞四化，就是对人民犯罪。""生产'将就'产品还发奖金，对工人思想是腐蚀，对企业是经济自杀。""我们得到的是全厂职工对用户和社会的责任心。企业求发展，一个'严'字就是大本钱。"由于鲁冠球革除了乡镇企业只要"生产出来就行，卖得出去就好"的思想，树立了质量以优取胜、品种以多取胜、价格以廉取胜、服务以好取胜的社会主义经营观点，使该厂1985年在产品产量、产品质量、产品品种、全员劳动生产率、资金利润率、资金税利率和万元固定资产产值七个重要经济指标方面位列全国同行业第一名，获得了"全能冠军"二连冠。

我们之所以要如此强调质量观念，正如德鲁克所说，是因为"在组织的内部，不会有成果出现。一切成果都是发生于组织之外。举例言之，企业机构的成果，是经由顾客而产生；企业的成本和努力，必须通过顾客购买其产品或服务的意愿，才能转变为收入和利润。顾客的决策，也许是以消费者为立场，以市场供需率为基础，但也可能是以社会主义政府为立场，供需的调节全凭非经济性价值为基础，但是，无论是什么情况，决策人都是在企业之'外'，而非在企业之'内'"。"组织存在的唯一理由，是在于对外界环境的服务"①。为了使这种服务不仅产生直接的成果，而且能实现管理的战略目标，这就还需要有价值的实现。

价 值 的 实 现

价值的实现，是比直接的成果更高级更深层的有效管理。这就像一个人不仅有近忧，而且更有远虑一样，如果只求眼前的直接成果，追名逐利，就要变成短期行为的实用主义了。"管理是管理者的事业"②。作为事业的管理，就要有战略目标，要有全局观念，也就是说，要有为企业、为社会、为国家、为人类作贡献的打算和行动。这样才算真正实现管理的价值。比如说，你办一个厂，开一家书店、餐厅或者卡拉 OK 厅，是仅仅为自己赚钱还是要为社会作贡献？作为一项事业就必须有全面的和长远的计划，是为国家填补某项科技或产品的空白，是为人民群众提供价廉物美、丰富多彩的生活用品，是为改善和提高社区文化科学素质，等等，那就要相应地采取决策措施，从基本设施、经营特色、企业文化乃至管理哲学等方面都要做出兑现的行动和成绩来。随着直接成果的增长，工作越做越好，即使是赚到钱，也不会吃光、用光、分光，而是会用到扩大再生产、增强企业实力和为社会作出更大贡献上去。这样的管理，价值意义就大了。

价值的实现，也有一个不断实践、不断认识、不断摸索、不断明确的过程。一厢情愿是不行的，必须从主客观双方的实际情况出发，从社会需求的变化规律和发展趋势着手，切忌主观主义、盲目蛮干。一时吃不准、拿不定或情况复杂、进退两难，都是可能的。但无论如何，管理者要有价值实现的牢固观念，要努力去科学地探索、执着地追求价值的实现。

总之，管理价值只有通过价值实现机制才能实现。价值的实现，使管

① ［美］杜拉克（德鲁克）:《有效的管理者》，台北：中华企业管理发展中心 1977 年版，第 15、16 页。
② 霍金森:《领导哲学》，昆明：云南人民出版社 1987 年版，第 9 页。

理的能量放射出光芒，价值不断扩大和增值，组织增添新鲜血液，就会使机体充满生机和活力，否则，就会停滞甚至萎缩。为了维持和延续管理的生命，除了直接的成果和价值的实现以外，还必须有未来的发展行为。

未 来 的 发 展

在管理进程中，资源不断耗费，人员日渐老化，生意再好、贡献再大，也总是有限度的。因此，必须开发人财物力资源，提高技术和智能素质，准备好各种发展的条件，才能维持管理生命并向前发展。其中最重要的是，"一个组织必须今天准备明天的接棒人……下一代的人，应能以这一代辛苦经营的成果为起点。因之，下一代的人是站在他们的前辈的肩头，再开创新的高峰，以作为再下一代的基础"[1]。

被誉为"一个始终保持良好效率的公司"——松下电器公司的日本式管理艺术，给人留下深刻的印象，特别是在创办人退休以后仍能保持活力，获得成就，并不只是为了短期赚钱，而是继续发扬传统作风，内部密切合作，审慎地谋求发展，同本国文化和价值观妥善结合，成为符合社会、顾客、员工、主管共同需要的组织体系，并做好准备以适应任何变化，被西方视为"具有创意"的管理工具。

美国著名心理学家安德鲁·J. 杜布林认为，组织的延续情况，"它是衡量组织有效性的全面标准"[2]。如果一个组织能长期存在，人们就会以信赖的眼光和态度趋之，百年老店（行、院、厂等）之所以经久不衰，就在于潜心为未来的发展做好充分准备。

价 值 工 程

现代经营管理的价值工程，是实现管理价值非常有效的手段与方法，

---

① ［美］杜拉克（德鲁克）：《有效的管理者》，台北：中华企业管理发展中心 1977 年版，第 67 页。

② ［美］杜布林：《组织行为基础——应用的前景》，北京：机械工业出版社 1985 年版，第 200 页。

在此作一简要介绍。

价值工程起源于美国。第二次世界大战期间，美国军事工业迅速膨胀，但是市场原材料供应紧张，给生产企业造成很大困难。美国通用电气公司为了解决材料短缺问题，派设计工程师、采购课长 L. D. 麦尔斯做采购工作。他开动脑筋，认为：假如得不到所需材料或产品，可以用其他相同功能的物品来代替。典型事例就是石棉板事件。根据公司规定，产品喷刷涂料场所必须铺填能防止燃烧的石棉板，而当时市场奇缺，价格昂贵，成本很高，难以供需。麦尔斯分析了石棉板的性能、价格，建议用不易燃的纸来代替，但按消防法规定，不能实现。后经周折，修改了消防法，这样，就解决了石棉板资源问题。由此，他逐渐总结出了一套比较系统和科学的方法，在保证产品质量和功能的前提下，既解决资源短缺问题，又大大降低成本。1947 年，他以"价值分析"为题发表了这套方法。此后，价值分析迅速推广。后来，应用的重点转到研究和设计方面，并提出了"价值工程"的名称。1954 年，美国国防部海军少将 R. S. M. 卡恩采用机能不变、成本降低、生产全盘调配、改善制造程序的价值工程。1969 年，日本经营合理化中心总经理佐藤良，采用机能向上、价值提高的价值设计。1971 年，日本电气成本顾问公司总经理滨胁英一、副总经理村文彦，采用机能之价值革新，吸引了顾客。我国从1978 年引进价值工程，也开始广为应用。国内外的实践证明，价值工程能取得较大的经济效益。1964 年，美国一项水坝工程中，经过价值分析，比原计划节约了 1 930 万美元，而用于价值分析的费用只花了 1. 29 万美元。日本价值工程专家秋山兼夫说："价值工程是有效利用资源的技术，它不仅是企业管理的技术，而且要把它看成是经营管理的原理这样一种企业的素质。"[①] 价值工程是解决技术工作与经济工作脱节，经营管理多快好省地实现价值的一服良药。价值工程是唯物辩证的价值观在经

---

① 蒋俊等：《价值工程》前言，成都：四川科学技术出版社 1986 年版。

营管理中的具体运用，是以创新精神为灵魂，深刻认识物资特性和顾客需求的联系与变化的规律，调动和依靠全员效益和智慧，进行系统创造的效益活动。"价值革新的要旨，一方面使富有创造力与干劲的员工，通过创造的喜悦，刺激其工作动机。一方面探索顾客显在与潜在的需求，排除商品不必要的机能或过剩品质，进而创造新鲜机能，以低廉的价格，在短时间内提供信赖度高的商品，借顾客的满足而获得利润"①。虽然价值工程是一项经济技术方法，但它的价值观念和行为值得普遍参考，也为价值评判开辟了一条新思路。

四、管理价值评判

既然管理价值是个复杂的系统，那么，管理价值的评判也非简单之举。一般来说，有如下一些基本标准和原则。

注 意 合 理 性

管理的价值是以真理性为前提的，只有正确地做事，尤其是做正确的事，才能具备有效性，否则，就是无效管理，就会出现负价值。根据管理有限理性的原理，管理价值的合理性也就是寻求满意的程度。如果根据管理主客观条件的实际情况，管理者又作了足够的努力，那么，这样的有效管理成果，就是满意的价值。客观条件不允许而硬上，或主观潜力和应有努力没有充分发挥，那样的价值就是不能令人满意的。这里的要点是那个满意值，而不是"最高分"，也不是"最低分"。

合理性问题，是当今科学和哲学上一个有争论的复杂问题，在管理实践中自然更不待说，所以，在进行价值评判的时候，要考虑多方因素和多种情况。这里，我们说一种"合理错误"的情况。什么是合理错误呢？就

---

① 纪经绍、蔡明编著：《价值革新与创造性思考》，台北：现代企业经营管理公司附设出版部1978年版，第4页。

是从全局价值来看有利，而在局部来看是错误的。如前面讲过，在计划决策中的容错机制和冗余技术就是如此，价值评判时对此应打正分，问题是分析它留有余地的程度和分寸，以及实践运作的时机、幅度及其后果。还有，在管理过程中，有的管理者肯动脑筋，积极开拓，某些意见因条件尚不具备不能或不完全能实现，甚至造成一定的错误和损失，对此，不仅不要批评，而且应当允许，因为智者千虑还有一失，再说这符合管理工作是主动行为的道理，总比那种四平八稳、没有朝气和创见的庸人，甚至什么实事也不做、什么错误也不犯的"精人"，要好几倍。据说，国外就有这样的事例：一个管理人员在任职一年中毫无主见，提不出任何建设性意见，公司就请他自动走人了。松下幸之助就说过："极端一点说，经营者是只需要知道要求的人，是站在要求大家拿出智慧的立场。没有要求力的经营者，就必须离开那个立场。"① 可惜，在我们的管理中，与此相悖的情形倒是常有发生，唯唯诺诺、吹吹拍拍的人，当作可信可亲的先进者，而把正直、能干、常提意见的人，视为"不同政见"的异己者，不错也错，错了更错，巴不得一脚踢开，这种由封建色彩人身依附的价值观形成的无理管理，还能有效吗？

注意总体性

一个管理系统是一个多方面、多层次、多因素的矛盾总体，因此，在进行价值评判时，一定要注重系统性，抓住全面效益和总体价值。孔茨等著的《管理学》"所采用的衡量好坏的标准（主管人员一定会同意这个标准），就是无论在效率或效果方面都要达到企业或部门在诸如经济、政治、教育、社会、宗教等方面的目标"②。我们评判一个学生，要看德、智、体、美、劳诸科的全面发展；评论一个国家，主要看综合国力；评比一个

---

① ［日］松下幸之助：《创业的人生观》，北京：军事译文出版社1987年版，第59、60页。
② ［美］孔茨、奥唐奈、韦里克：《管理学》，北京：中国社会科学出版社1987年版，第19页。

单位，要抓住总体优化这个关键。总体优化才是管理的真功夫，因为任何一级管理职能都在于管好那个总体；如果总体问题很多又严重，那么尽管还有积极因素甚至个别方面相当优秀，也只能是管理工作不好、管理价值不高的表现。马克思写道，任何"有机体制本身作为一个总体有自己的各种前提，而它向总体的发展过程就在于：使社会的一切要素从属于自己，或者把自己还缺乏的器官从社会中创造出来。有机体制在历史上就是这样向总体发展的，它变成这种总体是它的过程即它的发展的一个要素"①。所以，衡量管理价值，主要就是评定管理"向总体发展"的效果，而不只是观赏个别"器官"的状态。也可以说，注意总体性评价，是管理价值评判的主要工作和主要原则。而且，这种价值导向，往往是双向的，即有正效应和负效应的矛盾，这就还需注意评判的全面性。

注 意 全 面 性

注意全面性，就是对任何一个管理系统的总体评价，必须顾及正效应和负效应及其关系。

一切事物都是矛盾的总体，管理系统及其运动效应，更是一个复杂的矛盾统一体。我们评价一个管理总体的效应，就是要客观地全面地深入地找出其中的矛盾，分析矛盾的关系，以便作出正确认识和正确决策，进一步解决矛盾，做好工作，创造更大更好的价值。在管理工作中，有意歪曲事实，或一点不知实情而瞎干乱闯，是不多见的。但由于主客观种种因素的限制，片面或不知道全面地看问题，实是屡见不鲜，甚至因此而长期分歧、争论不休，以至于妨碍工作、损伤感情。这种片面性的主要实质，是对于正负效应两者的偏执及肤浅所致。毛泽东详细地分析批判过片面性，归结起来："一句话，不了解矛盾各方的特点……或者叫做只看见局部，不看见全体，只看见树木，不看见森林。这样，是不能找出解决矛盾的方

①《马克思恩格斯全集》第46卷（上），北京：人民出版社1979年版，第235、236页。

法的，是不能完成革命任务的，是不能做好所任工作的……列宁说：'要真正地认识对象，就必须把握和研究它的一切方面、一切联系和媒介。我们决不会完全地作到这一点，可是要求全面性，将使我们防止错误，防止僵化。'我们应该记得他的话。"①

人无完人，金无足赤，十全十美的人是找不到的，十全十美的管理更是不存在的。问题在于了解全面，分析矛盾，厘清正负效应的实质及相互关系。这就是评价的全面性。第一，不要为某种额外因素支配，有意夸大正或负效应，客观地如实地反映，有就有，没有就没有，有一说一，有二说二。第二，要分清性质和程度，是禁忌的、非常的、失职的还是技术的、允许的、有利的、有功的？有利是对局部还是全局还是两者兼之，有功是个人独创还是集体智谋，还是哪个范围、哪个级别上领先，以及负面的情节等等，都要全面搞清楚。第三，要辩证认识正负两者的关系。有人常说，矫枉过正，效益上去就免不了歪门邪道，一团和气才会精神文明好……此类片面论调如果是对的，那就等于根本取消了价值评判，无须任何标准了。正负效应中，有的是分立的，如新成绩与老问题、新问题与老传统之间，是没有直接关系的；有的是工作性的，如把注意和力量多放于甲，对乙和其他有所忽视，有意忽视某些方面反而有利于另一些方面绩效的增长；有的是责任性的，如工作负责认真做，绩效高，反之即差了；有的是副产性的，如狠抓某项工作带来副作用，某种缺陷突出反而刺激某些效益上升；等等，这些矛盾关系，要如实地作全面、深入的分析，才能得到正确的结论。最后，把分析的矛盾各方及其特点综合起来，得出总体性评价，这才是唯物辩证的价值评判。

以上这三个注意点，都是就管理系统本身而言的评价。但是，管理是一项社会性很强的工作，只有把它放到一定社会历史条件下，才能看清它的实质和趋向。所以，管理价值的评判，是不能脱离社会性和历史性的。

---

① 《毛泽东选集》第 1 卷，北京：人民出版社 1991 年版，第 312、313 页。

注 意 社 会 性

管理是人类社会现象。社会是个人和群体组成的。在社会实践中，"人的本质并不是单个人所固有的抽象物。在其现实性上，它是一切社会关系的总和"①。一个人、一个社会组织，都是各种社会关系的交织物，家长和家属、族长和成员、教师和学生、亲戚和朋友、管理者和被管理者等等。这些社会关系中有经济、政治、军事、文化、思想各种关系。在阶级存在的条件下，有阶级性关系，也有非阶级性关系。管理关系中交织着阶级关系和非阶级关系。管理者一般都由统治阶级的人充任或委派，所以，管理系统及其活动和统治阶级有密切的关系，受统治社会的阶级利益、制度、思潮的影响和支配。管理的价值评判，是无法脱离社会性尤其是阶级性的。马克思明确指出："'社会需要'，也就是说，调节需求原则的东西，本质上是由不同阶级的互相关系和它们各自的经济地位决定的……在供求关系借以发生作用的基础得到说明以前，供求关系绝对不能说明什么问题。"② 这就是说，只有揭示社会需要、供求关系的经济基础、阶级实质之后，才能正确了解它们的性质和规律。例如，对于经济繁荣、社会稳定、国家富强、文化发达、思想解放等价值问题，不同的人群的理解和态度上有差异，不同的阶级、制度、思潮的观念和标准，不可能完全一致甚至截然相反。

管理的目的都是为社会服务的，没有人是单纯为管理而管理的。但是，在不同的社会制度下，管理的目的是有原则区别的。现代资本主义有许多"信誉第一""顾客至上""为您服务"的广告，但在欧美国家、日本的不少出版物中，都公然明确地把"赚钱""利润"摆在中心和首位。正如马克思早在《资本论》中指出："资本主义生产剩余价值或赚钱，是这个生产方式的绝对规律"，"资本害怕没有利润或利润太少，就像自然界害

① 《马克思恩格斯选集》第 1 卷，北京：人民出版社 1972 年版，第 18 页。
② 《马克思恩格斯全集》第 25 卷，北京：人民出版社 1974 年版，第 203 页。

怕真空一样。一旦有适当的利润，资本就胆大起来。如果有百分之十的利润，它就保证到处被使用；有百分之二十的利润，它就活跃起来；有百分之五十的利润，它就铤而走险；为了百分之百的利润，它就敢践踏一切人间法律；有百分之三百的利润，它就敢犯任何罪行，甚至冒绞首的危险。"① 而科学社会主义的基本经济规律，则是用在高度技术基础上使社会主义生产不断增长和不断完善的办法，来保证最大限度地满足整个社会经常增长的物质和文化的需要。我们建设中国特色社会主义，"根本目的是为了充分调动广大人民群众的积极性，推动社会生产力的发展和社会的全面进步"②。可见，两种社会制度下，实践的目的根本不同，必然要在整个管理思想、体制、价值各方面表现出来，以保证它们目的的实现。

由于管理的本质和目的不同，这就发生一个管理为谁服务、对谁有利的问题。是为了多数人，还是少数人？是有利于劳动者，还是剥削者？是解放人民的生产力，还是别的生产力？是发展先进势力，还是落后势力？这一些根本原则问题，在进行价值评判时，是无法、不应也不能回避的。"应该使每个同志明了，共产党人的一切言论行动，必须以合乎最广大人民群众的最大利益，为最广大人民群众所拥护为最高标准。""只要我们为人民的利益坚持好的，为人民的利益改正错的，我们这个队伍就一定会兴旺起来。"③ 这就是我们的价值观念和最高标准，依此进行价值评判，必然受到广大人民群众的欢迎，必能推动社会主义现代化事业开拓前进。

注 意 先 进 性

如前所说，我们一切管理的根本目的，在于调动和依靠人民群众的智慧和力量，推动社会生产力的发展和社会的全面进步。因此，在进行管理价值评判时，就要看一看世界历史的全局，论一论管理价值的地位和作

---

① 《马克思恩格斯全集》第 23 卷，北京：人民出版社 1972 年版，第 679、829 页。
② 江泽民：《在庆祝中国共产党成立七十周年大会上的讲话》。
③ 《毛泽东选集》第 3 卷，北京：人民出版社 1991 年版，第 1096、1004 页。

用，是顺应社会发展规律和历史前进趋势，还是起着相反的效应？是推动社会历史向前发展，还是给落后、倒退帮忙？也就是评判它是否真正具有时代的先进性。

我们的时代，是一个复杂多变的时代。管理者能否高瞻远瞩，高屋建瓴，站在历史之巅，总揽眼下风云，拨开迷雾见青天，为人民点灯探路，克服艰难险阻，甩掉贫困落后，度过黎明前的黑暗，奔向那光明幸福的明天？

我们的时代，是一个科技飞跃的时代。管理者能否解放思想，实事求是，站在科学高峰，统筹事业方略，吸收人类优良文化，为改革发展铺平道路，壮大我们的综合国力，以强盛的民族立于世界之林？

我们的时代，是一个社会变革的时代。管理者能否披荆斩棘，无私奉献，站在人民前头，领导革命潮流，以马列主义、毛泽东思想的火炬，照亮每个角落，调动亿万人民群众的首创精神，坚定正确地建设中国特色社会主义，为科学社会主义的主体发展作出贡献？

这就是时代赋予我们的光荣使命，这就是社会主义现代化管理的最大价值。

结　语　展望新天地

　　历史犹如长江之水，滚滚东流……人类早已冲破物质和精神樊篱，正沿着唯物辩证的轨道，披荆斩棘，化险为夷，终究会找到新的理性，走向新的光明！世界的运动，永恒不息；社会的历史，不断向前。人类总是有所发现、有所创造，从必然王国向自由王国转变。停止的论点，悲观的论点，无所作为和急于求成的态度，都是没有根据的，因而也是不正确的。其所以是错误的，因为这些论点和态度，不符合大约一百万年以来人类社会发展的历史进程，也不符合自然界的变化以及变革自然界的客观事实。然而，社会的实践，不是完全自发的运动，而是在理性指导下主体和客体相互变革的过程。管理是社会实践的核心，哲学是管理实践的灵魂。面对错综复杂、变幻莫测的大系统，需要与之相适应的大理论。赫拉克利特说，智慧只在于一件事，就是认识那善于驾驭一切的思想。1989 年，日本东京大学出版社出版了迁胜次著的《评庄司兴吉著：〈管理社会与世界社会〉》，其"序论"的题目就叫《现代社会的总体掌握》。加拿大籍法国教授、国际哲学团体联合会主席科希在来华作关于灵魂的报告时说：人只会消失或融合在宇宙整体或理想整体之中，人们能够接受的就是这一点。科学的信息频频传来，预示着一种执行总体职能的总体哲学已经到来，把人的本质力量升华到理性的制高点，从全局和长远的尺度，驾驭管理的本质和规律，思考和变革现实世界。

马克思说：哲学家们只是用不同的方式解释世界，而问题在于改变世界。用唯物辩证的总体哲学武装起来的人们，尤其是执行总体职能的管理者，他们的灵魂和使命应当永远是《志未酬》：志未酬，志未酬，问君之志几时酬？志亦无尽量，酬亦无尽时。世界进步靡有止期，吾之希望亦靡有止期。众生苦恼不断如丝乱，吾之悲悯亦不断如丝乱。登高山复有高山，出瀛海更有瀛海。任龙腾虎跃以度此百年兮，所成就其能几许！虽成少许，不敢自轻。不有少许兮，多许奚自生？但望前途之宏廓而廖远兮，其孰能无感于余情？吁嗟乎，男儿志兮天下事，但有进兮不有止，言志已酬便无志。（梁启超诗）

管理的哲学不能代替哲学的管理，管理的事情毕竟还得由管理者自己拿主意。如果本书能为一切志士仁人寻找新灵魂、展望新天地，奉献倒茶磨墨之力，作者将感到毕生万幸。借此，向在本书中参考和引用过的著作的编著者们，致以学坛的敬礼！

致 谢

我的老伴余长根（1937.1—2016.9）由于健康原因，生前未能将《管理的灵魂》修订出版；之前我的注意力也放在为他求医看病方面，对修订出版未有足够重视，总想等他恢复健康了再说。不料此事竟成了他的遗愿！成为我的憾事！2016年9月他过世后，经过各方支持、帮助和鼓励，《管理的灵魂》（修订本）终于出版了，在此我和两位女儿要特别感谢：

（1）感谢浙江工商大学工商管理学院曲亮博士，他在《四种管理哲学理论体系比较研究》（载《前沿》2010年第21期，第161—163页）一文中系统介绍了《管理的灵魂》这本书的学术特点及实际意义。曲博士不仅竭力主张《管理的灵魂》修订出版，而且还提出了许多有益的建议。

（2）感谢华东师范大学马克思主义学院樊建政博士，他不仅多次采访余长根，而且对本书的再版提出了许多积极的建议和中肯的看法。

（3）感谢华东师范大学全国首届（1987届）专升本校友，他们在校学习"管理哲学"课时，联系实际努力学习，认真写作业，这些作业不仅成为宝贵的历史资料，而且教学相长，对余长根撰写《管理的灵魂》起了积极的推动作用。感谢首届专升本陈春明校友，他积极联系部分师生为本书的修订出版出谋划策，给了我很大的鼓舞。

感谢华东师范大学法政学院叶立煊教授和唐存标教授，他们不顾年老体迈，积极支持本书的修订出版，并指出："虽然时隔多年，但余老师主讲的管理哲学的主要内容和精神，在新时代建设中国特色社会主义管理工作中仍有重要意义。"

（4）感谢吴江天奕投资管理有限公司副总经理刘国将先生和许艳博士，他们在本书的修订上花了大量精力，将本书第一版的 PDF 格式转化为 Word 格式，并对本书的全部内容进行了校订。

（5）感谢华东师范大学机关党委及党委宣传部的支持和关心。

（6）感谢许多专家和读者来电来函，给予第一版《管理的灵魂》积极的评价和肯定。

我明白，今天的出版，不是为出版而出版，而是为新时代建设中国特色社会主义现代化服务，为各级各类管理者、学者及读者在寻找新灵魂、展望新天地的伟大管理实践中，"奉献倒茶磨墨之力"。余长根会为此"感到毕生万幸"，而我也是这样想的。

许春芳
2020 年 6 月